探寻中国经济增长新动能

工银投行
宏观经济与行业展望

李峰 / 主编

中信出版集团·北京

图书在版编目（CIP）数据

探寻中国经济增长新动能：工银投行宏观经济与行业展望 / 李峰主编. -- 北京：中信出版社，2018.3
ISBN 978-7-5086-8550-2

Ⅰ.①探… Ⅱ.①李… Ⅲ.①中国经济 - 经济增长 - 研究 Ⅳ.①F124.1

中国版本图书馆CIP数据核字（2018）第010732号

探寻中国经济增长新动能：工银投行宏观经济与行业展望

主　　编：李　峰
出版发行：中信出版集团股份有限公司
　　　　　（北京市朝阳区惠新东街甲4号富盛大厦2座　邮编　100029）
承　印　者：北京画中画印刷有限公司

开　　本：880mm×1230mm　1/32　　印　张：12.5　　字　数：264千字
版　　次：2018年3月第1版　　　　　印　次：2018年3月第1次印刷
广告经营许可证：京朝工商广字第8087号
书　　号：ISBN 978-7-5086-8550-2
定　　价：58.00元

版权所有·侵权必究
如有印刷、装订问题，本公司负责调换。
服务热线：400-600-8099
投稿邮箱：author@citicpub.com

编委会

主　编：李　峰
副主编：张都兴
编　委：柳春明　柳　阳　张　曦
　　　　白　雪　罗荣晋　王　彬
　　　　许　谏　许　琳
撰稿人：王　彬　白　雪　杨　蓉
　　　　郭宏杰　赵婷婷　罗荣晋
　　　　许　谏　许　琳　纪　键
　　　　张　莉　张　强　胡　辰
　　　　崔德永　李　哲　王志鹏
　　　　徐可源　王道翔　宋　欣

目 录

前　言　VII

第一部分
宏观与资本市场

第一章
中国宏观：经济新周期之辨
一、从需求端看经济周期：库存、设备与房地产　004
二、从供给端看经济周期：基于工业过剩产能去化的视角　011
三、从债务视角看经济周期：企业杠杆率依然处于高点　016
四、供给端改革是解决社会主要矛盾与经济新周期开始的必由之路　020

第二章
资本市场：新三板，新发展，新时代
一、2017年新常态下的新三板　024
二、新三板的制度发展与市场选择　029

第二部分
金融监管与创新

第三章
金融监管政策剖析与趋势展望

一、金融"防风险"的宏观背景　042

二、央行层面的监管：MPA 考核防范系统性金融风险　048

三、银监会层面的监管：限制理财和同业扩张　051

四、资本市场监管：严打炒作，正本清源　056

五、其他领域的监管　061

六、2018 年金融监管趋势展望　069

第四章
互联网金融：Fintech 渐入规范化发展轨道

一、Fintech 和互联网金融定义　077

二、Fintech 发展现状　078

三、Fintech 发展趋势　091

第五章
房地产金融：REITs，未来发展之势

一、REITs 产品发行规模迅速增长　097

二、REITs 发行分布特点　098

三、发展 REITs 的意义　101

四、我国 REITs 探索——类 REITs 产品　103

五、REITs 未来发展展望　105

六、结束语：REITs 发展是必然趋势　115

第三部分
文教与医药产业

第六章
文化传媒：政策支持，体验优化，未来可期

一、文化业蓬勃发展，涨势良好　119

二、投融资热点转换，活跃度有所下降　127

三、行业发展依靠政策引导与体验升级　132

四、把握三大投资主题　142

第七章
旅游：消费升级下的旅游业风景独好

一、我国旅游业发展现状　150

二、旅游业正在发生哪些变化　151

三、旅游业的新蓝海在何方　159

第八章
教育：教育行业新法元年观察

一、2017年教育行业资本活动观察　168

二、三大因素影响教育行业进化之路　187

第九章
医药：供给侧改革助力大健康中国战略

一、行业发展概览　205

二、政策出台密集，供给侧改革力度不断加大　207

三、行业热点　220

第四部分
新技术与先进制造

第十章
信息技术：5G推进超预期，中国有望引领产业发展

一、5G需求多向增长，技术性能全面提升　　232

二、我国推进5G意愿强烈，全球发展均超预期　　237

三、通信产业链需求转移，新技术助推行业发展　　247

第十一章
先进制造：全球机器人迎来快速发展期

一、全球工业机器人增速屡创新高　　253

二、我国工业机器人近五年保持约20%增速　　259

三、我国工业机器人的发展机遇　　266

四、我国工业机器人的投资机会　　270

第十二章
集成电路：产业崛起，打造制造业强国基础

一、全球集成电路产业　　279

二、中国集成电路产业　　281

三、中国集成电路行业分析　　288

四、行业趋势　　293

五、专业化分工下的投资机会　　298

第五部分
基础与传统产业

第十三章
钢铁：供改与环保风暴下的钢铁业

一、供给侧改革持续推进，大型钢铁企业受益显著　303

二、转型升级之路艰巨而漫长　310

第十四章
煤炭：周期性逆转，煤炭再成黑金

一、秋后算账：红红火火的2017　324

二、事后小诸葛：三类动因助推煤价上涨　328

三、煤市八卦阵：物极必反，见好就收　333

四、火眼金睛：煤炭行业周期性投资机会　339

第十五章
轨道交通：城轨建设显著提速，需求有待观察

一、城市轨道交通的发展背景　341

二、城市轨道交通的制式分析　346

三、产业链分析　351

四、PPP模式与城市轨道交通建设　356

五、发展趋势与存在的问题　362

第十六章
农业：供给侧改革推动农业领域深刻变革

一、农业供给侧改革的主要措施　367

二、农业供给侧改革推动农业提质增效　374

三、农业供给侧改革推动农村繁荣　380

四、农业供给侧改革促进现代农业发展　383

前　言

我们在变革中送走了风起云涌的2017年，迎来了充满未知的2018年。回顾刚刚过去的这一年，世界政治经济依然变幻莫测，不确定性如影随形。纵观世界格局，我们看到当前全球经济发展过程中的不平衡已成为各国矛盾的焦点。金融危机之后，许多国家仍然没有从经济下行的泥淖中挣扎出来，继续寻求变革成为各个阶层的共识。如何在新形势下打破束缚经济发展的桎梏，成为摆在世界面前的难题。

2017年10月，党的十九大在京胜利召开。十九大报告提出我国社会主要矛盾已经出现转变。不平衡、不充分的发展问题表现在收入分配、区域发展、行业差距以及环境等多个方面。社会主要矛盾的新判断与供给侧结构性改革一脉相承，也是未来政策制定的基础。推进供给侧结构性改革，转变长期以来的传统发展方式，加快体制机制改革，完善政策调控体系，构建市场机制有效、微观主体有活力、宏观调控有度的经济体制，是未来政策的导向。未来改革的重点领域包括：着力提升资源要素效率，促进人口红利释放和供给质量提升，加快科技创新及其效益释放，提高资本要素配置效率，改善土地资源要素的有效供给；完善市场机制制度建设，深化政府职能转变和改革，推进重点领域的制度改革；加快推进结构优化与产业结构调整。

2017年，政策调控力度不断加强。房地产新政牢牢拉住了房价不断攀升的缰绳，信贷政策进一步收紧，资产配置的轮动效应进一步显现，楼市、股市、债市、大宗商品等先后成为热点；持续一年多的金融强监管在规范金融运行的同时，也为各行业发展注入了更多不确定性。2018年，不确定性仍在，但目标和道路会越来越清晰。

在传统行业企稳做强的关口，求新思变、未雨绸缪是我们的首要任务，如何深入挖掘新兴产业和新的经济增长点，在未来产业发展中掌握更大话语权，是我们的憧憬和希冀。从制造领域看，在"中国制造2025"的大背景下，高端装备制造、新一代信息技术、机器人等战略新兴产业将是发展重点；而在非制造领域，在供给侧结构性改革的背景下，大消费、养老健康、大教育、互联网等产业将是未来经济增长的强劲驱动力。

传统行业创新求变，新兴产业热点频出。宏观层面，供给端改革是解决社会主要矛盾与经济新周期开始的必由之路；金融强监管致力于通过优化资源配置以更好地服务于实体经济，协同监管将成为趋势；资本市场方面，新三板作为资本市场服务实体经济的重要抓手，开启了新的发展篇章；互联网金融方面，科技与金融的深度融合使得Fintech（金融科技）渐入规范化发展轨道；文化传媒领域，内容质量提升、形式创新和技术革新将成为推动行业繁荣发展的重要引擎；教育领域，拥有优质内容生产优势的教育机构更可能拥有长远的发展潜力和较高的行业壁垒，也更可能受到资本的青睐；旅游市场持续分化，休闲度假旅游、主题品质旅游、专项定制旅游存在更大的挖掘空间；5G领域发展超预期，中国有望引领产业发展；高端制造业方面，机器人行业迎来快速发展期，汽车电子和物联网芯片市场为集成电路发展带来了契机。反观传统行业，供给侧改革和环保风暴下的钢铁业面临着转型升级的窗口，混合所有制改革、债转股、产业重组以及产业多元化将是发展方向；煤炭行业也迎来了周期性投资机会；而农业则在供给侧改革的推动下正迎来深刻变革。

　　本书汇集了近期工商银行投行部研究中心团队的最新研究观点，力图以全面而翔实的数据为支撑，深入解读并展望宏观经济及国民经济关键产业的发展趋势和投资机会。希望本书能为广大读者把握宏观经济以及关键产业的走势提供有益的参考。由于时间仓促、水平有限，本书难免还有不少不足之处，我们真诚地期待广大读者提出宝贵的意见和建议。

第一部分

宏观与资本市场

第一章

中国宏观：经济新周期之辨

传统的库存、设备投资与房地产投资都很难在需求面开启新的经济周期：制造业设备投资面临着诸多约束，如内外需求扩张力较弱，货币融资条件趋紧，企业债务较高，去产能政策弱化库存周期，以及人口、城镇化等基本面因素决定着我国房地产投资高速期已过。从供给端看，经历了2013—2015年经济需求低迷、2016年以来的去过剩产能政策，当前，工业生产领域整体上处于一个结构性的弱出清状态，但仅仅是产能领域的供需改善很难成为经济新周期开启的充分条件。从债务角度来看，我国非金融部门宏观杠杆率上行趋势没有改变，非金融企业高杠杆问题突出，居民部门杠杆上升速度较快。2009年以来，市场出清较为彻底、总体债务率下降最为明显的只有美国。我国目前尚未经历完整的债务周期。党的十九大提出我国主要社会矛盾已经出现转变，经济发展中的不平衡、不充分问题将成为未来政策制定的基础。展望未来，供给端改革是解决社会主要矛盾与经济新周期开始的必由之路。

一、从需求端看经济周期：库存、设备与房地产

库存实际扩张受到去产能政策抑制

需求层面的经济周期经常被提及的是库存、设备与房地产投资周期，分别对应的是基钦周期、朱格拉周期和库兹涅茨周期。库存变化是需求层面经济短周期波动的重要因素。存货的概念比库存更大，包括了库存商品、库存材料、半成品及配件等。库存是存货最重要的组成部分，存货变化可以近似代表库存变化。存货增加一般在最终资本形成中占3%~4%。2016年，最终资本形成对GDP（国内生产总值）的累计同比拉动为2.8个百分点，可以估算存货增加对GDP的累计同比拉动大约为0.1个百分点。2017年，我国GDP增长目标为6.5%左右，前三季度累计同比增速实际值为6.9%，0.1个百分点在GDP目标与实际增速差距中占据了1/4的部分，因此库存投资变化对短期内GDP波动的影响不容忽视。需要注意的是，2016年年初，我国开始在部分工业生产领域推进去过剩产能政策，在经济回暖、工业品价格大幅上升的背景下，去产能政策限制了相关行业库存的扩张，这也是本轮经济自2016年以来企稳回升但产成品库存回升力度弱于以往的一个重要原因。实际上，如果剔除PPI（生产价格指数）同比大幅上

涨的价格因素，2016年以来的产成品库存实际增速没有表现出与名义增速相同的趋势，产成品库存实际增速的回升力度显著弱于名义增速。进一步分行业来看，剔除价格扰动后的各行业库存实际增速从去产能前（2015年）后（2017年）的比较可以发现，煤炭、石油、黑色金属、有色等行业在2017年的实际库存比去产能前的2015年出现了大幅下降，其他非去产能行业的实际库存在去产能前后也出现了变化，但整体反差与变化幅度没有前者明显。此外，2016年以来，随着经济的回暖，在中下游行业的通用设备制造、交通工具制造、电子、仪器仪表、计算机与信息技术等行业的实际库存较2015年增加明显，这是经济回暖后这些行业主动补库存的自然结果。可以推断，如果没有强力的去产能政策，上游相关行业至少不会出现如此反经济需求扩张周期、实际库存大幅下降的局面，这些行业很可能会再次扩张产能，形成库存的进一步上升，由此会进一步推高GDP增速。也

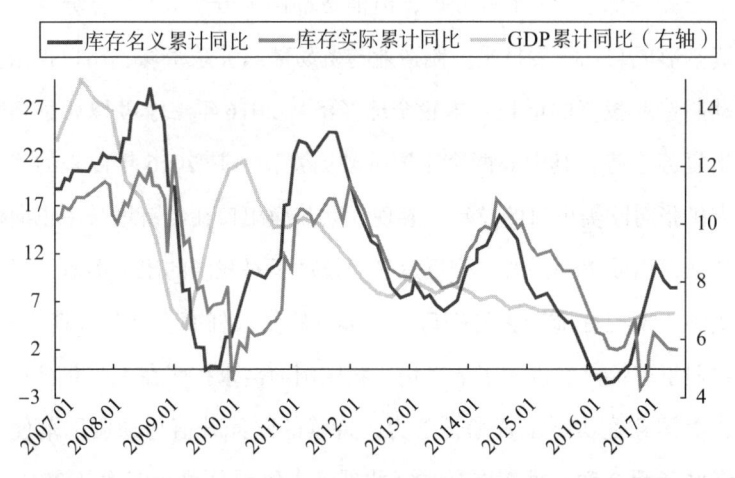

图1-1　产成品库存实际增速没有表现出与名义增速相同的趋势

资料来源：同花顺，工行投行研究中心。

就是说,去产能政策的强力执行不仅对库存周期的反弹形成压制,也在一定程度上对当前经济增速构成了约束。

设备投资扩张缺乏足够的终端需求推动

当前国内外终端需求回升较慢,基础并不牢固,这是限制设备投资扩张的最根本因素。2017年三季度,我国经济当季同比增速为6.8%,比上两个季度略低,显示经济本轮扩张可能已经开始边际放缓。实际上,2017年二季度以来,消费、投资、出口和工业增加值等数据多次减速、加速,反复波动,其下行走势在7月、8月之后才逐步被确认。尽管9月当月的投资、工业生产等数据比8月有所回升,但经济扩张回落的态势已经基本可以验证,这与我们在一季度预判的当时经济增长处于扩张顶点的结论基本一致。从总需求的各分项部门看,三季度,货物与服务贸易净出口对经济增长累计的同比拉动比二季度降低了0.1个百分点,但消费部门上升了0.1个百分点,最终资本形成与二季度持平。制造业与贸易部门关系密切,出口扩张会带动制造业投资的增长。本轮全球经济从2016年二季度以后逐渐表现出复苏态势,其中有两个重要推动因素:一是2016年以来的我国需求扩张对欧美出口的拉动,表现为欧美净出口在经济增长中正向作用加强,而欧美经济的扩张反过来又拉动了对我国的出口需求;二是欧美私人部门在前期去杠杆后开始部分修复杠杆率。但从长期来看,这些弱复苏都已经进入了下半场。我国国内需求扩张在上半年已过顶部,美国家庭实际工资增长乏力,持续的欧元升值与通胀回落使得欧元区货币金融条件正在转差。此外,人民币兑美元汇率从2017年5月以后开始了持续升值,人民币中间价形成机制正在从原有的兑美元贬多升少的格局转变为双向波动均在加强。5月初至今，人民币兑美元和CFETS（中国外汇交易中心）篮子货币升值显著，出口需求的基本面因素和人民币汇率持续升值使得我国出口部门扩张受到滞后影响，这对我国制造业投资也是不利因素。制造业投资放缓与民间投资减速也具有很强的相关性。民间投资占据了制造业投资的大部分，对经济形势、融资成本约束较为敏感。本轮经济回升是弱复苏：内外需求扩张力度较为温和，推进去产能政策，工业企业利润显著分化，2017年以来货币融资条件趋紧，这些都抑制了制造业投资的进一步扩张。

我国较高的企业债务负担也约束着设备投资的扩张。尽管2016年以来，企业债务负担边际上有所改善，但微观资产负债率和宏观杠杆率仍然处于较高水平。此外，环保限产，去产能在钢铁、有色等行业进入实质阶段，这些对相关行业的生产和设备投资都形成了制约，成为近期导致制造业投资下行的重要因素。

房地产周期的决定因素：人口、城镇化与货币金融条件

我们可以从三个方面来看待房地产周期：人口因素、城镇化进程和货币金融条件。从我国人口结构比例来看，15~64岁人口比例从2010年开始趋势性下降，未来劳动力占总人口比例将会逐步减少，购房人口数和住房需求也会随之减弱。从供给方面看，目前已建和在建住宅面积与住宅销售面积之间存在较大缺口，我国人均住房面积已与发达国家相差无几，未来提升空间有限，房地产市场面临较大的去库存压力。从城镇化率角度看，我国城镇化水平与发达国家相比仍然有较大的提升空间，这意味着人口集中的区域地产价格仍有持续的支

撑动力。人口更加集中意味着另一些区域人口的净流出，这些地方的地产开发面临更多的调整压力。

从以往经验来看，房地产价格是房地产投资的先行指标，两者关系密切，房地产价格的波动很大程度上决定着房地产投资走势。从全球视角来看，横向从房价收入比、房价租金比以及住房空置率等指标看，我国房地产价格已经逐步远离市场的基本面因素。因此，仅从基本面因素来看，未来房地产价格高速增长的基础条件已经不再。但是，从货币金融方面来看，房地产价格未来依然面临很大的不确定性，非基本面因素在房地产价格中的作用将会越来越显著。2016年以来，房地产价格出现了新一轮分化式的上涨，这主要依赖于持续的购房鼓励政策的出台和宽松的货币政策，很大程度上是对未来住房需求的提前透支。以2008年金融危机为分界点，之前的房地产价格持续上涨来自住房需求基本面因素的推动更多，金融危机特别是2010年我国人口红利拐点出现之后，房地产价格上涨来自基本面以外的政策刺激、货币金融条件宽松等因素的影响更多，房地产作为资产的属性明显加强。未来房地产价格增长将会呈现出更加分化的格局，稳增长压力下的货币宽松将会持续，部分热点地区房价成为坚挺的孤岛。这些热点地区的房价由于其稀缺性将会受到城镇化率进一步提高带来的基本面因素和货币金融因素的共同支撑，但广大的三四线地区的房价将更多取决于基本面因素，净流出的地区面临价格调整的压力。

房地产投资与外需是当前经济总需求企稳的主要因素

2017年三季度经济增速小幅下行，主要受到7月、8月数据连续下行的拖累。9月固定资产投资、工业增加值均出现反弹，同比分别增长6.21%和6.6%,但仍难以完全对冲前两个月的下行,从而使第三季度当季经济增速比前两个季度微降0.1个百分点。从需求方面看经济增长,7月、8月,消费需求对经济同比增长的拉动分别是4.5和4.1个百分点,其他需求如最终资本形成和净出口的拉动为2.3和0.2个百分点。如果仅从数据大小来看,消费需求确实是经济增长中贡献最大的,但消费的波动性相对稳定。2013年以来,消费需求在经济增长中的年度拉动分别是3.9、3.8、4.6、4.3、4.5个百分点,但最终资本形成与净出口近五年对经济增长的拉动则表现出显著的趋势性和波动性。其中最终资本形成对经济增长的拉动分别是4.2、3.6、2.99、2.8、2.3个百分点,下行趋势明显;净出口对经济增长的拉动分别是–0.3、0、–0.12、–0.5、0.2个百分点,波动幅度较大。因此,从以上数据可以看出,需求层面的固定资产投资、净出口才是导致经济增长波动的最主要因素。2016年下半年以来经济回温的主要需求动力也正是房地产投资的回升与外部需求的转好。

综合来看,消费需求尽管占比最大且增长较快,但不能稳定经济的增长,其相对稳定的增速与日益扩大的总需求占比恰恰反映的是投资效率的持续下降与出口的波动。投资需求、出口与工业生产的相对高波动性和较大的趋势变化才是我国本轮经济也是以往历次经济企稳的关键变量。因此,研判未来经济走势,依然应当更多关注投资和出口。

本轮经济正处于自2016年下半年以来弱复苏的后半段。推动当前经济企稳的两大因素是外部需求的改善和房地产投资的恢复。从外部需求来看,经历了金融危机的冲击,欧美私人部门在去杠杆后重新开始了缓慢的加杠杆过程。从美国家庭部门的杠杆率来看,自2014年筑底之后开始缓慢回升。欧元区家庭部门杠杆变动过程滞后于美国，目前大约处于筑底阶段，未来也可能有所恢复。发达经济体的需求转好是我国出口回升的主要因素。未来一段时期内，全球经济弱复苏的进程仍然可以持续，这是我国出口回暖的基本面因素。从内部需求来看，虽然基建、制造业投资增速在回落，但房地产投资在9月仍然维持了较高的增速，与一二线城市迥异的三四线城市房地产开发投资成为当前房地产投资增速的主要推动力。消费在经济增长中的贡献虽然是第一位的，但消费一直比较稳定，其占比变化通常是投资、贸易带来的被动变化。近两个月的货币金融数据表明，实体经济部门融资并不差，宏观经济数据虽然不及预期，但仍在可以接受的范围，整体经济运行表现出较强的韧性，其主要驱动因素是外需与房地产投资的相对稳定。需要关注的是，这两大因素自身也面临一些不确定因素的影响，如贸易保护主义可能加剧，人民币汇率近期持续升值对出口的影响，房地产销售、投资融资条件的后续变化等。

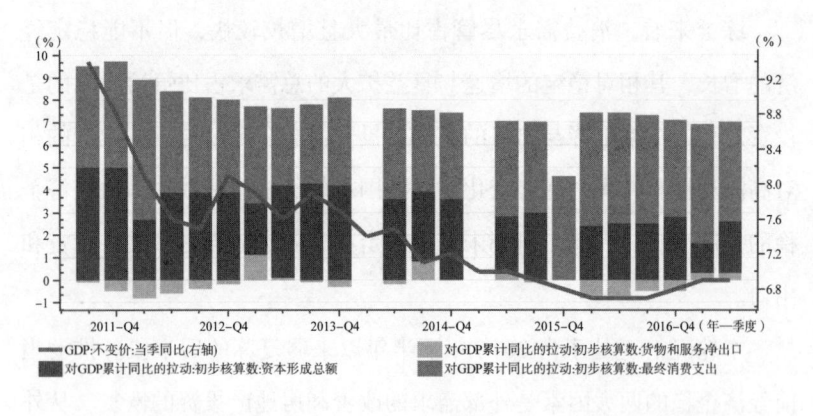

图 1-2　出口复苏是 2016 年上半年我国经济增长超预期的重要推动力
资料来源：Wind，工行投行研究中心。

二、从供给端看经济周期：基于工业过剩产能去化的视角

从供给端观察经济周期的逻辑是：面对需求端的下行，通过供给端压缩产能、形成供给收缩可能会促进形成新的供需平衡。之所以选取工业生产（工业是第二产业的代表性部门）作为供给端的观察窗口，是因为工业生产是经济总供给波动的最关键变量。尽管当前第三产业发展迅速，但其在经济增长中的作用与总需求中的消费类似，对经济增长贡献的占比最大，但波动性显著小于工业生产。2013年以来，工业生产对经济增长的拉动持续下降，从3.8个百分点一直降到2017年的2.5个百分点方才企稳，降幅高达1.3个百分点，但此期间的服务业拉动则从3.7个百分点上升至4.1个百分点，增幅仅为0.4个百分点，因此工业生产的波动是供给层面经济增长波动的最主要因素，工业部门增加值的回落对总供给的变化几乎是决定性的。

2016年以来，我国在若干工业生产领域推进供给侧改革，压减过剩产能，涉及的行业主要集中在上游和部分中游工业领域，包括煤炭、钢铁、有色金属的采矿与生产等。同时，伴随着我国经济在2016年二季度以后逐渐企稳和增长超预期，PPI开始大幅回升。价格是市场供需双方力量对比博弈的信号，如何从各行业PPI显著分化的事实中解构出行业供需之间的变化对价格的影响特征？在部分行业进行供给侧去过剩产能是否带动了行业供需新平衡的转换呢？这些问题对于从供给端理解经济新周期无疑具有积极的参考意义。

各行业市场供需层面分解的逻辑框架

我们可以通过一个简单的统一框架来回答上述问题。其大致的

逻辑是：行业PPI是由供给与需求共同决定的。行业需求可以用行业实际销售量进行表征，行业供给由于没有直接的变量可以度量，因此可以认为，行业PPI在剔除需求因素后得到的时间序列就能够代表行业供给的变化情况。行业主营业务剔除行业PPI后可以得到行业实际销售量。本文基于40个主要行业的数据，对各行业实际销售量同比变化对行业PPI同比变化进行面板回归，得到的残差即为各行业的供给冲击变化情况。如果残差为正，说明供给端冲击对PPI具有推升作用，供给端产能收缩带动PPI上涨；相反，如果残差是负值，说明供给端存在产能过剩，PPI由此被拉低。回归模型中的行业销售量回归系数代表了需求端对行业PPI的影响。与供给端的逻辑相似，如果行业销售量回归系数为正，说明需求拉动PPI上升；如果是负值，则说明需求疲软，带动PPI下降。

三个时期考察行业供给端冲击的特征

为了便于对比，这里的数据区间是2006年第二季度至2017年第二季度，分别考察了三个特征时期：2006—2008年，金融危机前我国经济处于"出口+投资"双轮驱动的需求过热时期；2009—2011年，我国为应对外部金融危机实施的大规模经济刺激时期；2016年以来我国在若干工业领域开始推进供给侧改革、去过剩产能的时期。

从图1-3可以看到，在2016年以来的去产能时期中，PPI越高的行业，其供给端产能收缩的推升作用也越强，需求端对这些行业PPI的拉动作用相对低于供给端。这些行业主要是煤炭开采，黑色金属矿采，黑色金属冶炼及压延加工，有色金属冶炼及压延加工，有色金属矿采选，石油和天然气开采，石油加工、炼焦及核燃料加工等。这些

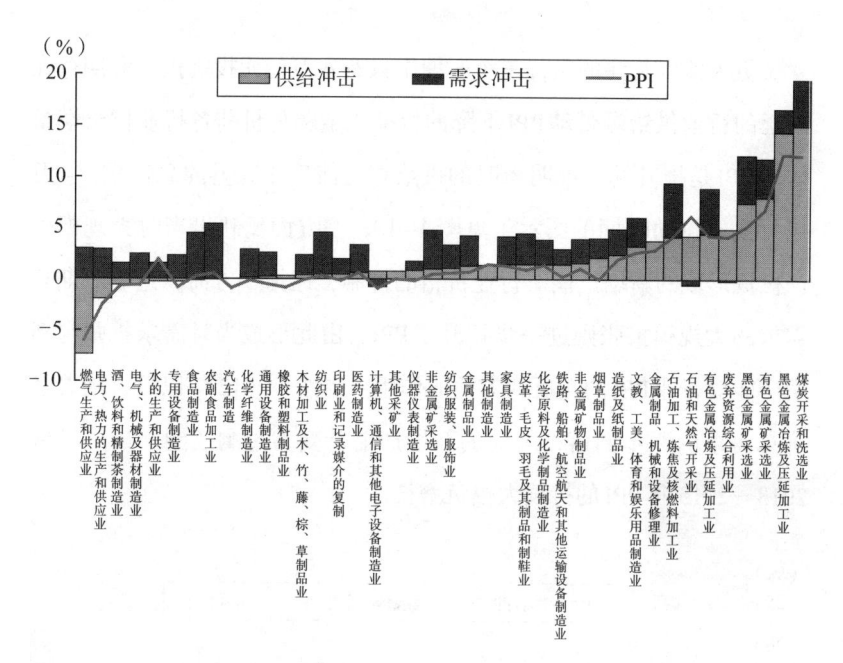

图 1-3　各行业供给与需求冲击与各行业PPI（供给侧去产能时期）
资料来源：Wind，工行投行研究中心。

与本轮去过剩产能的相关行业基本一致，显示出供给端冲击对推动行业PPI的作用大于经济回暖带来的需求端拉动。对比另外两个时期，4万亿元投资拉动期间，我国PPI同样大幅上升，其中供给因素在行业PPI上升中作用大于需求的行业包括石油和天然气开采，化学纤维制造，橡胶与塑料制品，纺织，金属制品、机械和设备修理。金融危机前，供给因素在我国行业PPI上升中作用大于需求的行业包括石油和天然气开采，黑色金属冶炼及压延加工，农副食品加工，黑色金属矿采，橡胶与塑料制品，金属制品、机械和设备修理。后两个时期的供给端冲击在PPI上升中贡献占优的行业涉及的行业链条范围相对分散，这表明后两个时期的供给短缺可能更多是行业内生驱动。

更为值得关注的是，三个时期中只有4万亿元投资拉动时期存在广泛的行业供给端带动PPI下降的特征，金融危机前各行业供给端整体对PPI是推升的，说明当时的供给相对滞后于旺盛的总需求。4万亿元投资拉动时期的图示（见图1-4），一方面反映出当时大规模生产投资形成的新增产能对行业价格的抑制，但另一方面，这个时期总需求的大规模扩张则进一步拉升了PPI，由此形成当时需求扩张与新增产能对行业PPI的正反两方面的作用。当然，2012年以后，随着经济总需求的逐步回落，之前的新增产能转变为过剩产能，最终导致2013—2015年PPI的持续大幅负增长。

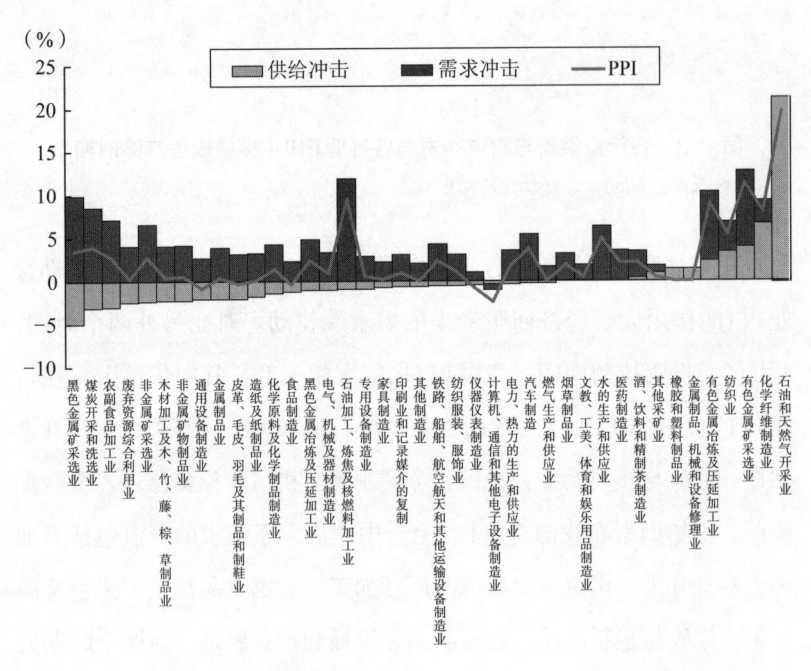

图1-4　各行业供给与需求冲击与各行业PPI（4万亿元投资拉动时期）

资料来源：Wind，工行投行研究中心。

需要指出的是，2013—2015年，由于经济政策相对中性，需求回落导致很多行业出现产能自然收缩和出清，由此形成了新的供需平衡。作为证据，我们在供给侧去过剩产能回归结果中看到，这一时期除去燃气、电力和水的生产等相关基础设施行业外，其他大部分在4万亿元投资拉动时期受供给端冲击负增长的行业，在本轮去产能时期，供给端冲击几乎归零或者转为正向，说明此时行业供给对行业PPI已经基本没有压制作用了，这些行业很多是民营经济较为活跃的领域。

综上所述，可以认为，2016年以来，除水、电、燃气等个别行业存在较大的供给端负冲击之外，煤炭、钢铁、有色等行业在国家推进的去产能政策下出现了供给的收缩与部分产能出清，其他多数相关行业则在2013—2015年在一定程度上实现了自然的市场出清。

生产领域供给端出清不足以启动经济新周期

结合以上研究结论，从供给端来看，在经历了之前2013—2015年经济需求低迷、2016年以来的去过剩产能政策，工业生产领域整体上处于一个结构性的弱出清状态，这并不是一个完全市场化的出清过程。如果从工业行业的供给端来看，当前经济确实可以说是站在一个新的出清起点上，但是这很难成为经济新周期开启的充分条件。原因在于：第一，当前过剩产能行业的生产收缩很难说是市场化的，其产能收缩程度可能会偏离市场均衡，或者在外部限制压力减弱后，地方利益等因素可能会使产能重新扩张，导致供需失衡。第二，工业企业虽然产能得到一定出清，但从债务角度来看，我国非金融企业特别是国有企业较高的宏观杠杆率仍然没有得到系统性的有效改善，作为微观主体的企业没有实现在过剩生产、高杠杆率层面的双重出清，当前完成的仅仅是生产层面的部分出清，未来国企去产能、降杠杆仍将持续。第三，未来内外部需求大幅下行的风险虽然不大，但也基本处于扩张的顶点，在总需求边际放缓的大背景下，工业生产领域的产能收缩只是使供需达到新的均衡点，未来新经济周期的出现必然建立在需求层面或者制度供给显著改观的基础上，这些在短期内难有突破。

三、从债务视角看经济周期：企业杠杆率依然处于高点

我国各部门债务的历史演进

2009年以来，我国经济增长驱动因素已经从危机前的"出口+投资"双向驱动向后危机时代的投资单极驱动转换。从我国债务的动态演进轨迹来看，2009年之后，我国宏观杠杆率有了显著上升，此后一路上行，直至近期的225%；横向来看，我国杠杆率总水平已经超过新兴市场国家的均值，接近美、日、欧等发达经济体。

从债务结构来看，我国高负债率主要来自政府部门的公共债务和非金融企业债务。经过2015年近3万亿元的地方债务置换，政府债务水平有所下降，目前与新兴市场国家均值接近，远低于发达国家，40%的负债率也低于一般公认的60%警戒线。非金融企业的杠杆率不仅远高于其他国家，债务增长也在不断加速，成为我国债务风险最为集中的部门（见图1-5）。

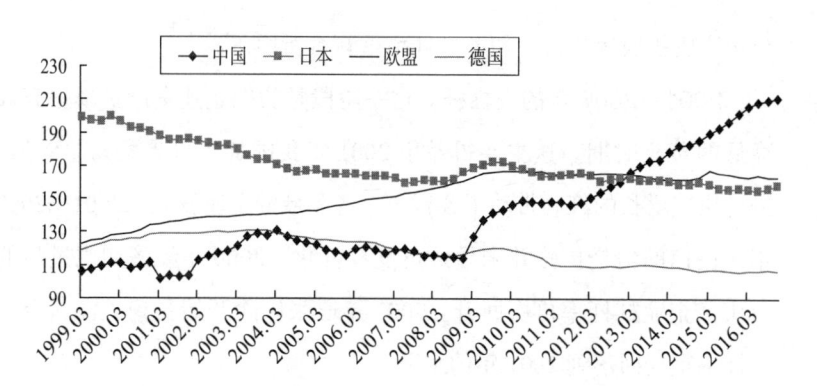

图 1-5　各主要经济体的非金融私人部门债务情况

资料来源：BIS，工行投行研究中心。

我国非金融企业部门债务的主要特点

我国非金融企业的债务主要集中在贷款和债券方面。从贷款和债券数据方面看，我国非金融企业部门债务的绝大部分来自国有企业负债，占 80% 左右。从 2008 年以来企业新增贷款的行业分布看，主要分布在工业、材料、公用事业和能源等领域；从当前存量债务的行业分布情况看，主要分布在公用、铁路、矿产、运输、石油和天然气等行业。

（1）我国企业杠杆率变化的历史沿革

20 世纪 90 年代的加杠杆。改革开放初期，我国企业负债率普遍处于低位，但经过十多年的不断累积，特别是 1992 年以后全国性投资热潮的涌现，企业负债率从 90 年代中后期开始加速上升，很多国有、民营企业出现了资金链断裂，陷入资不抵债的境地，而且形成了以"三角债"为主要特征的企业债务结构。1997 年亚洲金融危机的冲击使得我国加大了扩张内需的力度，国内企业债务率继续攀升。2000—2001 年，国家开始采取破产核销呆坏账、债转股、通过上市公司增资扩股等方式，债务杠杆率重新有所回落。

2001—2007年的去杠杆。这一阶段是我国企业资产负债率有效降低的黄金时期。这主要得益于2001年我国加入世界贸易组织后，经济快速增长的红利带动了各行业、各领域的迅速发展。2001—2007年，快速的信贷扩张并未导致过度杠杆化。2006年经济初现过热的苗头，企业杠杆率再次回升。2007年通胀风险开始受到关注，企业杠杆率重新回落到2001年的水平。

2008年以来的加杠杆。在2008年国际金融危机的外部冲击下，我国推出大规模刺激政策。产能扩张是以负债率提升作为基础的。这一阶段我国各部门负债率均出现了显著攀升，其中，企业和地方政府负债占GDP的比重年均分别上升6%和1.36%，企业债务增速远大于地方政府的债务增速。经济增速放缓，产能严重过剩，盈利能力下降，财务与利息费用持续超出利润增速，导致企业负债居高不下。2016年以来，去产能推进与经济回暖，使得部分去产能行业利润得到空前改善，但从整个非金融企业部门来看，行业利润是分化的，广大中下游行业利润没有得到有效改善，非金融企业整体杠杆率在2016年仍在上升。

（2）国有与民营企业的杠杆率分化

从企业的属性来看，2008年以后随着经济实质性的转差，国有、民营企业和各自主导行业的微观负债率出现了明显的背离，国有企业负债率逆经济周期显著上升，民营企业负债率则顺周期下行。总体盈利能力系统性下滑，其中国有企业下滑最为明显，这与其高负债率、高融资成本、过剩产能突出有直接关系。民营企业的盈利虽有下滑，但依然在所有属性的企业中高居首位。民营企业多处于更具市场化竞争的行业和领域,其自身的灵活调整与市场化机制运作,有利于其在所属领域的市场出清与价格灵活调整,规避了逆经济周期出现的高负债率与低效投资等问题。

从行业的属性来看,高负债率行业也大多与国企占主导的行业重合,特别是在能源、钢铁、基础设施建设以及房地产行业,在2009年之后有了显著的跃升,显示出逆经济周期调控在行业层面的干预和影响。

我国尚未经历完整的债务出清周期

总的来看,我国债务总体水平虽然可控,但增速过快,各部门债务存在显著的不平衡。2009年,非金融企业、政府部门债务杠杆率快速上升,居民部门债务较低,但2016年居民部门加杠杆开始加速。值得注意的是,我国债务主体来自企业和融资平台,债务投向主要是生产和投资领域,这与部分发达国家以居民消费为债务主体、债务主要投向消费领域有着很大的差别。我国外部债务比例显著低于新兴市场国家,外部债务风险敞口很小,较低的外部债务比例也为我国债务问题的处置提供了较大的回旋余地。

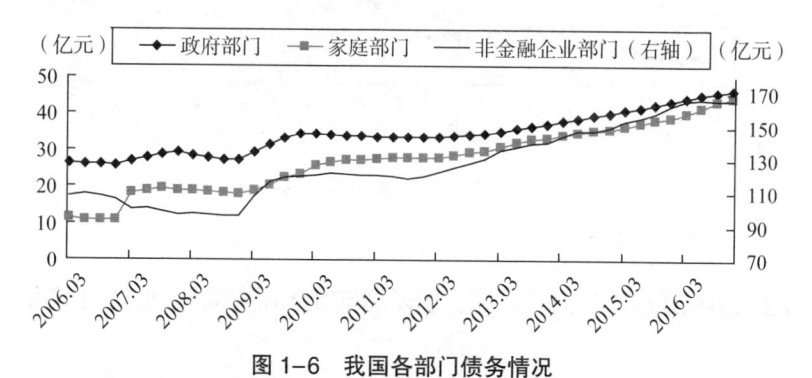

图1-6 我国各部门债务情况

资料来源:BIS,工行投行研究中心。

金融危机以来，我国宏观杠杆率仍处于上行阶段，没有任何迹象显示我国经历了完整的债务周期。2009年以来，市场出清较为彻底、总体债务率下降最为明显的只有美国。特别是金融危机前高杠杆的金融部门、家庭部门，负债率有了显著下降（见图1-7）。非金融企业债务也呈现出温和的下降，政府债务则有所上升。对比其他国家，无论是欧洲国家、日本还是新兴市场国家，总体债务率均处于上升态势。从这一角度看，降低债务总负担并不容易。美国量化宽松政策最为坚决，但市场出清也最为彻底；欧洲、日本不仅在货币宽松上表现出犹豫和妥协，欧洲在处理主权债务危机、日本在处理"僵尸型"企业的过程中也受到更多非市场化因素的干扰，最终导致债务负担依然过重，高负债部门没有实质性的改善。实际上，欧洲经济本轮回暖主要有两个重要因素：2015年以来的货币宽松与2016年中国需求扩张的拉动，但其私人部门债务出清程度相对美国来讲并不明显。

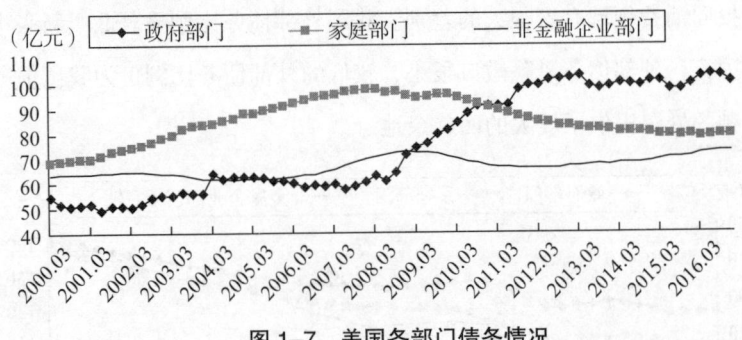

图1-7 美国各部门债务情况

资料来源：BIS，工行投行研究中心。

四、供给端改革是解决社会主要矛盾与经济新周期开始的必由之路

习近平总书记在十九大报告中明确指出："中国特色社会主义进

入新时代，我国社会主要矛盾已经转化为人民日益增长的美好生活需要和不平衡不充分的发展之间的矛盾。我国稳定解决了十几亿人的温饱问题，总体上实现小康，不久将全面建成小康社会，人民美好生活需要日益广泛，不仅对物质文化生活提出了更高要求，而且在民主、法治、公平、正义、安全、环境等方面的要求日益增长。同时，我国社会生产力水平总体上显著提高，社会生产能力在很多方面进入世界前列，更加突出的问题是发展不平衡不充分，这已经成为满足人民日益增长的美好生活需要的主要制约因素。"

从这段表述来看，结合我国当前经济现状，未来政策应当更多是以结构均衡和扩大有效供给为导向，即在现有经济存量的基础上，着力推进结构的优化与均衡，通过供给端结构性的有效调整，提升全要素生产率和经济内生动能，最终实现经济潜在增速在更高质量上的回升，实现跨越式发展。历次的经验表明，供给端的结构改革与调整是经济新周期开始、系统性提升全要素生产率和潜在产出的必由之路。

从改革开放以来我国全要素生产率的变化历程来看，大致有三次显著的提升：第一次是20世纪80年代在农村开展的家庭联产承包责任制和搞活集体经济，激活了农业生产；第二次是1992年邓小平南行、确立社会主义市场经济体制，激发了随后的全国投资热潮；第三次是2001年我国加入世界贸易组织，贸易比较竞争优势得以发挥，使我国彻底摆脱了1997年亚洲金融危机的阴霾。当前，我国提出的结构性改革正是为了实现第四次全要素生产率的全面提升和经济转型，实现跨越发展。如果我国经济能够转型成功，我国未来潜在产出增长率仍有一定提升空间。从近几十年的经验看，改革开放的持续推进对我国潜在增长水平产生了巨大影响。受劳动力供给趋紧、经济发展方式转变等因素的影响，潜在增长速度有可能会呈现阶段性放缓态势，此时保持经济平稳较快发展的关键是要提升生产效率和经济活力，通过向改革要动力，向结构调整要动力，向改善民生要动力，释放巨大的改革红利，促进经济持续健康发展。

供给端改革是解决新时期社会主要矛盾的有效途径，也是经济新周期开始的必由之路。事实上，我国经济领域进行的一系列市场改革正是我国经济实现长期高速增长的一个十分重要的基础性条件，历次经济领域大的改革都进一步释放出我国生产要素的活力。需求端的拉动尽管也可以推动经济增长，创造出多重经济周期，但很难对处于供给端的经济结构的优化调整起到积极作用。单纯强调需求端拉动的经济周期，不仅不能实现我国经济转型升级的长远目标，也不利于新时期社会主要矛盾的解决。因此，我们应当更多地从供给端来观察和理解经济新周期。前文所述的从工业领域去产能角度看经济新周期，虽然是供给端的视角，但远远不是供给端的全部内涵。供给端改革涉及的内容丰富、层次多样、领域众多，是一个复杂的系统工程。当前，我国正处在转变发展方式、优化经济结构、转换增长动力的关键时期，经济已经由高速增长阶段向高质量发展阶段转变，建设现代化经济体系是跨越关口的迫切要求和我国发展的战略目标。正如习近平总书记所指出的，"以供给侧结构性改革为主线，推动经济发展质量变革、效率变革、动力变革，提高全要素生产率，着力加快建设实体经济、科技创新、现代金融、人力资源协同发展的产业体系，着力构建市场机制有效、微观主体有活力、宏观调控有度的经济体制，不断增强我国经济创新力和竞争力"。

第二章

资本市场：新三板，新发展，新时代

2017年的新三板市场，出现了与前几年不一样的发展情形：挂牌公司数量增长放缓，股权融资数量稳步增加，并购事件显著增多，差异化制度供给开始出现……这一系列的变化，是叠加了政策与市场双重影响的结果。2017年，是新三板发展的转折之年，作为我国多层次资本市场的重要组成部分，作为资本市场服务实体经济的重要抓手，新三板市场已开启新的发展，步入新的时代。

一、2017年新常态下的新三板

挂牌公司数量增速放缓

自2013年年底扩容至全国之后，新三板挂牌公司数量迎来了爆发式增长的三年：2014年、2015年、2016年分别净增加1229家、3557家、5034家，截至2016年年底，新三板挂牌数量已突破10000家，达到10163家，成为全球最大的证券市场。新三板迅猛的发展势头，在2017年发生了变化：截至2017年9月底，全年净增挂牌数量为1431家。具体来看，增速的显著下滑从4月开始。考虑到企业完成整改、股改、申报到最终挂牌成功还需要8个月以上的时间，可以推算出新三板挂牌热情减弱的时点大概在2016年6—8月。

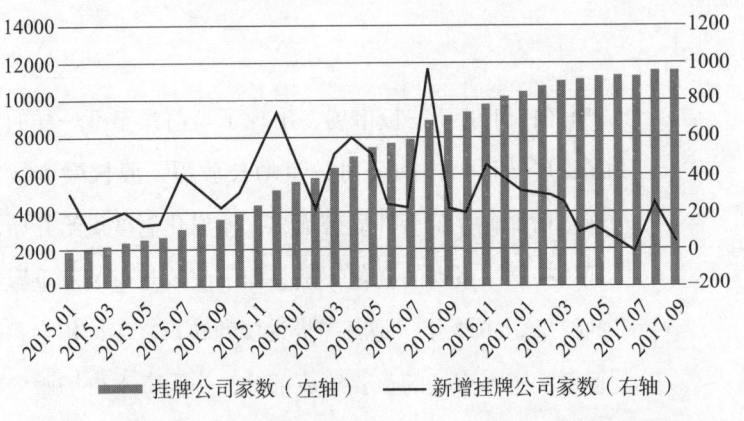

图2-1 2015年1月—2017年9月新三板挂牌公司数量变化情况
资料来源：Wind，工行投行研究中心。

新三板挂牌公司数量增速放缓，不仅由于挂牌数量的减少，同时由于终止挂牌的公司显著增加。2017年1—9月，新三板市场已有438家公司被终止挂牌，接近此前所有年份总和的5倍。而这种趋势，在 1~2 年内或将延续。

股权融资数量稳步增加

自 2015 年以来，新三板的股权融资稳步增加。2015 年、2016 年、2017 年 1—9 月，新三板股权融资总额分别为 1274.18 亿元、1475.52 亿元、1037.68 亿元。根据新三板目前的股权融资情况，2017 年全年的融资金额略高于 2016 年，在 1600 亿元左右。

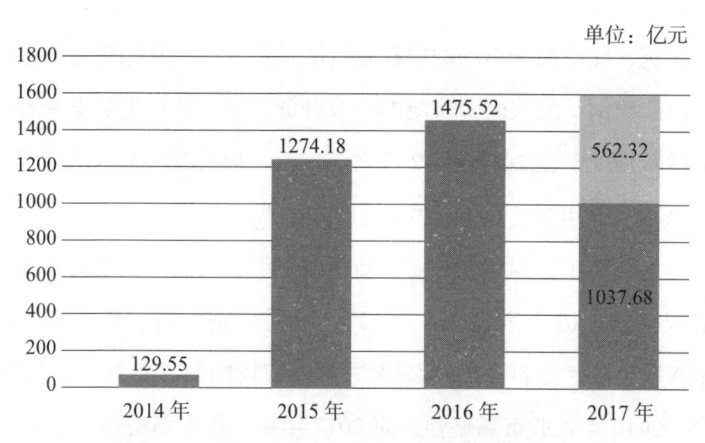

图 2-2 2014—2017 年新三板股权融资情况

资料来源：全国中小企业股份转让系统，工行投行研究中心。

为了真实反映新三板的股权融资情况，我们将其与 A 股进行一个对比。由于新三板挂牌公司与 A 股上市公司在发展阶段、公司规模、发行制度、公司总量上存在一定的差异，决定了两者融资也存在差异：从股权融资方式来看，A 股公司具有公开发行与非公开发行两种方式，具体表现形式为 IPO（首次公开募股）与定向增发，新三板公司仅有非公开发行一种方式；从单次发行股份的融资金额来看，由于

A股上市公司平均规模、市值等明显大于新三板挂牌公司，因此单笔股权融资金额A股企业明显大于新三板企业，2017年1—9月份A股平均单次发行金额为23.35亿元，新三板企业为0.465亿元；从发行次数来看，由于新三板挂牌公司数量远多于A股上市公司，因此新三板的非公开发行次数也明显多于A股，2017年1—9月份，新三板市场共完成非公开发行2232次，而同期A股市场共完成376次。

由于两个市场差异过大，上述数据可比性不够强，因此我们采用以下数据来进行对比：一是非公开发行股份的公司数量占市场全部公司的比例，反映两个市场的股权融资活跃程度；二是融资总额占市场总市值的比例，反映两个市场的股权融资能力。从历史数据来看股权融资活跃程度，在2015年12月之前，新三板的股权融资活跃程度要显著高于A股市场，而自2016年以来，新三板与A股的股权融资活跃程度差距缩小，但整体来看，新三板仍旧比A股市场略为活跃；而从股权融资能力上来看，在2015年12月之前，新三板市场要明显强于A股市场，而自2016年以来，两个市场的融资能力差异性不大，其中，2016年A股市场略强，而2017年新三板市场略强。

上市公司收购新三板公司股份数量持续增加

2017年，上市公司收购新三板公司股份数量持续增加。根据统计，2017年前三季度，共有142个上市公司发布收购新三板公司股份的公告，共涉及金额424.65亿元，已超过2016年全年112起并购事件和约400亿元的金额。从所涉及公司类型来看，A股公司中电子、机械设备、电气设备、化工领域的公司最多，而新三板公司中计算机、传媒、机械设备、化工领域的公司最多；从并购类型来看，超过

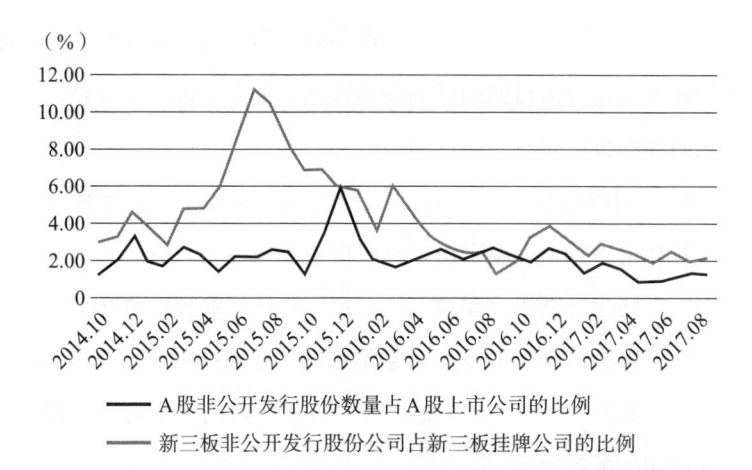

图 2-3 2014 年 10 月—2017 年 9 月新三板与 A 股非公开发行股份数量占市场总数的情况

资料来源：Wind，工行投行研究中心。

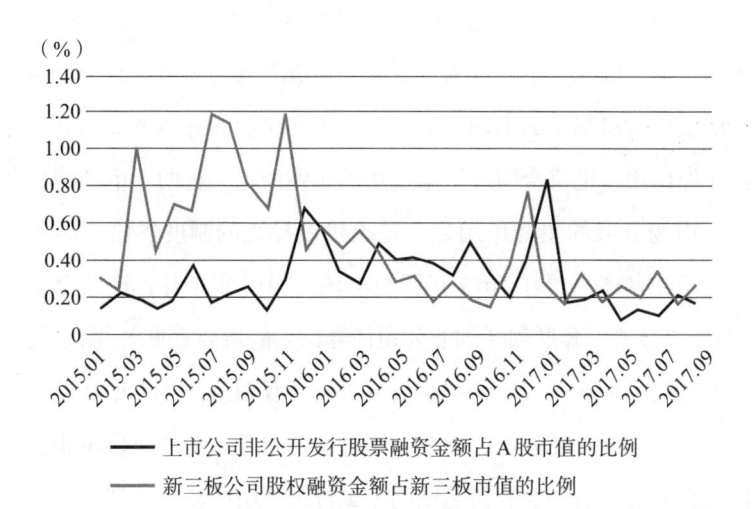

图 2-4 2014 年 10 月—2017 年 9 月新三板与 A 股定向发行股份数量占总市值的情况

资料来源：Wind，工行投行研究中心。

半数的并购案件是以多元化发展和业务转型为目的的混合型并购,而以同行业业务整合为目的的横向并购次之,以上下游产业链整合为目的的纵向并购数量较少。

上市公司收购新三板公司股份数量的持续增加,主要有两个原因:一是从上市公司角度来讲,可以促进业务转型升级或满足业务拓展的需要,同时有助于改善盈利情况;二是从挂牌公司角度来讲,由于当前新三板市场未来的发展前景不明朗,很多挂牌公司寻求登陆A股市场,而相较于IPO途径,通过并购方式的时间成本更小,硬约束更少,成功概率更大。

差异化制度供给出现

2016年,新三板开始实施分层制度:创新层与基础层。满足一定盈利水平、成长水平或规模水平的公司被划入创新层,其余公司均为基础层。分层制度的出现,对于市场识别企业的总体情况具有一定的指导性作用,也符国外资本市场的实践经验,有助于市场的长期发展。市场分层的主要作用之一是提供差异化的制度供给,而新三板的差异化制度供给在2017年开始出现。2017年7月,证监会发布《中国证监会关于开展创新创业公司债券试点的指导意见》,明确提出在试点初期鼓励新三板创新层企业可以发行双创债;2017年9月,沪深交易所、全国股转公司、中登公司联合发布《创新创业公司非公开发行可转换公司债券业务实施细则(试行)》,明确新三板创新层企业可以发行双创可转债。

2017年出现的差异化制度供给,主要是从融资工具方面入手,丰富优质中小企业的融资手段,提升融资能力。尽管差异化制度数量还较少，涉及的方面比较单一，但是差异化制度零的突破，也为未来分层制度的发展指明了方向。优化创新层在各方面的制度，一方面可以提升新三板市场的吸引力，另一方面也会对已挂牌公司做大做强自己、进入更高层级提供动力。

2017年，是新三板发展的过渡之年，也是转折之年，新三板市场所体现出的新常态，是制度发展与市场选择共同作用的结果。

二、新三板的制度发展与市场选择

新三板的制度发展，是围绕服务实体经济和构建多层次资本市场这两大核心任务展开的，具体则是由挂牌制度、发行制度、交易制度、信息披露制度、中介管理制度等一系列的制度发展所构成的。而不同的制度演变与发展，会对包括挂牌公司、投资者、中介机构在内的市场参与者的行为选择造成影响。

市场发展政策目标

尽管在2006年新三板便开始起步，但市场取得快速发展，还是从2013年开始。而新三板快速发展的这五年，也是市场发展定位和发展目标不断探索的五年。从近几年国家对于资本市场建设的顶层设计，到新三板市场具体政策的出台和落实，不难看出市场发展的主要目标：服务实体经济，促进多层次资本市场健康发展。而这两个目标，也是十九大报告中提出的我国未来一段时期内金融行业的主要发展方向。

服务实体经济，是资本市场发展的根本目的。新三板市场的建立，定位于服务中小企业，目的是为了提升中小企业融资能力。从实践结果来看，如前文介绍，新三板股权融资活跃程度优于A股，融资能力与A股接近，较好地支持了实体经济的发展；同时，并购活动也较为活跃。

但是，新三板服务实体经济，仍可有更大作为。

首先，就股权融资而言，新三板市场仍然有较大发展空间。当前新三板市场的现状，趋近于私募股权市场，二级市场活跃程度依然很低，这也使得新三板股权投资的逻辑，主要是判断企业未来能否IPO或被上市公司并购，从而实现投资退出。正是由于新三板二级市场流通功能的不完善，使得一级市场股权融资功能没有得到充分展现。

其次，就融资手段来讲，仍然具有发展空间。股权融资方面，目前新三板市场仅有非公开发行股份这一种方式，对比A股及海外成熟资本市场的发行模式，公开发行作为一种重要的股权融资方式，未来新三板仍具有一定的政策空间；债权融资方面，2017年发布的双创债及双创可转债的发行细则，为新三板市场丰富了债券类的融资工具，但是由于目前新三板创新层企业平均规模依然偏小，公司经营风险较高而又缺乏足够的信用作为支撑，因此双创债和双创可转债在实施初期，可能对于企业融资的贡献较为有限，未来需要在增强新三板公司信用及扩大抵押物范围等方面进一步探索，以提升中小企业的债权融资能力。

促进多层次资本市场健康发展，新三板市场是重中之重。当前我国多层次资本市场是由主板和中小板、创业板、新三板、区域股权转让场所构成的四层级架构，而主板和中小板、创业板、新三板均是在证监会监管体系之下的全国性的资本市场。促进多层次资本市场的健康发展，主要有两个深层含义：一是实现各层次资本市场的健康发展，二是健全和完善多层次资本市场的互通机制。就第一点含义来看，新三板的健康发展是一项重要而艰巨的工作。当前我国新三板市场仍处在发展初期，与主板及创业板相比，制度基础仍较薄弱，违法犯罪行为高发，企业数量庞大，因此，加强制度建设，加强市场监管，仍将是接下来一段时间新三板市场保持健康发展的主要措施。就健全和完善多层次资本市场的互通机制而言，新三板市场仍是重中之重。在我国现有的多层次资本市场结构中，新三板所起的是承上启下的作用。在实践中，由于当前我国各层次资本市场之间仍然相对孤立，因此如果一家企业要想实现在不同资本市场间的流动，目前只有通过在原市场停牌、在新市场申请上市或挂牌、获批后在原市场摘牌的路径来实现。现实案例中，市场需求最大的是新三板向主板和中小板或创业板的流动。截至 2017 年第三季度，新三板共有 138 家企业的 IPO 申请获证监会受理，另有 300 多家企业已接受 IPO 辅导。积极寻求转板，也是企业因当前新三板制度不能满足企业需求的一种选择。从政策的顶层设计，到现实的市场需求，新三板与 A 股之间的互通机制亟待改善。

制度演变与发展路径

制度是根据政策目标而制定的。在过去的五年，新三板虽然取得了快速发展，但仍旧处在摸着石头过河的起步阶段。在 2012 年全国股转公司成立之初，新三板的目标是发展成为"中国版纳斯达克"，而在经历了 2015 年市场的过山车行情之后，我们看到的是：稳健的新三板监管、差异化的市场发展和焦虑的市场期待。监管和市场都在思考一个问题：新三板未来要发展成为一个什么样的资本市场？

（1）交易制度

资本市场具有诸如便利融资、股权激励、并购重组、交易流通、价格发现等一系列功能，而交易流通功能则是这一系列功能的基础与核心。

简单回顾一下新三板交易制度的发展历史：新三板创立之初的交易方式为协议转让，而自2014年8月开始，新三板引入做市交易制度。做市交易制度推出的初衷是提高市场流动性，发挥市场的价值发现功能，然而事实上并没有达到政策预想的效果，甚至造成价格发现功能的扭曲。到目前为止，新三板实际采用的交易制度只有协议转让与做市转让两种方式。

对于交易制度的评价不能单纯地以交易制度造成的结果为依据，而应当从交易制度是否能够与市场发展阶段及政策目标相适应来进行评判。就新三板市场而言，政策目标就是服务实体经济，促进多层次资本市场的健康发展，这也就意味着新三板市场一定是有别于A股市场的，属于资本市场的不同层次，所服务的对象是有错位的。新三板的发展阶段，大体可以分为三个阶段：第一个阶段是初创期，制度基础薄弱，市场参与者与监管者均缺乏实践经验，摸着石头过河，探索市场发展的方向；第二个阶段是发展期，基于已有的经验，监管者对于新三板市场的发展方向有了基本的认识，开始完善基本制度，加强监管，培育市场健康发展的土壤，为长远发展打好基础；第三个阶段是成熟期，主要特征是监管体系基本完善，参与者素质得到提升，具备了制度创新的条件。从新三板的建立一直到2016年年中，属于市场发展的第一个时期，而目前正处在第二个时期。2017年，围绕完善基本制度这个主要任务，新三板市场对挂牌条件、信息披露、并购重组、中介机构管理、投资者适当性管理等规则进行了细化或补充。

相对应地，交易制度也可以分为三个阶段。第一个阶段，在市场初创期，交易制度应当满足市场最基本的交易需求；第二个阶段，在市场的发展期，交易制度应当能够提升市场的价格发现功能，并使流动性得到一定程度的提升；第三个阶段，在市场的成熟期，交易制度应当能够进一步提升市场效率和流动性，充分发挥交易功能作为市场核心功能的基石作用。

当前，新三板市场的交易制度并没有完全起到第二个发展阶段应有的作用，但市场的第二个阶段尚未结束，交易制度和其他制度也仍在发展和完善阶段。提升交易制度在第二个阶段的价格发现功能，并一定程度上提升市场流动性，未来需要完善以下几种交易制度：一是引入大宗交易。由于目前做市转让方式下投资者的对手方必须是做市商，使得市场上很多大宗交易需求无法得到满足。引入大宗交易，也是满足市场交易的基本需求。二是完善做市制度。当前，做市制度未能达到政策预期，原因之一是做市商数量较少。一方面，目前市场上允许作为做市商的只有取得业务资格的证券公司，做市商总数较少、种类单一；另一方面，很多采用做市制度的企业做市商数量较少。未来可以引入其他市场主体作为做市商，增加做市商总数，增强市场竞争；另外，可以修改采用做市转让方式的企业的最低做市商数量要求，比如由当前规定的至少2家改为至少5家或10家，这样有助于缩小做市商报价价差，提高交易成功频率，进而提升流动性。三是引入竞价交易。相较于引入大宗交易和完善做市商制度，引入竞价交易对价格发现和提升流动性的效果是最明显的，但也是要求最高的，常常需要一些前置条件，例如股东人数应当具备一定规模，市场具有完备的投研体系等。就新三板目前的发展情况而言，引入大宗交易、完善做市制度均具有一定的制度基础，引入竞价交易，尚需一系列配套制度的完善，例如分层制度、股票发行制度等。

（2）分层制度

在我国多层次资本市场体系中，分层制度是新三板市场独有的创新性制度，是差异化制度供给的基础，主要目的是从规模、盈利、成长等方面对众多企业进行区分。当前新三板市场实行的是基础层与创新层两个层级的分层制度，主要划分依据为企业的规模、盈利水平、成长水平等对应的财务指标。

表 2-1 新三板创新层准入标准

标准分类	指标名称	具体要求
通用标准	股权活跃	最近12个月完成过股票发行融资（包括申请挂牌同时发行股票），且融资额累计不低于1000万元；或者最近60个可转让日实际成交天数占比不低于50%
	公司治理	公司治理健全，股东大会、董事会和监事会制度、对外投资管理制度、对外担保管理制度、关联交易管理制度、投资者关系管理制度、利润分配管理制度和承诺管理制度完备
	董秘制度	公司设立董事会秘书并作为公司高级管理人员，董事会秘书取得全国股转系统董事会秘书资格证书
标准一	净利润	最近两年连续盈利，且平均净利润不少于2000万元
	净资产收益率	最近两年平均净资产收益率不低于10%
	股东人数	最近三个月日均股东人数不少于200人
标准二	营业收入复合增长率	最近两年营业收入连续增长，且复合增长率不低于50%
	营业收入	最近两年平均营业收入不低于4000万元
	股本	股本不少于2000万元

（续表）

标准分类	指标名称	具体要求
标准三	市值	最近三个月日均市值不少于6亿元
	股东权益	最近一年年末股东权益不少于5000万元
	做市商数量	做市商数量不少于6家

资料来源：工行投行研究中心。

从新三板创新层的准入门槛来看，财务指标要求不低，甚至略高于创业板的上市条件，能够较为有效地筛选出优质企业，也为差异化制度供给提供了可靠的分层基础。在当前发展阶段，现有分层制度基本可以满足新三板市场的差异化制度供给需求。但是未来随着新三板的进一步发展，企业间的发展水平差异会进一步拉大，两层的分层制度很难满足未来新三板发展的需求，因此，在新三板进入第三个发展阶段后，再分层并且细化分层标准势在必行。

（3）股票发行制度

股票发行制度是资本市场服务实体经济的重要依托，而新三板的股票发行制度，则较好地支持了实体经济的发展。

新三板市场当前的股票发行制度，基本原则可以概括为：控风险、重效率、严监管。首先，当前新三板采用非公开发行制度，并未盲目采取公开发行制度，是基于新三板市场发展情况和挂牌公司发展情况而定的，以防由于市场不健全、企业经营风险大等原因而造成系统性风险。其次，目前新三板市场的非公开发行制度比A股市场更加灵活，例如股东人数在200人以内的非公开发行不需要经过证监会审批，单次非公开发行对象最多可以达到35人，缩短发行股份所需的备案时间，发行效率明显优于A股市场。最后，新三板市场重视对于非公开发行股份募集资金存放及使用的监管，强调对于认购对象投资者适当性身份的核查，着力规范非公开发行股份的信息披露，确保融资活动公平、公正、公开地有序进行。

在现有的发行制度下，新三板股权融资整体高效而有序，未发生大的风险。我们认为，在当前发展阶段，现有的发行制度和发展方向是符合市场需求的。而随着市场的发展、挂牌公司的不断壮大，可以考虑针对规模较大、业绩较好的高层次公司推出公开发行制度。公开发行制度也是未来新三板的重要储备制度之一。公开发行制度的推出，应当在市场发展到第三个阶段，市场分层制度进一步细化，公司运营规范，治理机制更加健全的情况下推出。

总体来看，新三板市场当前的各项主要制度中，股票发行制度很好地实现了服务实体经济的政策目标，而分层制度与交易制度则为构建多层次资本市场提供了基本保障，未来在提供差异化制度方面，分层制度先行，股票发行制度与交易制度则需要在分层制度和其他制度的基础上进行优化。

市场选择

符合市场发展阶段的制度供给，却不一定能够完全满足市场参与者的需求。尽管当前的新三板市场较好地实现了便利融资、股权激励功能，但是由于流动性不足，导致价格发现、投资退出、财富效应功能没有充分体现。在新三板市场流动性迟迟没有好转的情况下，市场做出了选择。

挂牌公司选择转板。 作为新三板市场最重要的市场主体，越来越多的挂牌公司选择走IPO道路或通过被并购的方式来进入A股市场。

这种选择也是我国多层次资本市场健康发展的一部分，同时，从新三板到A股的跨越，也为新三板的投资者带来了收益。

投资者趋于理性。新三板经过了过去5年的快速发展，其间也曾在2015年上半年出现过超级大牛市。通过对市场了解的逐步加深，当前新三板市场投资者已趋于理性，投研体系逐步建立，机构投资者占据主导，价值投资在新三板市场比A股市场更为普遍。当前较为确定的投资逻辑就是新三板企业的IPO或被并购。

中介机构业务转型。2013—2016年，新三板挂牌公司数量的快速扩张，背后是以券商为核心的中介机构的市场宣传与跑马圈地。而从2016年下半年起，中介机构的新三板业务逻辑开始发生转变。这种转变，一方面是由于企业挂牌新三板的意愿下降，挂牌业务急剧减少，另一方面，也是监管趋严的结果。中介机构普遍停止了在新三板的业务扩展，发展重点从增加挂牌公司数量转为挖掘已挂牌公司业务，加大对性价比更高的定向增发、并购重组、IPO等的服务力度。

制度的演变是为政策目标服务，好的制度有利于市场的长远发展，却无法满足市场参与者的短期需求，这也是当前新三板市场的主要矛盾所在。市场的选择倒逼制度的发展，但是制度的发展不应当受制于市场的选择。以长远发展为出发点，兼顾市场需求，将是新三板在新时代的发展方向。

第二部分

金融监管与创新

第三章

金融监管政策剖析与趋势展望

2017年7月14—15日,在北京召开的全国金融工作会议提出了金融工作的四大原则和三项任务:四大原则即回归本源、结构优化、强化监管和市场导向;三项任务是服务实体经济、防控金融风险和深化金融改革。金融工作会议的最大看点在于政府为了纠正当前金融乱象,要求监管层严格责任落实,并指出,"有风险没有及时发现就是失职、发现风险没有及时提示和处置就是渎职"。同时,地方政府举债行为也将落实"终身负责制"。本次会议还创新性地提出了设立国务院金融稳定发展委员会,并强化了央行在宏观审慎管理和系统性风险防范方面的职责。十九大报告也再次强调要健全金融监管体系，守住不发生系统性金融风险的底线。

2017年，监管政策密集出台背后的核心监管逻辑是去杠杆，同时治理历史遗留的监管难题，树立新的监管风气，而监管的力度则取决于经济基本面是否好转。从微观层面看，表外理财和同业存单纳入MPA（宏观审慎评估体系）考核，资管新规强力出台，以及"三违反""四不当""三套利"等多项监管文件的出台，印证了银监会提出的"2017年是我国供给侧结构性改革的深化之年，也是金融业风险防控的关键之年"的表态。从宏观层面看，本轮金融监管的升级，重在完善监管体系，而非对监管力度进行加码；重在引导资金服务实体经济，遏制资金在金融领域的空转。

总体来看，这次会议延续了前期政府金融工作的基本态势，也为之后的政府金融工作指明了从严监管、防范金融风险的主旋律。从远期来看，监管范围将更为广泛，一行三会的协同监管将不断强化、不断完善，更为严格的金融监管必将降低我国系统性金融风险，在经济新常态背景下更加有利于经济、金融的协调发展。

一、金融"防风险"的宏观背景

2017年的经济工作会议将"防风险"作为首要的政策目标，主要背景是2014年之后金融风险总体上升，比如产能过剩压力带来的信用违约风险，资金脱实向虚带来的资产泡沫风险，以及金融领域快速扩张带来的流动性风险等。

金融危机之后，中国宏观经济层面的主要矛盾在于稳增长，为此投入了流动性。金融危机后中国的社会融资总量显著增长，2016

年社会融资总量高达18万亿元，显著高于金融危机之前的水平，但GDP的增长和金融危机之前相当。这样做的正面效果是基本实现了稳增长的政策目标，但也导致了宏观杠杆率的快速升高，债务风险和金融风险有所上升，目前到了必须防控的阶段，以防出现系统性风险。所以，中国宏观层面的主要矛盾由之前的稳增长转变为稳增长与防风险并重。

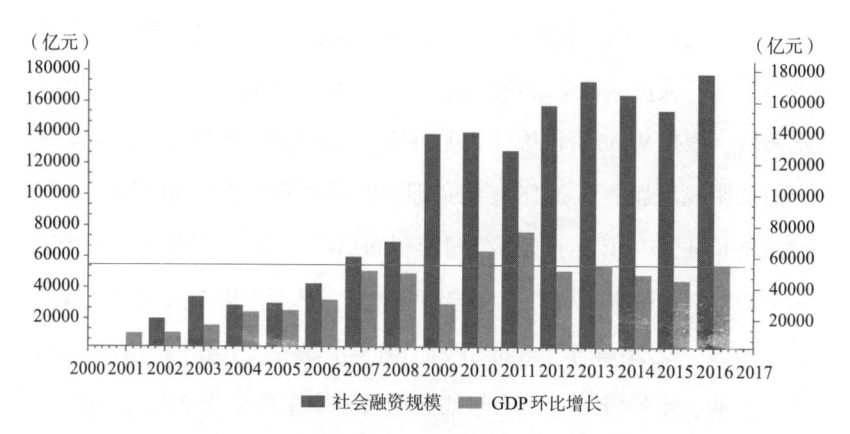

图 3-1　金融危机之后为了稳增长投放流动性

资料来源：Wind，工行投行研究中心。

目前金融领域的主要风险点包括不良资产风险、流动性风险、债券违约风险、影子银行风险、外部冲击风险、资产泡沫风险、政府债务风险和互联网金融风险。2017年国内金融领域出台的一系列金融监管新政策，都是围绕这八大风险展开的。

信用风险，包括不良资产和债券违约风险。金融危机之后中国采取了4万亿元投资拉动政策，商业银行业配套大量的信贷投放来稳定宏观经济形势，一方面缓解了危机短期的剧烈冲击，另一方面也加重了后期的产能过剩。2012年之后产能过剩的压力开始显现，主要表现就是工业品价格持续下跌，尤其2014—2015年，主要工业品价格跌幅高达50%，众多工业品价格跌破了生产企业的成本线，导致2016年开始债券市场信用违约事件显著增加，而且集中在产能过剩领域。同时，银行资产的不良率持续升高，不良资产的增量主要来源也是大宗商品批发领域。可以说工业品价格的大幅下跌，导致了资产质量的裂变和巨大的信用风险。

资产泡沫风险，包括金融和房地产领域。因为产能过剩和实体经济不景气，大量的社会融资并没有流入实体经济而是进入房地产和金融领域。根据Wind资讯统计，上市公司购买理财产品规模从2014年开始就明显增加，到2016年购买理财产品规模高达8000亿元，4年时间增长4倍，相当于上市公司净利润总和的1/3。实业资金大量进入金融领域，带来了资产价格的轮番上涨，甚至可能引发泡沫风险。

例如，从2014年下半年开始，债券市场进入长达两年的牛市行情，长期利率持续下降，十年期国债收益率最低降至2.6%，反映了流动性过剩和资产荒的压力。2015年上半年权益市场非常火爆，上证综指最高涨至5000点，最后泡沫破灭，造成了金融风险和负面影响。股市泡沫破灭之后，从2015年下半年开始，房地产价格进入罕见的上涨阶段，尤其一线城市涨幅显著。之后，2016年工业品价格也开始大幅上涨，尤其钢铁、煤炭等价格涨幅惊人，资产炒作轮替之快被市场戏称为"美林电风扇"。各类资产的轮番炒作增加了金融领域的系统性风险，尤其在美元升值和美联储加息的背景下，可能对金融领域泡沫造成负面冲击。

银行业风险，主要包括流动性和影子银行风险。金融机构在"资产荒"的背景下依然快速扩张，容易形成期限错配、高杠杆运作等问题，主要表现在银行的表外理财业务和中小金融机构的同业理财业务。银行业的表外理财业务这几年快速发展，理财规模已经高达29万亿元，但同时也积累了一定的风险，尤其为了打破"资产荒"的困境，部分金融机构采取期限错配、滚动发售、加杠杆、扩大风险偏好等措施来提高收益率。期限错配和加杠杆的操作在流动性宽松的背景下尚可维系，一旦货币政策开始收紧，流动性风险就会增加。2016年8月央行货币政策转向中性之后，金融市场就经历了一轮去杠杆的冲击，目前资金市场的利率已经超过了基础利率，导致中小金融机构受到挤压，后期依然存在流动性的隐患。

更明显的是中小银行的快速扩张，尤其小银行，其资产负债表规模正以年均30%的速度递增。为了满足负债端的扩张，从2014年开始，中小银行的债券发行就迅猛增长，同业存单发行在不到三年的时间内就从9000亿元增至7.2万亿元，增长了8倍之多。一方面是为了尽快将资产负债做大，另一方面是因为目前流动性投放主要靠央行的公开市场操作，而中小金融机构并不能轻易获得，大多通过同业存单的方式来获取流动性。中小银行对于同业负债的过度依赖导致资金链条脆弱，容易形成流动性风险。

政府债务风险，主要是隐性债务风险。地方政府债务风险一直是近几年市场关注的领域。截至2014年，地方政府直接偿付的显性债务为15万亿元，《中华人民共和国预算法》和国发〔2014〕43号出台之后，地方政府只能通过发债的形式进行举债，显性债务相对受控，但隐性债务风险依然存在。虽然地方政府债务和地方融资平台做了切割，但在实际操作中，依然存在大量隐性担保的情况，无论是PPP（政府与社会资本合作模式）项目还是产业基金等形式，大量项目"兜底方"依然是地方政府。目前PPP规模已经达到15万亿元，产业基金和政府购买服务更加广泛，其中存在的隐性担保情况成为重大隐患。所以2016年中央经济工作会议认为"地方政府隐性债务风险增长，要规范政府举债行为，控制地方融资平台过快增长"。目前主要问题是各种"承诺函"和政府购买服务的滥用。隐性担保从2016年就已经开始清查，国办函〔2016〕88号文和财预〔2017〕50号文都是针对地方隐性担保，重点就是针对各种政府承诺。财预〔2017〕87号文又针对政府购买服务采取了打补丁的措施，切实规范政府融资行为。

互联网金融风险已经不能忽视。互联网金融最近几年发展迅猛，凭借着网络聚集效应，规模快速扩张，已经不再是金融的边缘领域，而成为主流金融的重要组成部分，其中存在的系统性风险也不能忽视。在财富管理领域，余额宝在短短4年的时间就成为全球最大的货币基金，目前的规模已经突破1万亿元，占中国货币市场的1/4，系统性影响已经非常显著。在支付领域，第三方网络支付交易量迅速上升。据艾瑞咨询估计，2016年，第三方支付机构移动支付交易规模达58.8万亿元，其中支付宝和微信合计约占市场份额的92%。在投融资领域，2016年，全国正常运营的P2P（互联网金融点对点小额借贷交易）网贷平台累计成交额2.41万亿元，同比增长一倍。互联网金融已经形成较大规模，而且发展速度迅猛，一旦发生风险事件就可能给区域或整个金融体系带来冲击。所以2017年8月央行称要探索将规模较大、具有系统重要性特征的互联网金融业务纳入宏观审慎管理框架（MPA），对其进行宏观审慎评估，防范系统性风险。

外部冲击风险，主要是资本流动和人民币稳定。除了内部风险之外，外部冲击风险也是 2017 年防风险的重点，尤其是外汇储备和人民币的稳定。目前，全球依然处于美元升值周期中，美联储 2017 年连续加息，继续带动资本回流，资本流动将会对新兴市场国家带来压力，甚至可能产生系统性风险，比如 1997 年亚洲金融危机。中国的外汇储备和人民币汇率从 2014 年开始就处于下降过程中，主要原因是资本项目逆差带来的，资本流出和汇率贬值往往会形成自我强化效应，造成汇率危机，甚至引发国内资产泡沫的崩塌。如何针对外部冲击进行宏观审慎管理，也是 2017 年防风险的重要课题。

针对以上提到的经济形势和潜在金融领域风险，2017 年 7 月召开的金融工作会议给出更明显的政策导向和工作安排。首先，在服务实体经济方面，会议提出金融要回归本源，服务经济发展，尤其在供给侧的存量重组、增量优化和动能转换方面要行使好服务职能。要优化融资结构，把发展直接融资放在重要位置，改善间接融资结构。要降低融资成本，促进金融机构降低经营成本，清理规范中间业务环节，避免变相抬高实体经济融资成本。其次，在金融监管方面，要把国有企业降杠杆作为重中之重，严控地方政府债务增量，实行终身问责制。设立金融稳定发展委员会，强化人民银行宏观审慎管理职责，强化功能监管和行为监管。所有金融业务都要纳入监管，金融管理部门要培育"有风险没有及时发现就是失职、发现风险没有及时提示和处置就是渎职"的严肃监管氛围。最后，深化金融改革，完善外汇市场体制机制，完善公司法人治理结构，优化股权结构，完善内外部的风险约束机制。

十九大报告中也特别提出："健全货币政策和宏观审慎政策双支柱调控框架，深化利率和汇率市场化改革。健全金融监管体系，守住不发生系统性金融风险的底线。"这意味着宏观政策正在两手抓，一手要防止金融部门的继续膨胀，防范金融风险，另一手要加快供给侧结构性改革，从根本上破局。为此，金融监管正在趋严，一方面是防止资金脱实向虚，严控金融领域的炒作，倒逼资金回流实体经济，支持经济转型，另一方面要限制金融和债务的继续膨胀，尤其防范债务和泡沫风险。报告对货币政策也提出了更高的要求，要做到松紧有度，保持宏观政策的定力。

二、央行层面的监管：MPA考核防范系统性金融风险

全国金融工作会议之后，央行在宏观审慎监管和系统性风险防范方面的责任更加突出。近期，央行一方面不断丰富MPA考核的内涵与外延，将表外理财、同业存单等纳入考核范围；另一方面，央行会同银监会、证监会和保监会加强了对资产管理业务的监管力度，对资管行业的业务类型、主要合作模式、存在的主要问题、规范发展的方向进行了详细论述，提升了"一行三会"的协同监管能力。

央行于2015年年底提出了宏观审慎评估体系，在每个季度末对商业银行的全部资产进行考核打分，这意味着央行监管理念和监管措施的又一次全面升级。一方面，从以往贷款规模的管控升级到MPA考核管理，顺应了金融业防范风险的发展趋势，可以更好地对银行的实质信贷资产实行穿透式监管，清晰掌握受监管金融主体的实质风险；另一方面，MPA考核体系中的核心要素包括广义信贷、资本充足率、价格杠杆及一票否决机制，还纳入了银监会监管体系中的部分指标，进一步强化了不同监管机构之间的协同监管能力，提高了监管合力。

表外理财纳入MPA评估考核

2016年年底,央行对MPA政策进行了补充,将商业银行表外理财资产增速纳入广义信贷增速当中,在"同业存单—同业理财—委外购债"的利益链条下,资金被反复加杠杆,潜在风险的积累已经到了监管部门难以忽视的地步。央行将表外理财纳入MPA评估考核也是希望通过建立有效的资本约束机制,明显减少金融机构通过腾挪资产等手段规避监管的情况,以此来寻求资产扩张与资本水平的平衡,保证金融机构拥有足够的风险损失吸收能力。

表外理财业务纳入MPA考核对商业银行的影响主要体现在两个方面。一是中小银行资产规模无序扩张的情况得到抑制。新规在一定程度上限制了股份制和城商行等中小银行的表外理财扩张速度,对表外理财资产配置较多的银行盈利水平可能产生较大影响。二是表外理财增速放缓,资产配置转变。银行将控制表外理财的增速,进而优先发展表内业务,这对银行的盈利能力提出了挑战。同时,银行也将大幅降低通过投资非标把表内业务转移到表外以规避监管的内部激励,积极改变表外理财的资产配置,低风险、高透明、符合监管要求的发展模式将更受青睐。

同业存单纳入MPA评估考核

2017年8月,央行发布的《2017年第二季度中国货币政策执行报告》(以下简称《执行报告》)显示,央行拟于2018年一季度评估时起,将资产规模5000亿元以上的银行发行的1年以内同业存单纳入MPA同业负债占比指标进行考核。这一措施将带来长期限存单和金融债发行需求上升。从现有监管文件分析，监管部门的意图并不是要扼杀同业存单等创新业务，而是引导金融机构做好流动性管理。一年以内短期的同业存单业务受限，受此影响，未来一年以上的同业存单发行可能增多。

探索将互联网金融业务纳入MPA

2017年8月，央行在发布的《中国区域金融运行报告（2017）》（以下简称《运行报告》）中首次提出"探索将规模较大、具有系统重要性特征的互联网金融业务纳入宏观审慎管理框架，对其进行宏观审慎评估，防范系统性风险"。这表明，互联网金融行业已进入发展深水区，强监管或成行业常态，金融有望回归服务实体经济的本源。央行将互联网金融纳入MPA释放出了两大信号：一是以余额宝为代表的互联网金融在中国的发展已极具规模和影响力，监管部门已认可了其在现行金融体系中的重要地位和作用；二是监管部门对互联网金融的风险控制提出了更高的要求，更为关注中长期的潜在风险。

互联网金融业务纳入MPA对商业银行的影响主要有以下几点。一是商业银行获得宝贵的发展机会。《运行报告》指出，要构建以商业银行作为第三方资金托管的机制，对于一直以来受制强监管、审慎经营的商业银行来说，有望在互联网金融行业分得一杯羹。二是促使商业银行加快金融科技发展。商业银行也应及早布局互联网领域，一方面加强与互联网金融行业的合作，另一方面要加快金融科技在金融服务中的应用，提升自身金融服务效率。

三、银监会层面的监管：限制理财和同业扩张

自 2016 年下半年以来，金融业监管新规如雨后春笋般持续出台，引发了市场的广泛关注，银监会作为银行业监管机构，出台了一系列银行业层面的监管政策文件。从监管内容来看，主要针对表外业务和同业融资，打击同业链条，对委外投资实行全面穿透式管理，实施"三三四"专项检查。这样做一方面扩展了监管范围，对监管缺位、交叉监管的领域进行了完善，另一方面加强了监管力度。对某些业务从形式监管延伸到了实质监管，进一步加强了对金融风险的防控。

对收购不良资产和银行信贷收益权转让的监管

银监会于 2016 年 4 月发布了《关于规范银行业金融机构信贷资产收益权转让业务的通知》，针对银行业金融机构开展信贷资产收益权转让业务过程中存在的交易结构不规范、不透明、会计处理和资本、拨备计提不审慎等问题提出了新的要求，以此来促进信贷资产收益权转让业务的健康有序发展。银监会主席郭树清在党的十九大中央金融系统代表团会议上表示，下一步要加大不良贷款处置力度，金融监管将趋严，银行业改革开放将进一步深化。

（1）银行信贷收益权转让监管重点

一是会计核算方面，收益权出让方银行应当根据《商业银行资本管理办法（试行）》，在信贷资产收益权转让后按照原信贷资产全额计提资本。同时，应当按照《企业会计准则》对信贷资产收益权转让业务进行会计核算和账务处理。二是理财资金投资禁令要求，出让方银

行不得通过本行理财资金直接或间接投资本行信贷资产收益权,不得以任何方式承担显性或者隐性回购义务。三是报备登记制度要求,银登中心要对银行信贷收益权转让加强市场监督,开展包括资产构成、交易结构、投资者适当性、信息披露和风险管控措施等在内的业务产品备案审核。四是合格投资者限制规定要求,信贷资产收益权的投资者应当持续满足监管部门关于合格投资者的相关要求。不良资产收益权的投资者限于合格机构投资者,个人投资者参与认购的银行理财产品、信托计划和资产管理计划不得投资;对机构投资者资金来源应当实行穿透原则,不得通过嵌套等方式直接或变相引入个人投资者资金。

(2)银行信贷收益权转让监管对银行的影响

一是信贷资产出表受到压缩。此次规范的出台对银行的资本充足率提出了更高的要求,商业银行必须拿出更高质量的资本以应对不良资产和信贷资产收益权转让带来的监管新要求。短期内,银行信贷资产出表必定受到一定程度的压缩。二是资产证券化之路加速。银监会在堵死回购型信贷资产转让业务的同时,也释放出了希望银行在不良资产和信贷资产收益权转让业务中以更公开透明的方式操作的监管意图;2016年银监会监管工作报告也明确提到推进不良资产收益权证券化试点,希望银行走不良资产证券化和信贷资产证券化的市场化之路。信贷资产证券化所具有的改善流动性、提高资本充足率、化解不良贷款、优化资产结构等优点,是解决当前银行业问题的良策。

对银行理财的监管

从2012年之后,中国的金融杠杆率就显著上升,而且同期银行非存款负债占总负债的比重也从 28% 上升至 38%，足足增加了 10 个百分点。也就是说，杠杆率的扩张主要通过非存款业务来实现，而非存款业务占比增加相对于存款业务来说不稳定性会增加，一旦流动性收紧，杠杆链条就容易出现问题。2016 年年底至今的资金荒就反映了资金链条的脆弱性。过去几年银行创新业务快速发展，尤其是表外理财和最近几年同业理财的快速发行。目前，表外理财已经达到 29 万亿元，规模庞大，同业存单规模两年增加了 8 倍，达到 7 万亿元。规模的快速增长伴随的是潜在的风险，近期监管部门出台了 MPA 考核等一系列新的监管措施，主要是限制金融领域再膨胀，排除系统性风险。

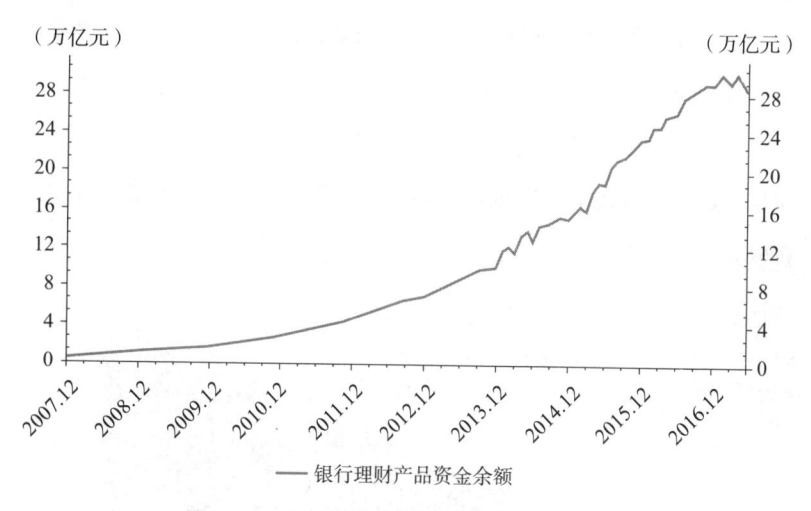

图 3-2　银行理财规模已经达到 29 万亿元

资料来源：Wind，工行投行研究中心。

首先，表外理财将归入广义信贷，并纳入 MPA 考核，相当于从总量上限制表外理财规模的发展。MPA 考核共 7 个方面、14 个指标，其中资本和杠杆情况是一票否决指标，最关键的指标就是宏观审慎资本充足率。如果商业银行的资本充足率显著低于宏观审慎资本充足率，那么就有可能被归入C档，并接受差别存款准备金、惩罚性利率以及限制市场准入等一系列惩罚措施。对于大型商业银行来说，为了达到宏观审慎资本充足率，根据最新的参数测算，广义信贷的增速需要控制在17%以内，资产扩张将受到明显的限制，尤其在理财规模增速高达30%~40%的情况下。表外理财纳入MPA考核之后，为了达到资本充足率的考核条件，理财规模扩张必须得到控制。

其次，从2015年开始同业存单快速扩张，两年多的时间增加了8倍，尤其股份制银行和城商行同业存单的发行量占据了90%。同业存单的快速增长，一方面是因为中小银行通过这种加杠杆的方式快速扩张，尤其2016年小银行的资本负债规模增速高达30%，规模的扩张带来负债端的"饥渴"；另一方面是最近两年央行投放流动性的方式从外汇占款和存款准备金转向了公开市场操作，而中小金融机构是很难从公开市场中获取流动性的，只能通过同业存单这种方式来获取。

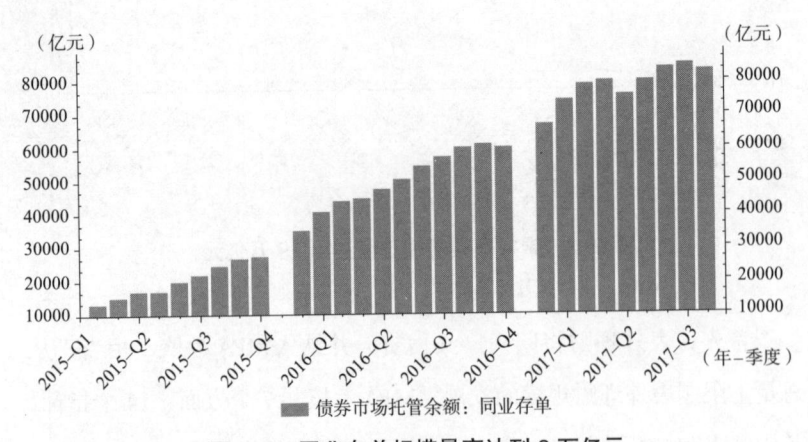

图3-3 同业存单规模最高达到8万亿元

资料来源：Wind，工行投行研究中心。

同业存单虽然满足了中小银行规模扩张和流动性的需求，但同时也增加了杠杆风险和资金链条的不稳定性，一旦央行开始收紧流动性，同业的资金链条就会出现问题。从2016年8月开始，央行的货币政策开始趋于谨慎，并且主动抬高货币市场利率，同业存单利率大幅提升，造成了一定程度的资金荒，这让中小金融机构意识到过度依赖同业存单的风险。另外，目前同业存单是属于发债而不属于同业负债，所以也不纳入MPA考核，但目前监管层要求从2018年开始将短期的同业存单归入同业负债，接受MPA考核。MPA考核规定，同业负债在总负债中的比重不能超过33%，而如果将所有期限同业存单都纳入同业负债，大部分中小金融机构可能无法达标，需要经过一段时间的调整，同业存单规模扩张也将受控。

2017年，监管部门对于银行业风险尤其表外和同业业务的监管明显强化，连续实施了"三三四"专项检查，包括《关于开展银行业"违法、违规、违章"行为专项治理工作的通知》（银监办发〔2017〕45号文）、《关于开展银行业"监管套利、空转套利、关联套利"专项治理工作的通知》（银监办发〔2017〕46号文）、《关于开展银行业"不当创新、不当交易、不当激励、不当收费"专项治理工作的通知》（银监办发〔2017〕53号文）以及《关于进一步规范银行理财产品穿透登记工作的通知》。其中"三套利"的专项检查内容多达90项，检查的范围和细致程度可谓空前，意在全面压缩套利空间。

8月，监管部门公布了"三三四"专项检查的结果，公告显示，经过检查整改之后，银行业同业和理财业务出现了比较明显的调整，其中同业业务7年来首次收缩，理财规模下降，增速降至个位数，贷款结构优化，表外业务转回表内，可见专项检查效果已经显现。公告称，监管部门将收集、汇总和分析相关检查结果，针对检查中发现的问题，要求金融机构严肃整改。

四、资本市场监管：严打炒作，正本清源

2015年A股市场投机泡沫破灭之后，出于金融风险防范的考虑，监管层加快了资本市场的改革进程。刘士余出任中国证监会主席以来，监管力度显著加强，资本市场的生态环境得到净化，起到了正本清源的效果。总结2017年资本市场一系列的政策新规，可以概括为"疏前门、堵旁门和开后门"以及净化资本市场环境。

疏前门

IPO的堰塞湖效应一直被市场所诟病，影响了资本市场融资功能的发挥，尤其之前的IPO发行节奏往往跟随市场行情的波动而波动。在股市牛市期间，IPO的发行速度往往会加快，抑制股价的快速上涨，而股市熊市期间，IPO的发行速度又往往放慢甚至停发来稳定股价，所以IPO往往成为调控市场的一种工具，影响了正常的融资功能。从2016年下半年开始，IPO明显提速，而且进入常态化阶段，证监会也承诺用2~3年的时间来解决堰塞湖问题。我们认为，IPO显著提速除了恢复正常的融资功能之外，还要打击资本市场的投机炒作行为，尤其是"打新"和"壳资源"的炒作，受IPO堰塞湖和退市制度的影响，A股市场长期存在"壳股"的炒作行为，不少资本大鳄在其中翻云覆雨，扰乱了市场秩序。IPO的显著提速，从制度上和战略上形成了对于"壳公司"炒作的威慑力。IPO提速以及未来注册制改革都是

发行端市场化改革的重要步骤，意义重大。

堵旁门

和IPO堰塞湖相对的是再融资市场的蓬勃发展，尤其是2014年以后，定向增发市场增长迅猛。2016年，定向增发规模接近1.7万亿元，成为资本市场最重要的融资方式（见图3-4）。同时，再融资市场也长期存在着三大问题：一是过度融资；二是定价机制存在套利空间；三是再融资品种失衡，除定增外，可转债和优先股等融资品种发展缓慢。尤其重要的是，很多上市公司通过定向增发频繁进行资产注入，或实施"借壳上市"等资本运作，尤其是中小型创业企业偏好借助外延式扩张和多元化并购等方式来炒作股价，助长了投机气氛。

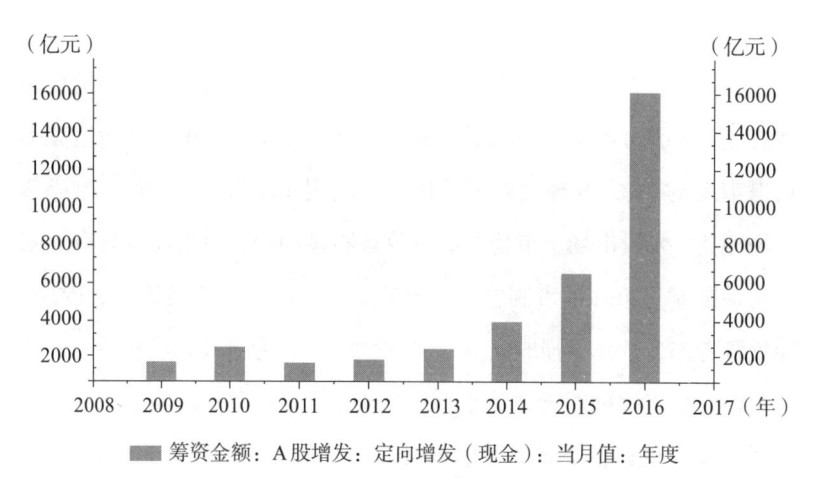

图 3-4　2014年之后定向增发增长迅猛

资料来源：Wind，工行投行研究中心。

2017年2月，证监会发布了《关于引导规范上市公司融资行为的监管要求》，规范上市公司再融资。本次监管新规增加了4条规定：

一是非公开发行的股票数量不得超过总股本的20%，限制融资规模，防止过度融资；二是申请再融资距离前次募集资金原则上不少于18个月，限制融资频率；三是申请再融资时不得持有交易性金融资产，主要防止融资"脱实向虚"、套利投机；四是明确定价基准日只能为本次非公开发行股票发行期的首日，这是市场发行的重要一步，也是对定增市场影响最大的政策，压缩了定增的套利空间，三年期的定增将基本退出市场。实行"堵旁门"的新规之后，定向增发规模将会受到压缩，套利投机和炒作式的资本运作都将被限制。另外，随着IPO发行的常态化，之前想通过借壳或并购来实现证券化的企业将会更多地选择IPO的路径。

开后门

开后门，即完善退市制度，实现上市公司退市市场化、法治化和常态化。A股市场上市公司退市率低一直饱受诟病。美国纳斯达克平均退市率约8%，其他境外成熟市场平均退市率在6%左右。与成熟市场相比，A股市场上市公司退市数量明显偏少，最近9年只有6家公司被强制退市。退市制度不完善造成了"劣币驱逐良币"的效应，即投资者偏爱炒作亏损股尤其是ST股票[①]，等待扭亏为盈和借壳上市等炒作题材。这种对于"绩差股"的炒作严重扰乱了市场秩序和估值体系，同时也让投资者更看中题材炒作而不是长期投资。从2014年11月开始，证监会明确实施重大违法公司强制退市制度，2016年博元投资成为重大违法退市第一股，欣泰电气被启动强制退市程序，成

---

① ST股票，指境内上市公司连续两年亏损，被进行特别处理的股票。——编者注

为欺诈发行退市第一股。这两家公司的退市,是退市制度改革的重大突破。2017年,《证券法》修订草案将退市制度作为重要修订内容之一。随着退市制度的完善以及IPO的常态化,预计"壳公司"的价值将会显著缩水,从而有利于恢复资本市场的正常秩序。

净化资本市场环境

除了基础的制度建设之外,证监会正在强化监管,在资本市场掀起了一阵严打之风。尤其对于高送转、借壳上市、多元化并购、忽悠式重组、举牌、股东减持等都进行严格监管,同时鼓励上市公司分红。

尤其2017年6月证监会出台《上市公司股东、董监高减持股份的若干规定》的修订版,全面封堵了规避监管行为。本次减持规定的主要修订内容集中在三个方面。一是减持规则更加细化,尤其针对大宗交易的减持做了新的规定。根据新规,连续3个月通过竞价交易减持不能超过总股本的1%,通过大宗交易减持不能超过总股本的2%,而且为了防止"过桥减持",大宗交易的受让方在6个月内不得转让,一致行动人持股合并计算。二是监管范围扩大,将参与首次发行和非公开发行的特殊股东也纳入规定范围。目前规定范围主要变成了大股东、董监高和特殊股东(IPO和定增),因为这三类主体分别具备"持股优势""信息优势""成本优势",必须对减持进行更严格的限定,防止侵害中小股东利益。对于特殊股东的减持规定和大股东相同,唯一不同的是交易所细则在规定非公开发行股份解除限售后的12个月内,通过竞价交易减持的数量不得超过其持有该次非公开发行股份总数的50%,主要是防止"清仓式"减持。另外,本次规定将之前的变相减持也纳入监管规定，比如股权质押和可交换债等，这对股权质押和可交换债等业务也会产生影响。三是针对董监高的辞职减持也做了新的规定。《公司法》规定，董监高在任职期间，每年减持股份不得超过其所持股份的25%，离职后半年内不得减持股份。实践中，个别公司董监高为了尽早减持股份，会在任期届满前辞去职务。针对这种规避监管的行为，本次规定要求上市公司董监高在任期届满前离职的，仍按其原任期时间，适用《公司法》规定的减持比例要求。

资本市场新规对投行业务的影响："再融资新规"和"减持新规"明显压缩了一二级市场的套利空间，对于资本市场的部分业务产生了较大影响。我们认为影响较大的顺序是定增、并购（借壳）、股权质押（可交换债）以及Pre-IPO（上市前私募）等。定增业务是受影响最大的领域，主要原因是融资规模、融资频率和定价方式都受到限制，而且减持的限定实际上拉长了定增的期限，比如一年期定增解禁后，一年内只能减持持有股份的50%，而且连续三个月的减持规模不能超过总股本的1%，实际上导致一年期定增拉长至2~3年，定增的套利空间再次被显著压缩，市场参与意愿会受到较大影响。

并购业务和定增紧密相关，也受到较大影响，并购市场明显降温。一是因为定增受限后，并购的配套融资更加困难；二是收购方更倾向于换股，而收购方受减持规定影响更倾向现金收购，谈判难度会增加；三是证监会对于多元化并购和忽悠式重组一直持严控态度。但2017年6月之后并购审核开始提速，并购市场开始恢复。并购审慎提速并不是门槛的松动，而是在更加注重并购标的质量基础上的再出发。对于泛娱乐、互联网金融、房地产等行业，以及跨行业、海外资产的并购审核，仍是监管的重点，而对于产业并购的逻辑依然受到政策的重点支持。证监会也明确提出要大幅简化并购重组的行政审批，鼓励基于产业整合的并购重组，同时严格重组上市要求，加强并购重组监管。通过"一松一紧"的政策组合，有效促进资源优化配置，有力支持国企改革、产业升级。

五、其他领域的监管

房地产监管：去库存与控房价并行

从 2015 年下半年开始，受资产荒、流动性宽松以及去库存的政策影响，国内房地产市场进入了快速回升期，房地产价格明显上涨。以深圳为例，2016 年最高同比涨幅高达 60%，如此快速的上涨引起泡沫风险的担忧，而且一线城市房价的快速上涨后期传导至二三线城市，房地产市场的火爆行情呈现出以一线城市为核心向周边扩散的态势。

房地产市场的景气主要来自"去库存"政策。这一政策在需求端和供给端同时产生重要影响。需求端的表现是居民住房信贷大幅增加，从图 3-5 可以看出，历史上居民中长期贷款（主要是住房）占新增贷款的比重一般不会超过 30%，但 2016 年居民中长期贷款在新增信贷中的比重大幅升高，远超历史平均水平，如此大的信贷支持必然伴随房地产市场销售的回升，同时居民部门的杠杆率也开始升高。供给端的表现就是土地供应的下降，百个大中城市的土地供应面积从 2014 年开始就显著下降，目前只有高峰期的 50%，供给端的显著收缩有助于推动三四线城市房地产库存的去化。从整体上看，房地产去

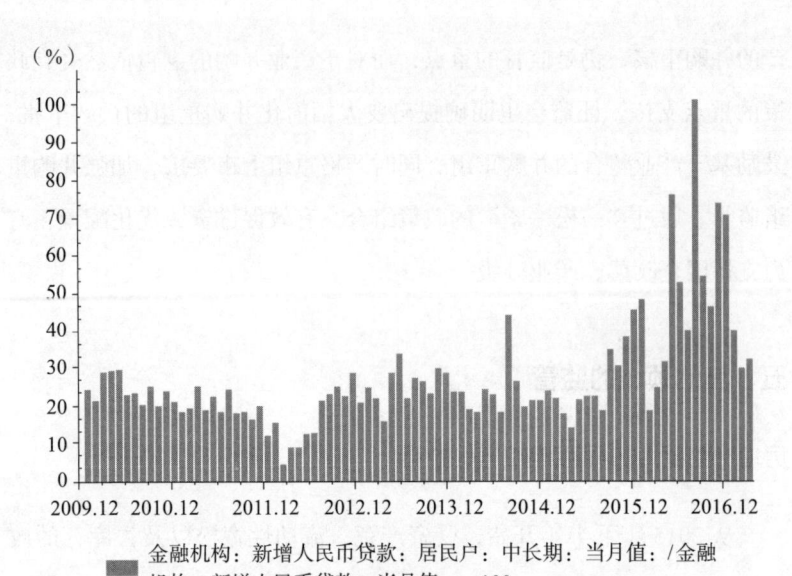

(%)

■ 金融机构：新增人民币贷款：居民户：中长期：当月值：/金融机构：新增人民币贷款：当月值：×100

图3-5 2016年房地产信贷占新增信贷比重大幅上升

资料来源：Wind，工行投行研究中心。

库存政策确实起到了明显效果，主要表现就是三四线城市房地产库存得到部分去化，房地产待售面积开始下降。但另一方面也刺激了一二线及热点城市价格的过快上涨，甚至出现了泡沫化风险，这是需要警惕和控制的。

美联储目前正处于加息周期，美元也在升值周期，从历史上看，美国的加息周期和美元升值周期往往会冲击亚太地区的资产泡沫尤其是房地产泡沫，从而酿成系统性风险，比较典型的案例是亚洲金融危机。为了避免受到海外不确定性的影响，必须对目前的房地产泡沫进行有效控制，防止进一步膨胀。

为此，2017年的房地产政策也从整体去库存转变为去库存与控房价并行：三四线城市继续以去库存为主，一二线及热点城市以控房价为主。2017年,有关部门针对房价上涨过快的城市出台了一系列措施,而且是领导责任制,可谓有史以来最严厉的政策。需求端限购限贷政策不断升级,居民中长期贷款占新增贷款的比重有望降至30%以下的正常水平,而且针对火热的学区房市场也出台新政,扭转市场预期,甚至对于"离婚买房"这种绕开监管的做法也出台了打补丁的政策。在严厉限购的背景下,一方面,热点城市商品房的销售明显下降,尤其一线城市销售面积已经下降20%以上;另一方面,三四线城市继续以去库存为政策主线,推动商品房销售保持强劲增长,和一线城市形成鲜明反差。三四线城市销售良好的重要政策原因是棚改货币化比例的显著提升。2015年,棚改货币化安置的比例仅为29.9%,2016年该比例大幅上升到48.5%。从2017年的一些地方政府发布的计划看,大多数地方将棚改货币化比例调升至50%以上,而且目前已经有一些省份棚改货币化安置的比例超过七成。货币化资金安置一方面来自中央财政和地方财政,另一方面来自银行的相关融资,尤其央行的PSL(央行以抵押方式向商业银行发放贷款)工具提供了重要融资支持。货币化比例提升对于消化存量房地产库存起到了重要推动作用,降低了房地产系统性风险。

为了更有效地控制热点地区房地产投机行为,体现"房子是用来住的"这一定位,后期可能采取的措施包括增加热点城市的土地或住房供给。功能外迁,尤其是北京作为首都更需要通过非首都功能外迁来缓解大城市病及房价上涨的压力,雄安新区的成立也是承接北京部分功能的转移。后期"租售同权"也将会在更多城市推广。

2017年监管层对于房地产开发商融资全面收紧,包括:①银行表内外融资收紧。尤其明确禁止用于开发商流动资金和购地贷款,不

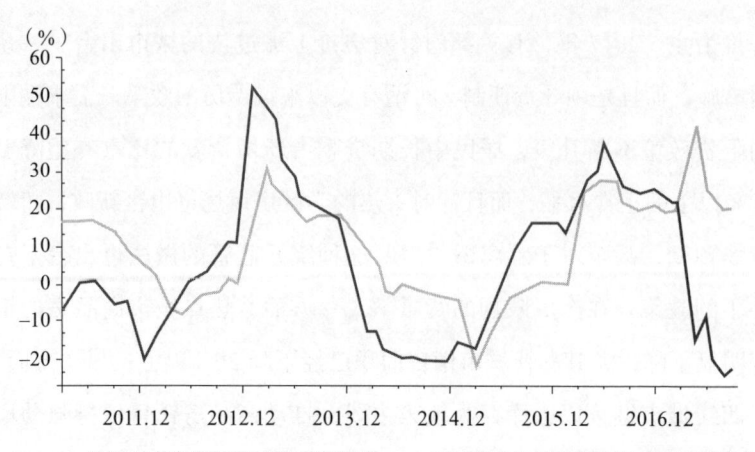

```
(%)
60
50
40
30
20
10
0
-10
-20
     2011.12  2012.12  2013.12  2014.12  2015.12  2016.12
```

—— 一线城市商品房销售面积累计同比　　—— 三四线城市商品房销售面积累计同比

图 3-6　一线城市和三四线城市商品房销售差异明显

资料来源：Wind，工行投行研究中心。

能向土储中心融资，不能参与首付贷。②境内外发债受限。《房地产公司债券分类监管方案》提高了房地产企业发债门槛和成本，并进行分类监管；发改委禁止商业地产项目发行企业债，限制境外发债。③资管通道融资收紧。比如《证券期货经营机构私募资产管理计划备案管理规范第4号——私募资产管理计划投资房地产开发企业、项目》，要求投资于16个热点城市住宅债权项目的私募基金和私募资管计划停止备案，之前的计划到期后停做，其他城市也禁止把私募基金用于支付土地出让款和补充流动资金。④信托通道融资监管强化。比如《2017年信托公司现场检查要点》禁止把信托通道融资用于开发商流动资金和购地贷款，禁止流向首付贷。可见房地产开发商融资监管已经全面强化，而且是精准打击，比如"是否存在房地产企业以股东借款充当劣后受益人，是否以归还股东借款名义变相发放流动资金贷款"。这些都是之前比较常见的绕开监管的办法。房地产融资是房地产投资的领先指标，随着房地产融资的全面收紧，预计后期房地产投资将会明显下降。

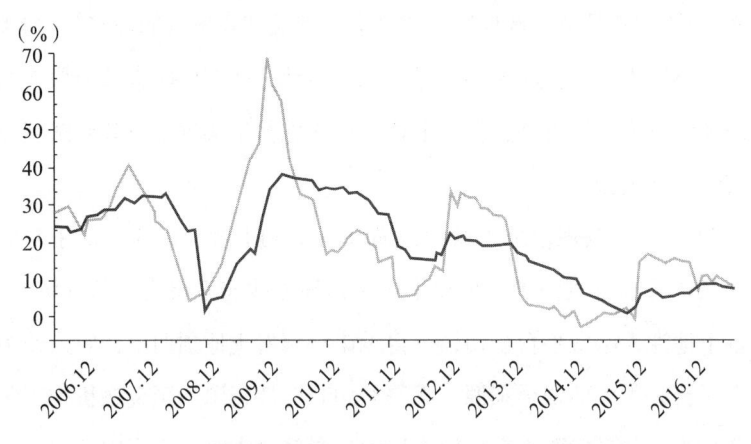

图 3-7 房地产融资是房地产投资的先行指标

资料来源：Wind，工行投行研究中心。

地方政府债务监管：财政硬约束和规范融资渠道

地方政府债务风险一直是近几年市场关注的领域，其中存在大量隐性担保的情况，尤其令人担忧。

2017年以来，强监管已成为金融业的基本态势，而作为市场的重要组成部分，财政监管也日趋严格。为了进一步规范政府融资行为，切实防范和化解地方债务风险，2017年5月3日，财政部、发改委、司法部、人民银行、银监会、证监会六部门联合发布了《关于进一步规范地方政府举债融资行为的通知》（财预〔2017〕50号，以下简称"50号文"），重申地方债务风险，剑指政府违规举债。6月1日，财政部和国土部联合发布《地方政府土地储备专项债券管理办法

（试行）》（财预〔2017〕62号，以下简称"62号文"），提出试点发行土地储备专项债券，加强对专项债券的管理。6月2日，财政部发布《关于坚决制止地方以政府购买服务名义违法违规融资的通知》（财预〔2017〕87号，以下简称"87号文"），对地方政府以购买政府服务名义的举债行为进行清理整顿。上述三份文件几乎实现了对政府融资行为监管的全覆盖。

50号文重点规范地方政府融资担保和PPP参与方式，对于融资平台融资管理重点做了三项规定：一是地方政府不得将公益性资产、储备土地注入融资平台公司，不得承诺将储备土地预期出让收入作为融资平台公司偿债资金来源，不得利用政府性资源干预金融机构正常经营行为；二是融资平台公司在境内外举债融资时，应当向债权人主动书面声明不承担政府融资职能；三是金融机构为融资平台公司等企业提供融资时，不得要求或接受地方政府及其所属部门以担保函、承诺函、安慰函等任何形式提供担保。这三点是从融资担保的角度进一步剥离地方政府融资平台的融资功能，从实质上切断地方政府与融资平台的隐形债务担保关系。对于PPP和基金的参与方式，重点防止地方政府变相扩大债务。一是地方政府不得以借贷资金出资设立各类投资基金。二是严禁地方政府利用PPP、政府出资的各类投资基金等方式违法违规变相举债。三是除国务院另有规定外，地方政府及其所属部门参与PPP项目、设立政府出资的各类投资基金时，不得以任何方式承诺回购社会资本方的投资本金，不得以任何方式承担社会资本方的投资本金损失，不得以任何方式向社会资本方承诺最低收益，不得对有限合伙制基金等任何股权投资方式额外附加条款变相举债。同时50号文也为政府担保开了一扇正门，允许地方政府结合财力设立或参股担保公司，地方政府依法在出资范围内对担保公司承担责任。

87号文重点规范政府购买服务范围和期限，防止地方政府违法违规举债。87号文的影响力要远大于50号文，主要原因是地方政府更愿意采用政府购买服务而不是PPP的方式来进行项目融资。PPP相对较为规范，根据财政部的流程规定，涉及环节较多，流程较长，平均周期要10~12个月，而且包含的物有所值评估等内容也增加了成本。相比于PPP形式，政府购买服务的可操作性更强，也更加灵活和便捷，所以地方政府更多的是采用政府购买服务的方式进行项目融资，这在2016年表现得更加明显。但将工程项目纳入政府购买服务的领域则存在问题：首先，与"服务"的本意不符，也违反最初的规定；其次，存在期限错配，尤其是针对长期的基建项目；最后，这也属于变相的政府融资，与43号文精神不符。所以87号文针对目前广泛存在的政府购买服务问题采取了打补丁的措施，主要措施是负面清单和期限管理。负面清单包括"一个不得三个严禁"：不得将原材料、燃料、设备、产品等货物，以及建筑物和构筑物的新建、改建、扩建及其相关的装修、拆除、修缮等建设工程作为政府购买服务项目；严禁将铁路、公路、机场、通讯、水电煤气，以及教育、科技、医疗卫生、文化、体育等领域的基础设施建设，储备土地前期开发，农田水利等建设工程作为政府购买服务项目；严禁将建设工程与服务打包作为政府购买服务项目；严禁将金融机构、融资租赁公司等非金融机构提供的融资行为纳入政府购买服务范围。政府建设工程项目确需使用财政资金，应当依照《中华人民共和国政府采购法》及其实施条例、《中华人民共和国招标投标法》规范实施。就政府购买服务期限而言，有两个层次：一是服务的持续期，二是行为顺序，即预算管理。首先，政府购买服务要坚持先有预算、后购买服务，所需资金应当在既有年度预算中统筹考虑，不得把政府购买服务作为增加预算单位财政支出的依据。其次，年度预算未安排资金的，不得实施政府购买服务。再次，政府购买服务期限应严格限定在年度预算和中期财政规划期限内。最后，实际上是强调政府购买服务的期限应在三年以内，这是因为我国中期财政规划的期限是三年。

50号文和87号文都属于"堵旁门"的政策，针对目前的地方政府融资问题进行整改。同时监管层也提出了"开正门"的措施，最重要的是62号文关于土储专项债发行的规定。62号文规定："地方政府为土地储备举借债务采取发行土地储备专项债券方式。"自此，土地储备融资经历了两次规范：一是国发〔2014〕43号文和财综〔2016〕4号文禁止以非债券的形式为土地储备融资，二是62号文禁止一般债券为土地储备融资，土地储备不能挤占地方政府一般公共预算支出。而且，62号文从债务偿还的角度限制了土地储备举债，如"不得通过其他项目对应的土地出让收入偿还到期债券本金"，"因储备土地未能按计划出让、土地出让收入暂时难以实现，不能偿还到期债券本金时，可在专项债务限额内发行土地储备专项债券周转偿还，项目收入实现后予以归还"。除了土地储备专项债之外，还包括高速公路专项债等。未来地方政府将通过专项债和一般性债券的"正门"来满足融资需求。

我们认为，50号文、87号文和62号文对地方平台融资将产生重大影响。从存量上看，之前违规的隐性担保和政府购买服务项目需要妥善处理，尤其避免对在建工程产生较大影响。从增量上看，地方政府将不再对PPP和政府基金等提供隐性担保，通过政府购买服务的方式也已经受限，地方政府只能通过发行一般债券和各种专项债进行融资，但发行主体限定为省政府，相当于对市县级融资权力的上收，地方平台的融资渠道已经明显收缩。经过新规之后，预计地方政府和地方平台的融资方式将会产生较大变化，后期基建融资将会受到一定程度的影响。另外，地方平台也需要加快转型，逐步市场化运作，摆脱对地方政府的融资依赖。

六、2018年金融监管趋势展望

我们认为，2018年的金融监管将会延续2017年全国金融工作会议上制定的总基调，即从严监管、防范风险将是未来相当长一段时间内政府金融工作的主旋律。全国金融工作会议提出了金融工作应坚持回归本源、结构优化、强化监管和市场导向的四大原则，以及完成服务实体经济、防控金融风险和深化金融改革的三项任务。十九大报告也指出，要深化金融体制改革，增强金融服务实体经济的能力，提高直接融资比重，促进多层次资本市场健康发展；健全金融监管体系，守住不发生系统性金融风险的底线。从金融监管的未来趋势看，监管工作也将围绕这几个方面展开。

双向发力防范金融脱实向虚

2017年的全国金融工作会议提出，金融要把为实体经济服务作为出发点和落脚点，全面提升服务效率和水平，把更多金融资源配置到经济社会发展的重点领域和薄弱环节，更好满足人民群众和实体经济多样化的金融需求；重申金融要更好地服务实体经济，有利于金融发展正本清源、回归初心，为我国供给侧结构性改革提供更加有力、有效的金融支持。脱离实体经济，金融业就是无本之木、无源之水。我们认为，如何让作为服务业的金融业通过优化资本资源的配置来服务实体经济，将是未来很长一段时间内监管层的重要目标任务。

（1）反向监管打击金融资源脱实向虚

中国人民银行在《2017年第二季度中国货币政策执行报告》中指出，为了更加全面地反映金融机构对同业融资的依赖程度，引导金融机构做好流动性管理，将于2018年一季度评估时起，将资产规模5000亿元以上的银行发行的一年以内同业存单纳入MPA同业负债占比指标进行考核。与此同时，在银监会的立法计划中，《商业银行理财业务监督管理办法》和《商业银行表外业务风险管理指引》等规范性法规也将会对资金空转的风险进行进一步防范。

2017年，银监会密集出台了一系列监管文件，强化了对银行同业业务的监管，相继开展了"三违反""三套利""四不当"的"三三四"专项整治工作，加上资管新规等一系列规范性文件的出台，可以看到资金在金融体系内自我循环、提升资金成本的现象得到了一定程度的遏制。银行业同业资产、同业负债规模双双收缩，自2010年以来尚属首次，同业业务增速也由整治前的正增长转为负增长。随着表外理财、同业存单纳入MPA考核，可以预见的是，对资金在金融体系内空转的强监管仅仅是一个开始，2018年的监管将更加严格和细化。

（2）正向激励引导金融支持实体经济

与此同时，银监会在推进银行业服务实体经济等方面的新举措也层出不穷。债权人委员会制度和差异化信贷政策有望进一步深入，在支持去产能、督促银行业金融机构提升经营管理精细化程度以及实施有扶有控的差异化信贷等方面将会卓有成效。

从金融对实体经济支持的领域来看，至少有两个领域是值得关注的。一个是普惠金融领域，另一个是国家重大发展战略领域。从普惠金融领域来看，央行 2017 年 9 月底对普惠金融的定向降准释放了明确信号，旨在降低"三农"、小微企业等普惠金融领域融资难、融资贵的问题。四大行均在总行层面设立了普惠金融事业部，而股份制银行设立普惠金融部也将是大势所趋。从政策和形势的延续性来看，2018 年，金融机构对普惠金融领域的支持力度只会增不会减。从国家重大发展战略领域看，2017 年以来，制造业贷款增速由负转正，银行资金更多流向以制造业为代表的实体经济，对重点领域和薄弱环节的支持力度显著增强。以"一带一路"倡议和京津冀协同发展、长江经济带发展等国家重大发展战略为契机，金融在去产能、调结构、支持企业走出去等方面对实体经济的支持将会发挥更大的作用。

多管齐下防控系统性金融风险

2017 年的全国金融工作会议突出强调了防范系统性金融风险的紧迫性，突出统筹金融监管和政策协调的必要性。我们认为，2018 年的金融监管会更加注重监管的"全面性""主动性""穿透性"，不断提升金融监管的有效性，多管齐下防范系统性金融风险的发生。

（1）完善金融监管的全面性

从内生和外生角度看，金融风险不仅来源于金融领域，还来源于房地产、地方性债务、国企债务等非金融领域。防范系统性金融风险，要完善金融监管的全面性，防止风险在金融领域和非金融领域内蔓延。

一是在地方政府债务风险方面。全国金融工作会议提出要严控地方政府债务增量，实行违法违规举债问题终身问责制，彰显了中央严控地方政府债务风险的坚定决心。可以预见，原有的地方政府通过融资平台变相举债的模式已难以为继。地方政府举债模式的改变，一方面将迫使金融机构寻求新的资产扩张渠道，另一方面也有利于发展更加规范透明的金融市场。

二是在房地产风险方面。随着新一轮房地产调控周期的开展，一方面要防止过多资金进入房地产市场，加剧房地产市场结构性失调的复杂局面，首付贷等违法违规的行为将会受到更加严厉的打击，另一方面，要关注房地产价格的波动对金融资产质量的影响，避免房地产市场资产价格下跌给金融市场带来巨大风险。

三是在国有企业债务风险方面。对国有企业降杠杆是监管的重中之重，这也表明中央政府推行国有企业混合所有制改革的决心。从实际情况来看，国有企业并购重组、破产清算的进程将加快，部分负债率高的僵尸企业将面临破产倒闭的风险。

（2）推动金融监管的主动性

2017年的全国金融工作会议指出，要把主动防范化解系统性金融风险放在更加重要的位置，科学防范，早识别、早预警、早发现、早处置，着力防范化解重点领域风险，着力完善金融安全防线和风险应急处置机制。

从2017年以来的金融监管实际情况看，金融机构更加注重金融风险的事前监管。例如银监会出台的"三三四"专项检查给了金融机构半年时间的自查整改，央行MPA考核给出了近半年的缓冲期，资管新规也是各监管部门基于资管领域存在的风险及早提出的应对措施。可以看出，对于金融机构一些打擦边球以逃避金融监管的行为，监管部门并不是一味叫停、禁止，而是引导金融业务逐步规范化、透明化，将原来蕴藏隐性风险的业务搬到台面上加强监管，以防范金融风险的发生。这可以看作是监管理念从被动监管到主动监管的转变。从防范系统性金融风险的角度看，金融监管的目的不在于堵，而在于疏，事后严厉的处罚措施并不能杜绝金融风险的发生。全国金融工作会议既然强调了主动防范化解金融风险的重要性，可以预见的是金融监管部门将更加主动出击应对潜在的金融风险。

（3）强化金融监管的穿透性

李克强总理在2017年全国金融工作会议上指出，要增强金融监管协调的权威性和有效性，强化金融监管的专业性、统一性、穿透性，所有金融业务都要纳入监管，及时有效地识别和化解风险。本次全国金融工作会议在上一次有关金融监管"权威性、有效性、专业性和统一性"的基础上，增加了"穿透性"的相关要求。

金融机构往往通过通道业务拉长业务链条以规避名义上的金融监管，从近期实际监管情况看，监管部门对穿透式监管采取了强压态势。例如MPA考核评估强化了对银行实质信贷资产的穿透式监管，建立综合统计制度，为资产业务的穿透式监管提供根本基础，对信托资金池进行穿透式管理，对房地产领域的底层资产进行穿透式审核以确保资金的最终投资方向符合要求。我们认为，金融监管将秉承"实质监管重于形式监管"的原则，透过金融产品的表面形态看清业务本质，对资金来源、中间环节与最终投向进行穿透式监管。因此，金融机构先前为规避金融监管违规开展的通道业务等将会受到沉重打击。

多措并举深化金融体制改革

2017年全国金融工作会议和十九大报告都指出,要不断深化金融体制改革,这也是金融领域推进供给侧结构性改革的必然要求。从金融监管层面看,主要体现在两个方面:一是在顶层设计方面深化金融监管体制机制改革,二是在市场运行方面完善多层次资本市场监管体系。

(1)设立金融稳定发展委员会,强化金融监管的协同性

2017年的全国金融工作会议一个重要的成果是提出设立国务院金融稳定发展委员会,强化央行宏观审慎管理和系统性风险防范职责,这是立足国情、吸取国际金融危机以来世界各国监管经验和教训、适应未来金融稳定发展的监管理念和模式的重大举措。2003年银监会的设立形成了金融机构分业经营、一行三会分业监管的格局,但随着金融业的创新发展,混业经营趋势下的分业监管尤其是机构监管逐渐显现出各种弊端,从严格的机构监管向功能监管和宏观审慎与微观审慎并重监管转变将成为主要的监管趋势,传统的多机构多头监管转向一元的超级混合监管将成为趋势。2017年以来新出的MPA评估考核和资管新规等政策法规,都是着眼于宏观审慎和微观审慎两个方面,是一行三会协同监管的成果,可以看出金融监管改革的总思路是在分业监管的基础上实现监管全覆盖,协同监管在未来的金融监管中都会成为一种常态,以降低不同监管机构之间监管成本的叠加以及政策的相互冲突。从监管职能来看,人民银行在宏观审慎监管和系统性风险防范方面的职责将会得到强化,各监管机构监管不足或监管过度的局面有望得到缓解,金融机构在综合化经营过程中可能产生的流

动性风险、信用风险、操作风险等都会由于监管机构协同监管能力的提升而得到有效控制。

金融稳定发展委员会的成立，为我国未来的监管框架定下了基调。一方面是因为国务院金融稳定发展委员会刚刚设立，意图就是提高金融监管层级来统筹监管部门，在此基础上再合并一行三会进行混业监管的意义不大；另一方面是我国现行的《中国人民银行法》《商业银行法》《证券法》《保险法》等法律法规奠定了我国金融业分业监管的法律基础，若要实施混业监管必定需要全国人民代表大会常务委员会对相关法律进行修改，而这是在短时间内无法完成的。因此，一行三会分业监管、国务院金融稳定发展委员会统筹协调监管的金融监管格局将是未来的发展方向。

（2）释放监管活力，促进多层次资本市场健康发展

长期以来，我国企业主要依赖间接融资，直接融资较少，这就造成了国内企业杠杆率居高不下，风险积累较大。我国当前的证券市场只能解决部分规模企业的直接融资问题，大部分中小企业无法获得直接融资渠道。十九大报告提出，要提高直接融资比重，促进多层次资本市场健康发展，充分发挥市场在资源配置中的决定性作用。

从近期资本市场的监管来看，市场前进政府后退的趋势是比较明显的。证监会在深化行政审批制度改革方面卓有成效，逐步放松事前管制，着力强化事中和事后监管，更加重视市场在资源配置中的作用。但另一方面，监管层在稽查执法方面的力度又有所加强，市场操纵、欺诈发行、内幕交易和利用非公开信息交易等各类违法违规行为都受到了严厉打击。这表明了监管层的监管态度，即降低行政审批环节效率低下的非现场审查，转而在市场运营层面主动出击，对一些违

法违规行为进行实质性现场监管。这表现出了金融监管的主动性,释放了监管活力。

发展多层次资本市场,与有进有退的上市制度密不可分。尽管注册制的靴子迟迟没有落地,但IPO常态化已经成为市场共识。从未来监管方向看,证监会将逐步下放实质审核权,专注于形式审核,更加关注发行人信息披露的真实性、完备性和一致性,不对企业的好坏做出实质判断,打开IPO大门,提高IPO效率。同时监管层也加大了退市力度,从2017年以来证监会对"壳资源"炒作的打击力度看,监管层对缺乏完善的退市制度已采取了应对措施,预计未来监管部门将会提高对违法上市公司在退市认定中的比重,激活市场的优胜劣汰功能。

第四章

互联网金融：Fintech渐入规范化发展轨道

云计算、大数据、人工智能、区块链等技术的进步，及它们在金融领域的应用，使得金融行业提供更多更好的金融服务成为可能。科技与金融的深度融合，使得更多个性化、场景化领域长尾需求得到释放和满足。在国家政策的指引下，在技术进步的支撑下，各类从业机构在竞争与合作中，推动着Fintech进入规范化发展轨道。

一、Fintech和互联网金融定义

Fintech是指技术带来的金融创新，它能创造新的业

务模式、应用、流程或产品,从而对金融市场、金融机构或金融服务的提供方式造成重大影响。①目前,这些技术主要包括云计算、大数据、区块链、人工智能等。

互联网金融是传统金融机构与互联网企业利用互联网技术和信息通信技术实现资金融通、支付、投资和信息中介服务的新型金融业务模式。②

Fintech来自国外,是finance(金融)和technology(科技)的合成词。在国内,一般把Fintech翻译为金融科技。Fintech主要用来指代对金融市场、金融机构或金融服务的提供方式造成重大影响的高新技术以及借助这些高新技术创新出的业务模式、应用、流程或产品。而互联网金融出自国内,更多偏向指代借助高新技术实现的新型金融业务模式。从本质上看,互联网金融也属于Fintech,可以看作是Fintech发展特定阶段的特定概念。

二、Fintech发展现状

政策层面:长效机制逐步建立和完善

(1)从顶层设计出发,推动实现Fintech健康有序发展

Fintech创造了新的业务模式、开辟了新的市场,为金融发展注入了新的活力,同时也面临技术、资金以及法律等多方面的风险,对

---

① 该定义是由国际金融稳定理事会(FSB)在2016年3月26日的金融科技专题报告中给出的。

② 该定义是由中国人民银行等10部门于2015年7月18日联合发布的《关于促进互联网金融健康发展的指导意见》中给出的。

国家的金融治理能力提出新的挑战。一方面，这种技术驱动的创新为中国Fintech的发展带来了弯道超车的机会，短短几年时间，中国就实现了从跟随者到特定领域领先者甚至引领者的转变，需要进一步保持和发展；另一方面，技术创新也给金融安全带来了新挑战，迫切需要建立健全Fintech创新管理长效机制，引导新技术在金融领域的正确使用。

2015年7月18日，中国人民银行等10部门发布《关于促进互联网金融健康发展的指导意见》（以下简称《指导意见》）。《指导意见》按照"鼓励创新、防范风险、趋利避害、健康发展"的总体要求，提出了一系列鼓励创新、支持互联网金融稳步发展的政策措施。《指导意见》坚持以市场为导向发展互联网金融，遵循服务好实体经济、服从宏观调控和维护金融稳定的总体目标，切实保障消费者合法权益，维护公平竞争的市场秩序，在互联网行业管理、客户资金第三方存管制度等方面提出了具体要求。《指导意见》被业界称为互联网金融行业的"基本法"。2017年5月，中国人民银行成立金融科技委员会（即Fintech委员会），旨在加强Fintech工作的研究规划和统筹协调。2017年6月，中国人民银行印发了《中国金融业信息技术"十三五"发展规划》（以下简称《规划》），明确提出了"十三五"金融业信息技术工作的指导思想、基本原则、发展目标、重点任务和保障措施。2017年6月，中国人民银行、银监会、证监会、保监会、国家标准委联合发布《金融业标准化体系建设发展规划（2016—2020年）》（银发〔2017〕115号），明确提出了"十三五"金融业标准化工作的指导思想、基本原则、发展目标、主要任务、重点工程和保障措施。在移动金融服务、非银行支付、数字货币等重点领域，《规划》要求加大对口专家派出力度，争取主导1~2项国际标准研制。

从国家政策角度看，《指导意见》为我国互联网金融的发展提供了大力支持。

从监管角度看，中国人民银行成立金融科技委员会，有利于统筹协调各方力量，推动我国金融科技健康有序发展。值得注意的是，金融监管也是Fintech的重要应用领域之一，利用大数据、云计算等金融科技手段可以创新、丰富监管手段，提升监管能力和效率。

从国际影响力角度看，近几年，我国Fintech发展迅猛，在移动支付等领域已处于世界领先地位，积极争取和掌握国际标准研制主动权，有利于保持和进一步扩大我国的领先优势。

政策大力支持，Fintech发展前景明朗。随着Fintech创新管理长效机制的建立和健全，中国Fintech行业有望步入健康有序的发展阶段。

（2）管理和技术双管齐下，督引行业规范发展

互联网金融的本质仍属于金融，没有改变金融风险隐蔽性、传染性、广泛性和突发性的特点。国家对互联网金融产品或服务的潜在风险高度重视，管理和技术手段双管齐下，督促和引导互联网金融行业健康规范发展。

从管理措施上看，2016年4月，国务院正式部署互联网金融风险专项整治工作，针对互联网金融的行业乱象，国家开始了严厉的整治和监管，旨在建立健全互联网金融监管长效机制。随着专项整治工作的进行，一系列相关的条例和指引陆续下发，如：2016年8月银监会下发了《网络借贷信息中介机构业务活动管理暂行办法》；2017年1月，中国人民银行发布《关于实施支付机构客户备付金集中存管有关事项的通知》；2017年2月27日，银监会发布《关于网络借贷资

金存管业务指引的通知》；2017年9月4日，中国人民银行等6部门发布《关于防范代币发行融资风险的公告》等。

此外，2017年8月4日，中国人民银行发布《中国区域金融运行报告（2017）》，在其中的"促进互联网金融在创新中规范发展"的专题中称，要探索将规模较大、具有系统重要性特征的互联网金融业务纳入宏观审慎管理框架，对其进行宏观审慎评估，防范系统性风险。这是中国人民银行首次提出探索将部分互联网金融业务纳入MPA，表明中国人民银行将进一步加强对互联网金融的监管，并且对互联网金融的关注点上升到中长期的潜在风险管控。

根据二十国集团戛纳峰会通过的协议，具有系统重要性的金融机构将被要求额外增加资本金。"系统重要性金融机构"是指业务规模较大、业务复杂程度较高、一旦发生风险事件将给地区或全球金融体系带来冲击的金融机构。据此，可以给"系统重要性互联网金融业务"一个定义：规模较大、复杂程度较高、一旦发生风险事件将给地区或国家金融体系带来冲击的互联网金融业务。当前，在Fintech的推动下，我国金融服务创新发展迅猛。在财富管理、支付、投融资等领域都出现了一些具有系统重要性特征的互联网金融产品或服务，如余额宝、支付宝、财付通、消费金融ABS（资金支撑证券）、P2P、众筹等。对照定义，这些金融产品或服务都谈不上高复杂性，但都具有业务规模较大、一旦发生风险事件将给地区或全球金融体系带来冲击的特征，且发展速度很快。将具有系统重要性特征的互联网金融业务纳入MPA是加强互联网金融监管的可选手段之一。

在技术手段上，2017年8月4日，中国人民银行下发《关于将非银行支付机构网络支付业务由直连模式迁移至网联平台处理的通知》,并要求,自2018年6月30日起,非银行支付机构受理的涉及银行账户的网络支付业务全部通过网联平台(非银行支付机构网络清算平台)处理;各银行和非银行支付机构应于2017年10月15日前完成接入网联平台和业务迁移相关准备工作。

网联平台是一个典型的第四方金融服务平台,其本身不直接对消费者提供任何金融服务,不碰触资金,通过统筹银行和第三方金融机构,间接地为市场和消费者提供服务。从监管层面看,网联的成立和运行,在一定程度上能够纠正第三方支付机构违规从事跨行清算业务,改变支付机构与银行多头连接开展业务的问题;可以防范和处理诈骗、洗钱、钓鱼以及违规等风险;有助于中国人民银行获得更多的第一手金融大数据、掌握对第三方支付的监管主动权,以及有效预防数据寡头数据垄断。从行业层面来看,一方面,网联统一托管备付金减少了第三方支付的隐性收入,网联的存在消除了诸如支付宝和财付通等体量较大的第三方支付机构的网关优势,促使第三方支付机构回归初心、做好金融服务;另一方面,网联的统一平台减少了对接不同银行的费用支出,提升了第三方支付机构的风险防范能力,鼓励第三方支付机构尤其是中小型第三方支付机构集中精力进行产品和服务方面的创新。总体看来,网联平台将促进支付机构间的公平竞争,有效支撑和引导第三方支付行业健康合规发展。

随着互联网金融风险专项整治工作的进行,相关的条例、指引和通知的陆续下发,以及互联网金融监管长效机制探索和研究的深入,互联网长效管理机制正在建立和健全。从长期看,中国互联网金融有望步入健康可持续发展阶段;从近期看,行业层面的优胜劣汰将进一步加剧。

行业层面：互联网企业与传统企业协同构建新金融生态

在国家政策的指引下，在技术进步的支撑下，各类从业机构在竞争与合作中，推动着Fintech进入规范化发展轨道。

（1）互联网巨头致力Fintech赋能，助力构建新金融生态

以阿里巴巴、腾讯、京东、百度为代表的互联网巨头在"一站式服务"生态圈中打造金融业务底层基础设施，并通过Fintech能力输出，在成就平台用户或合作伙伴的同时实现自身业务扩张，客观上起到了助力构建新金融生态的作用。

蚂蚁金服的高层明确表示，公司的定位是做科技公司，助力金融机构产品的创新、风控能力的提升和对消费者需求的洞察。蚂蚁金服致力于打造开放的金融生态系统，通过"互联网推进器计划"，助力金融机构和合作伙伴迈向"互联网+"，为小微企业和个人消费者提供普惠金融服务。蚂蚁金服旗下相关业务包括：生活服务平台支付宝、移动理财平台蚂蚁财富、云计算服务平台蚂蚁金融云、独立第三方信用评价体系芝麻信用、网商银行等。实质上，蚂蚁金服的布局是一种互联网金融商业基础设施的建设，不仅可以对接传统金融机构，也可以连接其他各种产业形态。蚂蚁金服已经通过金融的触角，向所服务企业的其他商业需求延伸，将Fintech能力向外输出，在助力企业成长的同时实现自身业务的扩张。

腾讯基于微信的强大社交平台，围绕多种生活场景构建金融生态圈。腾讯金融云提供金融开放平台，开放社交关系、支付、征信等能力，供合作伙伴部署和输出金融服务。腾讯旗下微众银行通过构建"A+B+C+D"的金融科技基础服务功能，让自己成为一个赋能

者，帮助合作金融机构提高金融科技水平，降低成本，从而更好地提供无差别金融服务。其中，A、B、C、D分别指人工智能（Artificial Intelligence）、区块链（Block Chain）、云计算（Cloud Computing）和大数据（Big Data）。

京东金融认为，Fintech的内涵包括以下四个方面：一是以数据和技术驱动金融服务；二是提升金融行业效率、降低成本；三是做传统金融不能做或做起来成本很高的业务；四是输出科技能力，服务金融机构和非金融机构。在这种理念的指导下，京东金融致力于金融业务底层基础设施建设，搭建了包括供应链金融、消费金融、财富管理、众筹、支付、保险和证券在内的七大业务板块，希望通过技术服务优化整个金融市场。

百度金融致力于通过自我探索和开放合作实现"利用人工智能等技术优势升级传统金融"的愿景。百度金融业务架构主要包括消费金融、钱包支付、理财资管、互联网银行、互联网保险等多个板块；开放金融云为金融机构输出包括人工智能、安全防护、智能获客、大数据风控、IT系统、支付在内的六大技术能力，为合作伙伴赋能，共享生态红利。

（2）传统大型金融机构与互联网巨头联手合作，共促新金融生态规范发展

在互联网企业"鲶鱼效应"的搅动下，以工、农、中、建为代表的传统大型金融机构一方面加速推进数字化革新，利用自身优势打造综合性互联网金融服务平台，提供专业、全面的金融产品，另一方面，积极加强与各类Fintech从业主体建立全方位战略合作关系。

2017年6月22日，中国银行与腾讯宣布已成立金融科技联合实

验室，重点基于云计算、大数据、区块链和人工智能等方面开展深度合作，共建普惠金融、云上金融、智能金融和科技金融。

2017年6月20日，中国农业银行与百度举办了战略合作签约仪式。双方合作主要围绕金融科技领域开展，包括共建金融大脑以及客户画像、精准营销、客户信用评价、风险监控、智能投顾、智能客服等方面的具体应用，并将围绕金融产品和渠道用户等领域展开全面合作。

2017年6月16日，中国工商银行与京东金融签署金融业务合作框架协议。双方的全面业务合作主要集中于金融科技、零售银行、消费金融、企业信贷、校园生态、资产管理、个人联名账户等方面。

2017年3月28日，中国建设银行与阿里巴巴、蚂蚁金服宣布开展战略合作。按照协议和业务合作备忘录，双方将共同推进建行信用卡线上开卡业务，以及线下线上渠道业务合作、电子支付业务合作，打通信用体系。

传统商业银行的优势在于物理网点、品牌影响力、资金和金融服务专业能力；互联网巨头的优势在于技术、场景和用户体验。双方合作可以取长补短，探索金融发展新模式，开发新的服务模式或创新产品，扩大用户范围，提供更好的金融服务。从传统商业银行和互联网巨头的合作内容来看，主要是围绕云计算、大数据、人工智能、区块链等Fintech领域的应用展开。

从传统金融角度看，近几年，银行的营收与利润增长缓慢，需要转型以找到新的增长点，需要借助Fintech的力量，挖掘自身数据的价值，改善用户体验，走精益化增长的路线。

从互联网巨头角度来看，互联网巨头目前正在形成自己的金融服务定位：一是借助在支付领域的先发优势，主要面向传统银行不能覆盖到的领域的客户提供服务；二是在以技术为基础提供金融服务的同时，更关注技术平台和生态圈建设，并对外输出Fintech能力。随着技术的发展和演进，Fintech能力输出正在成为互联网巨头一个新的业务增长点。双方的合作直接为互联网巨头带来两大利好：其一，传统金融机构的转型升级本身就产生了巨大的Fintech需求；其二，大型传统金融机构品牌效应好，对技术要求高，与这样的客户合作，对于互联网巨头的Fintech的改进和发展将有很强的推动作用。

传统金融机构的科技力量各不相同，互联网巨头擅长的技术也各有领域侧重，未来，传统金融机构与互联网巨头的合作将朝着"多对多"的合作方向发展。传统大型金融机构与互联网巨头是互联网金融两大主要参与主体，它们的联手合作，对于促进新金融生态规范发展意义重大。

从行业发展角度看，Fintech的发展大大提升了我国金融行业的整体发展水平，主要原因有两点：第一，互联网企业金融业务的迅猛发展，从某种程度上形成了对传统金融体系的差异化竞争优势，倒逼传统金融机构进行转型升级，客观上拉动了金融行业的发展；第二，传统金融体系的升级换代产生了巨大的Fintech需求，反过来又为Fintech的发展带来了巨大的市场空间。

资本市场层面：中国Fintech领域投融资引领全球

2017年第三季度，全球Fintech领域至少发生160笔股权融资事件，同比减少 2 笔，环比增加 7 笔，涉及资金总额约 350 亿元，同比增长约 26.0%，环比增长 12.4%。其中，中国的 Fintech 投融资共有 84 笔，占全球的 52.5%，涉及融资额为 232.2 亿元，占全球的 66.3%。

表 4-1　2017 年第三季度全球 Fintech 融资情况

地域	融资金额（亿元）	金额占比	融资笔数	笔数占比
全球	350	—	160	—
中国	232.2	66.3%	84	52.5%
海外	117.8	33.7%	76	47.5%

资料来源：零壹财经，工行投行研究中心。

与其他国家相比，2017 年第三季度，无论从融资金额还是融资次数上看，中国都远超其他国家。在融资金额上，美国 73.3 亿元位列中国之后，英国和印度分别以 17.1 亿元和 12.2 亿元位列第三、第四，新加坡为 2.2 亿元，其余国家共计 13 亿元。在融资次数上，美国和印度分别以 28 笔和 15 笔位列中国之后，其次是英国和新加坡，分别为 9 笔和 7 笔，其他国家合计 17 笔。

从投融资轮次上看，全球范围内资本仍在涌入 Fintech 领域。2017 年第三季度，全球 Fintech 投融资 A 轮及以前融资共 93 起，占全部融资事件的 58.1%，相应融资额为 47 亿元，占全部融资额的 13.4%；C 轮及以后融资共有 24 起，占全部融资事件的 15%，相应融资额为 210.1 亿元，占比为 60%。

(按笔数)

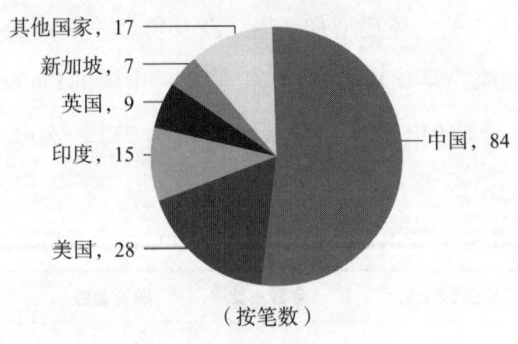

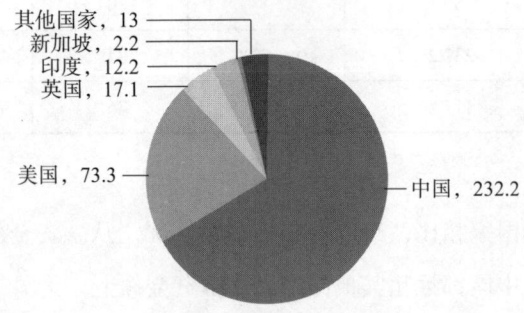

其他国家, 17
新加坡, 7
英国, 9
印度, 15
美国, 28
中国, 84

(按金额, 单位: 亿元)

其他国家, 13
新加坡, 2.2
印度, 12.2
英国, 17.1
美国, 73.3
中国, 232.2

图 4-1　2017 年第三季度全球 Fintech 投融资地域分布

资料来源: 零壹财经, 工行投行研究中心。

表 4-2　2017 年第三季度全球 Fintech 投融资轮次情况

投融资轮次	融资金额 (亿元)	金额占比 (%)	融资笔数	笔数占比 (%)
A 轮及以前融资	47	13.4	93	58.1
C 轮及以后融资	210.1	60	24	15

资料来源: 零壹财经, 工行投行研究中心。

从投融资领域看, 2017 年第三季度, 网贷、支付领域依旧备受资本青睐, 不论是融资笔数还是金额均占到较大的份额, 二者分别有 32 和 25 笔融资, 总额分别为 72.7 亿元和 38.8 亿元。其次是区块链、

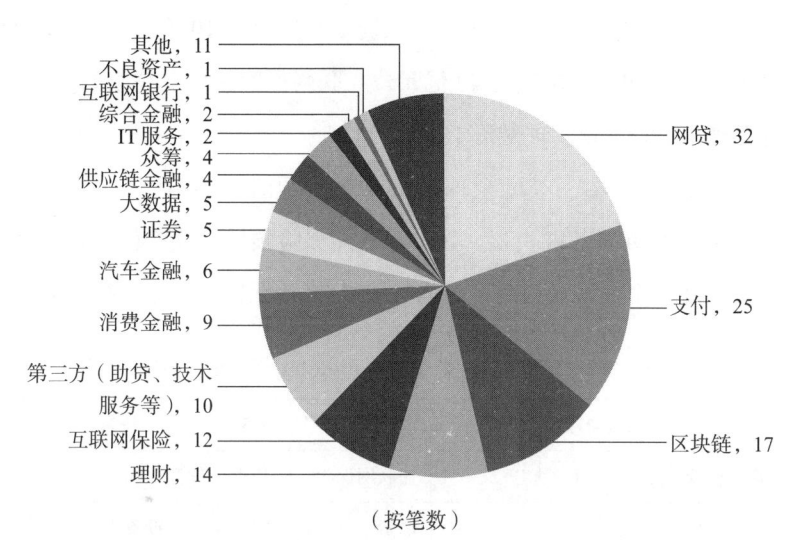

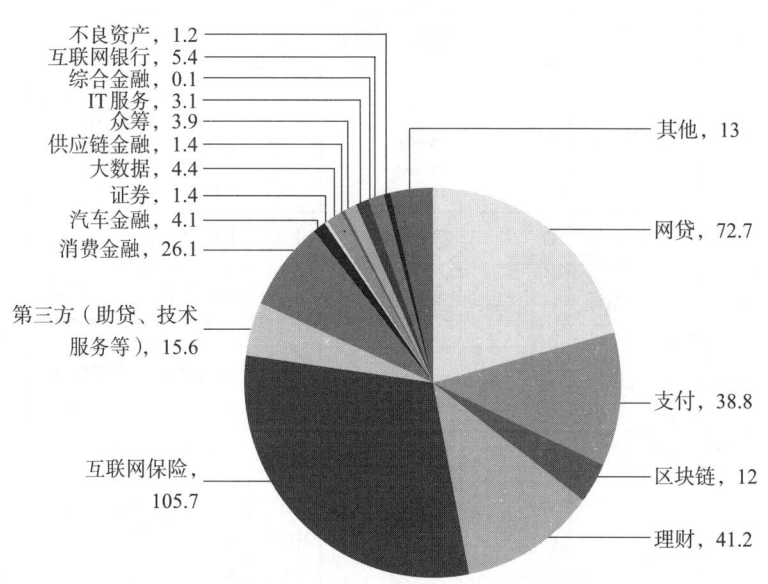

第四章 互联网金融：Fintech渐入规范化发展轨道

（按笔数）

- 其他，11
- 不良资产，1
- 互联网银行，1
- 综合金融，2
- IT服务，2
- 众筹，4
- 供应链金融，4
- 大数据，5
- 证券，5
- 汽车金融，6
- 消费金融，9
- 第三方（助贷、技术服务等），10
- 互联网保险，12
- 理财，14
- 网贷，32
- 支付，25
- 区块链，17

（按金额，单位：亿元）

- 不良资产，1.2
- 互联网银行，5.4
- 综合金融，0.1
- IT服务，3.1
- 众筹，3.9
- 供应链金融，1.4
- 大数据，4.4
- 证券，1.4
- 汽车金融，4.1
- 消费金融，26.1
- 第三方（助贷、技术服务等），15.6
- 互联网保险，105.7
- 其他，13
- 网贷，72.7
- 支付，38.8
- 区块链，12
- 理财，41.2

图4-2　2017年第三季度Fintech投融资领域分布

资料来源：零壹财经，工行投行研究中心。

互联网理财和互联网保险领域，融资笔数均超过10笔，其中互联网理财涉及的融资总额超过40亿元，互联网保险领域最亮眼的是众安保险通过IPO上市实现融资15亿美元。

在2017年第三季度全球Fintech融资额前10位中，中国独占8席，美国和英国各占一席。其中互联网保险领域的众安保险以15亿美元的融资金额排名第一，捷信中国以20亿元的融资金额排名第二。

表4–3　2017年上半年全球Fintech投融资前10位

公司名称	融资金额	轮次	所属领域	国家	投资方
众安保险	15亿美元	IPO	互联网保险	中国	软银中国
捷信中国	20亿元	战略投资	消费金融	中国	太盟投资集团（PAG）
Kabbage	2.5亿美元	F	网贷、大数据	美国	软银日本
点融网	2.2亿美元	D	网贷	中国	新加坡政府投资公司（GIC）、中民国际融资租赁股份有限公司、Simone投资管理公司
随手科技	2亿美元	C	理财	中国	KKR集团
Neyber	1.15亿英镑	C	理财	英国	高盛集团、Henry Ritchotte、Gaelde Boissard
越秀租赁	10亿元	战略投资	融资租赁	中国	越秀金控，成拓有限公司
钱包生活	10亿元	B	支付	中国	高榕资本、国融金
大数金融	8亿元	C	第三方、助贷	中国	太盟投资集团、春华资本、红杉资本中国基金、光大控股
TNG Wallet	1.15亿美元	A	支付	中国	联创永宣

资料来源：零壹财经，工行投行研究中心。

当前，我国Fintech发展迅猛。Fintech投融资热度高涨从一定程度上可以说明我国Fintech领域需求旺盛。随着科技的进步，以及科技与金融的深度融合，将会有更多个性化、场景化需求得到释放和满足，我国Fintech发展后继有力。

三、Fintech发展趋势

云计算、大数据、人工智能、区块链等技术的进步，及它们在金融领域的应用，使得金融行业提供更多更好的金融服务成为可能。展望未来，Fintech将朝着以下趋势发展：一是适应数字经济发展的新的金融体系将逐步建立；二是技术和金融深度融合，产品和服务创新不断；三是普惠金融加快进入规范化发展轨道。

数字经济发展迅猛，新金融体系将逐步建立

数字经济是指以使用数字化的知识和信息作为关键生产要素、以现代信息网络作为重要载体、以信息通信技术的有效使用为重要推动力的一系列经济活动。[①] 当前，以云计算、大数据、物联网、人工智能等为代表的数字技术正广泛应用于现代经济活动中，提高了经济效率，加速了经济结构转变，引领着人类社会由工业经济时代进入数字经济时代。在全球经济增长乏力、全球服务流动增速放缓的情形下，数字经济被视为带动经济增长的新动力。而中国数字经济的发展尤为迅猛：2016年，中国数字经济总量达到22.6万亿元，同比名义增

---

① 此概念见于《二十国集团数字经济发展与合作倡议》。

长接近 19%，占 GDP 比重超过 30%，同比提升 2.8%；2020 年，中国数字经济规模将超过 32 万亿元，占 GDP 比重将达到 35%；到 2030 年，数字经济占 GDP 比重将超过 50%。[①] 层出不穷的新技术正在改变着人类生产生活的方方面面，国内外一大批优秀的企业正在致力于建设新的商业基础设施，未来商业世界的主旋律是个性化、智慧化的，需要有与之相适应的金融体系。

以阿里巴巴为例，2017 年 7 月，马云在网商大会上提出要实现"五个全球"的目标，即全球买、全球卖、全球付、全球运和全球游。为了实现"五个全球"的目标，阿里巴巴宣布成立"五新执行委员会"，统筹力量，全力投入建设新的商业基础设施。（五新指新零售、新金融、新制造、新技术、新能源。）这个新的商业基础设施，能让任何一个网商利用全球的资源，将重新定义很多产业和行业，当然也包括金融行业。

技术和金融深度融合，产品和服务创新不断

在过去，相较于美国，中国互联网企业较偏重应用驱动型创新，中国互联网企业的制胜之道是本土化定制、快速响应市场、线上线下结合以及构建生态系统。展望未来，中国互联网企业的创新将从应用驱动型迈向技术驱动型，技术、应用以及商业模式相结合将进一步推动符合中国市场需求的独特创新。判断依据主要有以下四点。第一，蓝海市场空间巨大。随着中国互联网应用渗透率的提升，互联网企业的触角已触达社会经济的诸多领域，迅速占领着传统行业企业没有覆

---

① 中国信息通信研究院. 中国数字经济发展白皮书 2017，2017-07-13.

盖到的市场空间，蓝海市场为互联网企业的成长和壮大提供了机遇。在这些领域，互联网企业只要瞄准需求，踏踏实实做好产品或服务，取得成功不是太难。目前这些领域还有很多、发展空间巨大。第二，"互联网+"产生巨大动力和能量。传统企业在互联网企业鲶鱼效应的搅动下，被动或主动地拥抱互联网，与各类互联网企业展开合作，一方面通过自身转型提质增效，另一方面又为互联网企业的技术输出创造了巨大的市场空间。传统企业和互联网企业合作共赢为中国经济的发展注入了巨大的动力和能量。第三，自主研发投入力度增加。在国家的引导和大力支持下，在多样化市场需求的驱动下，中国各类企业和科研机构纷纷加大自主技术研发投入，为中国经济未来更好的发展奠定了坚实的基础。第四，政策保驾护航。随着互联网金融的发展，监管面临着新的挑战，中国已从顶层设计层面着手建立健全长效管理机制，为中国互联网金融的健康规范发展提供政策指引和保障。

被业界称为互联网金融行业基本法的《关于促进互联网金融健康发展的指导意见》，明确指出了鼓励科技与金融融合和创新的方向：鼓励银行、证券、保险、基金、信托和消费金融等金融机构依托互联网技术，实现传统金融业务与服务转型升级，积极开发基于互联网技术的新产品和新服务；鼓励从业机构积极开展产品、服务、技术和管理创新，提升从业机构核心竞争力；支持各类金融机构与互联网企业开展合作，建立良好的互联网金融生态环境和产业链；支持小微金融服务机构与互联网企业开展业务合作，实现商业模式创新；支持证券、基金、信托、消费金融、期货机构与互联网企业开展合作，拓宽金融产品销售渠道，创新财富管理模式；鼓励保险公司与互联网企业合作，提升互联网金融企业风险抵御能力。

在新金融生态中，金融与科技将深度融合，互相促进。科技助力创新金融产品和服务，提升风控能力，洞察用户需求。金融业务的创新发展将吸引更多客户、做大流量，进一步促进平台提升技术水平，改进用户体验。

下面以蚂蚁金服上线"财富号"，以人工智能技术助推金融理财进入智能时代为例，深入剖析技术和金融深度融合对于产品和服务创新的意义。

2017年6月，蚂蚁金服旗下的一站式理财平台"蚂蚁聚宝"宣布升级为"蚂蚁财富"，并正式上线"财富号"。"财富号"面向基金公司、银行等各类金融机构开放，当前共有10家机构入驻，包括天弘、博时、国泰、建信、南方、兴全、民生加银在内的7家基金公司以及浦发、中信、兴业在内的3家银行。此次蚂蚁金服在宣布开放"财富号"的同时打出了一张AI牌，将首度向金融机构开放最新的人工智能技术，助推金融理财更快进入智能时代。蚂蚁金服表示，AI的能力将从理解用户、优化投资策略、用户与金融产品匹配三个层面为金融机构提供助力。对于金融机构而言，入驻"财富号"，一方面可以开辟一条新的获客渠道，另一方面也可以借助蚂蚁金服提供的用户连接、用户画像、精准营销等一系列算法工具，尽快建立起直连用户的自运营平台，从而提供更好的个性化智能服务。对于蚂蚁金服而言，更为看重的是Fintech能力输出的巨大市场空间。据高盛估计，到2025年，机器学习和人工智能每年至少可以通过节省成本和带来新的盈利机会创造340亿~430亿美元的价值。[①]

---

① 高盛. 人工智能、机器学习和数据将推动未来生产力的发展，2016-11-14.

国家队入场，普惠金融加快进入规范化发展轨道

"普惠金融"这一概念由联合国在2005年提出，是指以可负担的成本为有金融服务需求的社会各阶层和群体提供适当、有效的金融服务，小微企业、农民、城镇低收入人群等弱势群体是其重点服务对象。当前，国际社会发展普惠金融虽已取得一定成绩，但仍有不足，根据世界银行数据，2014年，全球仍有约20亿成年人无法享受到最基础的金融服务。在中国，中小微企业约占企业总数的90%以上，但融资需求远未被满足，在当下大众创业、万众创新的背景之下，金融服务的缺口则进一步被放大。

在需求的驱动下，我国互联网金融快速发展，倒逼传统金融机构发展普惠金融，增加金融服务的有效供给。

国务院总理李克强于2017年5月3日主持召开国务院常务会议，部署推动大中型商业银行设立普惠金融事业部。会议明确要求，大型商业银行2017年内要完成普惠金融事业部设立，成为发展普惠金融的骨干力量。大中型银行具有资金、客户、网点等资源优势，风控和专业化金融服务能力较强，是发展普惠金融的有利条件。而在征信和风控方面，随着技术条件渐趋成熟，也完全可以更好地利用金融科技力量，提升用户需求分析能力和征信管理水平，设计合适的金融产品，为小微企业、个人用户提供普惠化的新型金融服务。

就传统银行业自身发展而言，普惠金融实际上是提出了更加精细化、专业化的服务需求，从根本上要求传统银行必须有更强的服务意识、竞争意识，真正做到以客户需求为导向，而这恰恰是传统银行业转型发展的必然选择。据了解，截至目前，工、农、中、建、交五

大行的普惠金融事业部已经全部正式挂牌,并正在筹备设立一级分行普惠金融事业部。其他银行,如兴业银行也正计划在总行层面成立普惠金融事业部。除成立普惠金融事业部外,近年来股份制银行还在小微企业等领域探索开展普惠金融,在业务模式、贷款投放和产品创新方面取得了一些成果。例如,农行2008年以来持续推进三农金融事业部制改革,截至2017年3月底,农户贷款余额突破1万亿元大关;工行在推进小微企业事业部方向上已探索多年,成立了近200家小微金融业务中心,5年来,工行累计向小微企业发放贷款7万亿元,截至2017年6月,工行小微企业贷款余额达到2.13万亿元,申贷获得率为96.7%。

在需求驱动、市场倒逼、政策推动和自身转型发展需要下,大中型商业银行进入普惠金融领域。国家队入场,普惠金融有望加快进入规范化发展轨道。

第五章

房地产金融：REITs，未来发展之势

一、REITs产品发行规模迅速增长

自2014年4月25日由中信证券设立中信起航专项资产管理计划开始，我国对REITs（房地产信托投资基金）的探索脚步已超过三年。其间，无论是产品规模还是发行数量都大幅增长。截至2017年10月，我国过会的REITs产品共32个，除了最早发行的中信启航已完成清算退出、2017年通过审批的华贸1号停售以及近期过会的合生越华、新派公寓、保利租赁项目仍处在发行期之外，其余27只均处在存续期，处于正常运行状态。2014年至2017年10月，我国REITs发行规

模逐年大幅增加,由96.05亿元增加至822.93亿元,年化复合增长率达到84.73%。2017年前10个月,我国REITs继续保持在较高增速,发行规模已超过2016年全年水平的1.5倍,达到389.78亿元,发行数量也达到16只,超过2015年和2016年两年的发行总量。可见,REITs已逐渐成为我国不动产行业新兴的投融资方式,重要性大幅提升。

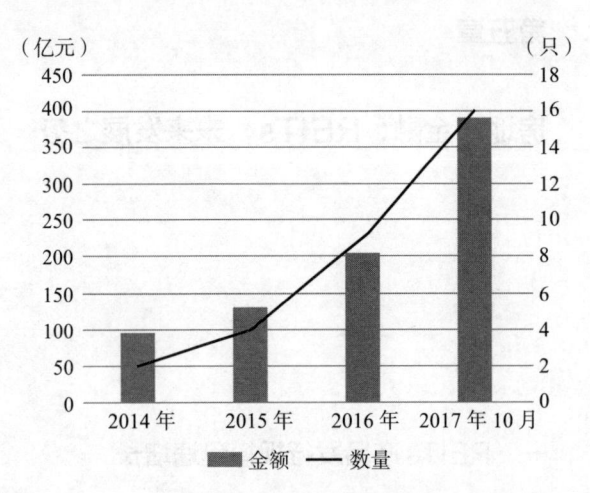

图5-1 2014年至2017年10月REITs发行情况

资料来源:同花顺,中国资产证券分析网,工行投行研究中心。

二、REITs发行分布特点

目前我国已发行的REITs产品的底层资产主要分布在经济条件好的一二线城市,但近期有向三线省会城市延伸的趋势;物业业态仍以商业物业为主,相对比较单一,但随着大租房时代的到来,我国公寓类REITs已破冰发行,预计发展空间巨大。

地域分布：重点突出，相对独立，逐渐向三线城市扩张

图 5-2 是截至 2017 年 10 月末我国 REITs 发行的地域情况，由于合生越华、保利租赁项目仍处在发行期，所以其底层资产的地理位置情况尚无法准确获得。已有公开资料的项目基本集中在一线城市或者二线城市，这些城市大多是经济较发达、人口净流入的核心区域。其中北京的项目最多，一共有 9 个，占到发行总数的 31%。而在混合地域型的 REITs 中，有 3 个项目也包含北京。主要原因是北京作为首都，是我国政治、经济、文化、金融中心，对于各类地产的需求均非常高，区域内各类不动产经营情况普遍较好。其余项目地域分布相对比较分散，除了上海和安徽有 2 个项目发行外，其余各区域均只发行了 1 个项目。另外，在这份名单中也有个别三线城市的身影，比如石家庄有一个项目发行，标的是当地核心区域的商业地产——石家庄勒泰中心。总体来看，目前我国 REITs 发行具有区域重点突出而又相对分散的特点，以一二线等经济发达的城市为主，并有向三线城市逐渐扩张的趋势。

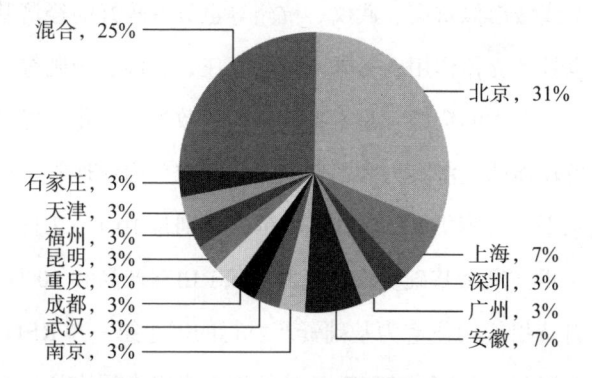

图 5-2　截至 2017 年 10 月 31 日 REITs 发行地域情况

资料来源：中国资产证券分析网，工行投行研究中心。

物业类型：业态较为单一，以商业地产为主，公寓类REITs有爆发迹象

图5-3是截至2017年10月31日我国REITs的物业类型覆盖情况。总体来看，我国REITs涉及的物业仍较为单一，绝大多数项目的底层资产为商业地产，包括写字楼、商场、酒店、商业综合体等，工业、养老等国外其他热门物业类型尚未出现，不过2017年10月中旬以来，公寓类REITs实现破冰发行，未来发展空间较大。目前统计的29个项目中，写字楼项目共10个，占比34%，而且分布高度集中，绝大多数集中在北上广三地，其中北京项目有6个、上海2个、广州1个。上述三城市是我国的超大型城市，具有产业、资本、资源的聚集优势，是我国人口流动最主要的方向，各类公司、企业密度高，人员数量多，对办公场所的需求较大，因此写字楼整体的经营情况较好。商场项目13个，占项目总数的45%，其中包含大型综合购物商场、苏宁电器、家居卖场、新华书店等，分布较为分散。北京、上海等一线城市由于是我国最重要的经济中心，人口密集，消费能力强，商业的经营状况普遍较为稳定，所以该区域的商业也是重点的项目来源；二线城市像重庆、武汉、杭州等也具有较好的经济基础，对商业地产也具备支撑作用；另外，像石家庄、长沙、合肥等三线省会城市，聚集了本省的资源，是本省范围内的政治、文化、经济区域中心，也具备较强的经济实力和消费实力，其龙头商业通常也可实现较好的盈利水平。公寓类REITs共有2单，分别是10月12日发行的我国首单以长租公寓为基础资产的新派公寓REITs产品和10月23日保利地产以自持租赁用住宅为基础资产发行的国企第一单REITs。随着租房市场的兴起，公寓类REITs产品的发行必将大幅增加。另外，在

已发行的项目中还有一个物流地产项目,也是唯一一个工业地产项目,底层资产是苏宁在广州、成都、无锡、南昌、青岛、包头等地的物流园。这些物流园均与苏宁电器签订了长期的租赁协议,租约、租金稳定,非常符合REITs底层资产的特点。

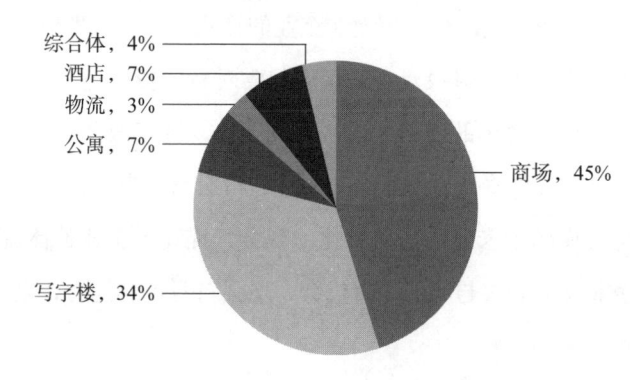

综合体,4%
酒店,7%
物流,3%
公寓,7%
写字楼,34%
商场,45%

图 5-3　截至 2017 年 10 月 31 日物业类型分布

资料来源:中国资产证券分析网,工行投行研究中心。

三、发展 REITs 的意义

REITs产品可以盘活存量资产,填补我国资本市场中等收益产品的空白,有利于提高我国资本市场的完整性,同时为不动产经营和管理提供了轻资产运营的思路,会对我国传统不动产开发经营模式产生颠覆式的影响。

投融资双方共赢的产品模式

对于不动产经营企业来说,REITs是一种基于资产而非企业融资的新模式,可以有效地盘活企业自身的存量资产。从技术层面来看,

REITs并不是将企业自身的资信水平作为评价标准,而是重点关注物业资产本身的现金流、价值,而在交易结构设计时,往往会通过设立SPV公司(特殊目的的公司)购买资产,使之与原始权益人实现法律、风险隔离,也就是说REITs投资人投资的是资产而非企业,其收益来自资产本身产生的现金流而非企业的经营成果。这种模式对于投融资双方均有好处:对投资者来说,只需对特定资产进行重点分析,不需要评估企业整体的经营状况、盈利能力、资产效率和偿债能力,风险控制复杂程度降低;对于企业来说,没有增加自身债务负担的同时将存量资产的未来收益提前转化为现金,提高了企业整体流动性,有利于企业发掘和参与新的投资机会,增强自身盈利能力,是一种双赢的模式。

增加中等收益产品,完善资本市场

按照收益类型分,资本市场产品可分为低收益产品、中等收益产品和高收益产品。按国际标准划分,低收益产品包括国债、政府债、投资级公司债等;中等收益产品包括REITs、大盘股股票等产品;高收益产品包括私募基金、创业板上市的高风险股票等。利用万得和彭博的数据进行分类可看出,目前我国资本市场有低收益产品,比如投资级的债券、沪深300(2010—2015年实际收益较低)等,高收益产品则包括各类私募基金、中小板、创业板股权投资等,但中等收益产品仍是空白。美国市场数据显示,过去12年REITs的平均年化收益率达到12%,所以说REITs的推出可以有效填补我国中等收益产品的结构缺陷,进一步完善和丰富我国的资本市场。

颠覆传统不动产经营模式

REITs会推动现行不动产经营模式发生改变，由开发商的快速销售模式向长期经营、消费升级的方向发展。我国传统的不动产经营是以住宅开发为代表的快速销售型模式，开发商通过银行借款进行项目开发、将房子向个人销售实现回款的经营方式，整个周期较短，大约在2~3年。该模式在满足购买需求的同时催生了投资和投机需求，使房子偏离了原有的居住属性，成为一种高收益投资工具，导致房地产泡沫的产生。而REITs模式则与传统模式截然不同，其核心思想是基于专业机构对不动产细分领域的深刻理解和未来乐观的预期而进行轻资产型的长期经营管理。该思想有三个关键词：细分领域、专业和长期经营。更加细分的领域意味着不动产经营将会更加精细，专业则要求对细分物业类别的理解更加深入，长期经营则说明盈利模式由短期销售向提供服务转变，获得细水长流的收益。上述转变对行业的经营理念产生了巨大的影响，使经营模式从2~3年的短期粗放的销售获利变为长期精细化服务运营模式，颠覆了原有的运营模式。

四、我国REITs探索——类REITs产品

REITs的标准定义为一种依照专门的法律程序、从事房地产物业运作的投资机构，是一种以发行收益凭证（股票或基金单位）的方式汇集特定多数投资者（专业投资者或者大众投资者）的资金，由专业机构进行房地产行业的投资开发与经营管理，并将收益高比例地分配给投资者的信托组织。与标准定义相比，我国发行的REITs和国际标

准意义的REITs尚有很大区别，是一种非标准化的类REITs，业界将其称为类REITs产品，其实质是一种以私募形式募集的、投资于不动产专项资产支持的投资计划，并不具有国外标准REITs的公募性质、税收优势、配置理念等设置，具体来看主要有以下不同之处。

第一，强制高比例分红制度。全球已经推出REITs的国家均将利润分配作为REITs确定的先决条件，且都明确了硬性分配比例。目前来看，我国尚无类似法律制度安排，虽说优先级拥有较为稳定的固定收益，但是远未达到较高的分红比例。

第二，投资者人数的最低限制。以美国为例，《国内税收法典》规定其收益权享有者必须大于或等于100人，而在我国每个类REITs的投资人仍是以机构为主，尚无个人投资者介入，远没达到上述人数底线，总体投资集中度较高，目前还不能看作个人介入地产投资的新型渠道。

第三，REITs具有税收优惠待遇。在美国REITs享受免除公司税的优惠，有利于避免双重纳税的现象产生，而我国尚无类似法律制度安排。

第四，从全球REITs发展较好的地区来看，该投资产品具有公募和私募产品共存的特点。公募产品流动性强，有利于REITs份额的流通。目前我国公募REITs尚未放开，所发行的均为私募产品，整体流动性较差。由于公募REITs产品的缺失，REITs对于不动产市场的引导作用并没有充分显现，估值优势也未确立。

第五，从产品设计理念来看，类REITs更偏重融资而非投资。首先，类REITs产品应该是底层资产，以单一项目为主，更类似于项目融资，分散化效果较差。有些项目虽涉及多个物业，但每个项目物业类型相同，也同属一个公司，从这个角度来看仍存在集中度较高的问题。其次，投资人以银行为主，传统信贷思维根深蒂固，导致风控标准仍以担保主体综合信用条件为核心，而非对底层物业资产的经营状况进行评估分析，因此，目前大多数发行的类REITs产品更像是经营性物业贷等贷款的替代品，并不是经过理性、周密的分析而进行的投资行为。不过，最近这种情况有改变的趋势，越来越多的投资人将关注重点转移到了资产自身的情况，比如石家庄的勒泰项目，虽然也有主体增信，但是其综合实力较弱，实际担保能力有限，但还是成功发行，得到市场的认可，主要还是基于勒泰中心自身经营情况较好所致。

五、REITs未来发展展望

如上文所述，我国发行的REITs均为非标准化的私募类REITs产品，尚无符合国际标准的公募REITs，不过近期市场对于公募REITs的期待越来越迫切，国家也在积极研究、推进公募REITs的相关政策制定，公募REITs离我们越来越近。细分物业覆盖方面，目前发行的产品覆盖面较窄，仅包含了部分商业地产，其他领域比如公寓、物流地产、数据中心都较少甚至没有涉及。随着法律制度的不断完善，REITs所覆盖的地产类型会大幅拓宽，资产会更加多样化。

公募REITs渐行渐近

REITs公募化是近来的热点话题之一，目前整个市场都对公募REITs翘首以盼。REITs公募化的障碍主要有三个：一是尚无明确的、有针对性的REITs公开上市的法律法规；二是没有税收优惠安排，政策不匹配导致成本过高；三是我国现行利润分配制度限制。据悉，目前国家相关部门正在就公募REITs发展遇到的一些问题进行积极沟通协调，公募REITs应已在路上，不会让市场等待太久。

（1）研究出台专门针对REITs的法律法规

我国现行的法律法规体制并没有建立起专门针对REITs的法律框架。目前，我国可能会涉及REITs的法律法规包括《公司法》《信托法》《证券投资基金法》《信托投资公司资金信托管理暂行办法》《首次公开发行股票并上市管理办法》等，但均不能构成完整的REITs法律体系，没有明确REITs的重点要素。综观全球REITs发达的市场，均设立了专门的法律作为支撑，比如美国《国内税收法典》，在856节中对REITs进行了严格的规定，明确了组织形式、资金投向、主营业务、收入来源及比例、分红制度等，并对重要的概念进行了严谨的定义；第857、858、859、860节则分别对税收优惠、股息支付、会计期间、补发股息等细节进行了详细的讨论，对REITs的"募、投、管、退"4个阶段均进行了全面、详细的规定，保证每个环节都有法可依、有章可循。因此，在我国，法律的缺失极大地增加了REITs的风险，制约着我国REITs的发展。不过目前我国金融监管机构及相关部委正在紧锣密鼓地制定相关法律法规，并有望在2018年落地。

（2）完善税收优惠政策

REITs在日常经营中会涉及缴纳流转税、财产税、所得税（包括个人所得税和企业所得税）等，过高的税费负担不利于我国REITs的发展，而一些尚待完善的税务体系也一定程度上阻碍了REITs的发展。

我国房地产在交易环节会产生较高的税负。出售环节的税费负担最重，主要税种包括增值税、增值税附加、契税、个税等。以北京一套100平方米、原值800万元、出售价格1100万元的普通住宅为例，在住房不满五年也不满二年的情况下会产生增值税52.38万元、个人所得税26.27万元、契税15.71万元、增值税附加6.29万元，合计100.65万元，占总房款比重接近10%，大幅增加了REITs的成本，降低了综合收益。为此，国家目前也在研究在交易环节的税费上给予一定优惠支持。根据《经济参考报》前段时间的信息显示，国家在公募REITs推进方面取得重大进展，估计相关管理部门应该已就一些重大事项（比如税费）达成共识。当然，未来的税收政策应该并不会是简单的减税，单一的减税政策安排有可能会助长房地产投资性需求，偏离"房子是用来住的，不是用来炒的"核心理念，不利于房地产市场的健康稳定发展。未来颁布的相关制度应该会有更加细化的约束，比如在持有期限上设置硬性规定，再比如从REITs收入结构方面对经营进行规范管理，只有这样才可以确保在我国不动产市场健康、稳定、可持续发展的前提下推动REITs稳步、高速扩张。

我国现行的增值税制度除了会增加交易环节的成本，还会对部分公寓类REITs造成进项税无法抵扣的问题，尤其是以分散式租赁方式运营的公寓。这类租赁公寓一般都采取轻资产的运营模式，由专业的物业经营管理机构作为二房东，从个人手里获得房源进行改建、装修后出租，获取超额收益。在整个经营链条中，经营机构从业主手中租房时会产生增值税，而由于房屋是从个人手中租来的，无法开具增值税专用发票，因此导致企业无进项税额可抵扣。不过人民群众的智慧是无穷的，针对该问题，发行机构从交易结构入手，通过在交易结构中加入借款安排增加了收入来源，进行了合理的避税。最典型的例子就是自如1号房租分期信托受益权资产支持专项计划。在交易结构中，一方面，自如友家的关联公司友诚金融成立单一资金信托，向承租人发放贷款，专项用于支付业主方的房租，由承租人按期归还本金和利息（即租金）。另一方面，自如友家成立资产支持专项计划向投资人募资，募集来的资金用于购买该单一信托收益权。通过此方式，自如友家二房东身份被消除，仍是以中介的形式存在，将应收账款收益权转化为信托收益权，有效、合理、合法地规避了增值税无法抵扣的问题。不过结构化的方式还是会一定程度上增加REITs的运营成本，最根本的解决方案仍是从制度上进行改革。

在分配环节，涉及所得税的缴纳。在我国，根据利润情况须缴纳企业所得税，而标准REITs具有高分红的特性，以美国为例，每年利润的90%以上须以股利的形式分配给投资人，因此分红时所承担的税费也对REITs的发展有影响。此外，上述两税种同时存在还会产生双重计税的问题，均不利于REITs的发展，所以说国家应该在分配环节给予税收优惠政策。从国外的经验来看，作为全球最大REITs市场的美国对于分配给投资者的部分免除企业所得税，而新加坡则在REITs主体层面和最终分配层面制定了"双免税"的措施，用以鼓励这种长期稳定的不动产投资方式。

在持有环节，房产税是重要的影响因素。十九大报告中提出要完善地方税制，有些机构将此看作房产税全面加速推出的信号。不论何时推出，房产税都会对REITs产生一定的负面影响，增加不动产的持有成本，降低REITs的总体收入水平。

总体来看，由于REITs在我国仍属于创新型产品，我国目前的税法体系尚未对其进行专门的规定，造成了成本增加以及运营障碍，从而导致REITs产品的竞争力并不明显。不过从监管机构近期释放的信息可知，财税部门应已在REITs产品的税收优惠方面取得突破性进展，而且力度较大。

（3）优化利润分配制度

REITs作为专业建设、管理、运营各类不动产的机构，资产中有很大一部分都是长期持有的不动产，无论所说的不动产是公寓、住宅、商业物业还是工业厂房，通过出租获取租金都是获得收入的主要途径。根据我国《企业会计准则》第3号——投资性房地产第三条的有关规定，已出租建筑物应确认为投资性房地产，其计量方法分为成本法和公允价值法。在成本法的计量模式下，不动产资产每年会产生大量折旧，依据我国现行的会计准则，可用于分配的利润必须扣除折旧、摊销等非现金支出，会对可分配利润造成巨大影响，从而导致REITs收益变低。如果有可靠的证据表明投资性房地产的公允价值是可以可靠获得的，可以利用公允价值进行入账，在此模式下，产生的折旧有限，但在账面上会大概率存在较大金额的公允价值变动损益，也会对利润水平产生较大的影响。

为消除上述影响，国外REITs对利润进行调整，比如美国KKR（科尔伯格·克拉维斯）集团旗下的REITs–KREF，就在净利润的基础上定义了"核心收入"作为业绩衡量的核心指标，剔除非现金股权补偿费用、应付管理人激励费用、摊销折旧、未实现收益或损失的影响，较好地体现出了利润的可分配原则。而目前国内类REITs的处理方式是通过在交易结构中加入债权的安排，以利息收入替代股息分红来规避过高的非现金类费用。

公寓类REITs：拥抱大租房时代的到来

2015年以来，政府对于租房市场的重视程度逐渐加强，先后出台了《关于加快培育和发展住房租赁市场的指导意见》（建房〔2015〕4号）、《关于加快培育和发展住房租赁市场的若干意见》（国办发〔2016〕39号）以及《关于在人口净流入的大中城市加快发展住房租赁市场的通知》（建房〔2017〕153号），提出要给予租房金融支持，多次明确要发展REITs。房屋租赁可以调节房地产行业的供需关系，是一种有效的房地产长效调节机制，而集体土地及纯租赁住房用地的入市，进一步增加了租赁用房的供给，对过热的房地产行业应有一定降温作用。

我国未来房屋租赁市场空间广阔，链家研究院发布的《租赁崛起》的测算显示，当前中国房屋租赁市场规模为1.1万亿元，预计2025年将增长到2.9万亿元，2030年将超过4.6万亿元，尤其是北上深三大城市房屋租赁市场年均增速预计将达到15%，租房在我国房地产体系的重要性大幅提升。

在政策与市场的引导下，集约化、规模化的长租公寓将会有较大的发展空间。目前，我国市场化租赁模式仍以传统的C2C（个人对个人）模式为主，该模式下的房屋租赁较为分散，标准化程度较低，商业价值有限。而长租公寓这样的B2C租赁模式具有规模化、专业化的特点，近年来发展迅速。该模式有较高商业价值和推广价值，并具有以下特点。

第一，标准化、酒店式设施和服务。长租模式采用统一标准化的装修设计、各类设施以及周到、全面的物业服务，能够给予租住人群较好的居住体验，同时，标准化的设计也有利于成本控制。

第二，长租公寓提供的不仅仅是居住服务，还包括社交、休闲、健身等多项功能。很多长租公寓设有健身房、公共休息室，为租住人群之间的交流提供了便利，也提供了另一种社交的方式。

第三，长租公寓均是由专业化、规模化的企业来运营。这些企业专注于长租公寓的经营，着力打造自己的品牌，以获得高于周围平均租赁水平的回报。

近年来，90后人群逐渐进入社会，逐渐成为租房的主力，与70后和部分80后不同，90后对于居住的品质要求更高，愿意支付高于平均价格水平的租金，能够提供稳定的客源。

就目前情况来看，我国房屋租赁企业现有的融资渠道较为狭窄，融资成本较高，和市场高速发展预期并不匹配，因此住房租赁行业整体对REITs等新型融资方式的需求较为迫切。不过这种现象已有改变的迹象：2017年10月12日，新派公寓发行了国内首单公寓类REITs，采用权益型设计，资产真实出售，揭开了我国长租公寓REITs的发行序幕。仅11天后，又一单类REITs产品——中联前海开源—保利地产租赁住房一号资产支持专项计划——通过上交所审核，本单产品是我国首只国有企业发行的类REITs，在国有体系中具有一定示范作用，也是我国第一只储架发行的REITs产品，为REITs的发行提供了更加灵活的发行方式。另外，底层资产是保利地产的自持租赁住房，打通了房地产开发商自持性租赁住房的退出渠道，为解决由于租售比过低导致的投资回收周期过长的问题提供了思路和借鉴，有利于增强房地产企业参与自持的动力。

物流地产REITs：物流核心体系布局

物流地产是专业经营现代化物流设施的载体，根据物流企业客户的需要，选择一个合适的地点，投资和建设企业业务发展所需要的现代物流设施，包括仓储、配送中心、分拨中心等。物流地产最主要的收益来源是租金收入，包括场地租赁、设备租赁等。物流地产的盈利主要来自以下几个方面：一是租金，也是最重要的收入来源，包括仓库租赁费用、设备租赁费用、房屋租赁费用以及停车场收费等；二是增值服务，比如管理费、服务费、配套设施租金等；三是土地增值。不过对于第三项收入，市场并没有形成统一的共识，只有27%的物流园把土地增值收入纳入总收入计算。

我国物流行业高速发展，行业规模不断扩张，但仍存在物流成本较高、高端物流仓储需求缺口较大等问题。近年来，随着我国扩内需、强消费以及产业转移等因素的影响，我国物流行业发展迅速，2014年全国物流总额已达到213.5万亿元。不过我国物流成本仍处于较高水平，根据TalkingData[①]的数据显示，2015年，我国社会物流费用总额为10.8万亿元，占当年GDP的15.67%，虽较前几年有所下降，但仍远高于美国8%左右的占比水平，仍有较大的缩减空间。此外，我国高端物流仓储与发达国家的差距较大，根据世邦魏理仕统计数据显示，2015年第二季度美国高端仓储总量为3.7亿平方米，人均面积1.17平方米；而我国高端仓储总量为0.2亿平方米，人均高端仓

---

① TalkingData，即北京腾云天下科技有限公司，是中国最大的独立第三方移动数据服务平台。——编者注

储面积仅 0.015 平方米。从供给方面看，我国现代高端仓储占物流仓储总量的比值仅为 2.33%，远低于美国的 20.9%，高端仓储普遍处于供不应求的状态，导致租金逐年上涨。综上所述，我国物流地产仍有较大的发展空间。

物流地产 REITs 在国外已有应用，利用 REITs 介入物流地产，一方面有利于转变传统重资产的运营模式，盘活企业存量资产，提高资金使用效率，另一方面会提高整体收益水平。以普洛斯的经验来看，采用 REITs 方式经营的净资产回报率可达 7%~10%，较之前的 4% 有明显提高。

数据中心 REITs：收益稳定的网络基础设施投资

数据中心是为计算机系统（包括服务器、存储和网络设备等）安全稳定持续运行提供的一个特殊基础设施。该空间一般包含以下基础设施：建筑物、电力电气系统、制冷系统、监控管理系统、安防系统和装修装饰工程等，是所有与网络有关行业不可或缺的基础设施。数据地产则包含了数据中心的建设、管理和运营。

数据地产的行业景气度与互联网行业高度相关，从政策角度看，国家在"十三五"规划中提到要拓展网络空间经济，发展"互联网+"、物联网、共享经济等板块，推进国家大数据战略，实施军民融合发展的战略，均有利于增加数据中心的需求。而国务院在 2017 年 7 月发布的《新一代人工智能发展规划》中指定的"三步走"战略的实现也离不开数据中心这样的基础设施建设。综上所述，在国家政策的大力引导下，未来一段时期内网络相关经济仍会高速发展，数据中心预计仍可以保持较快的增长态势。从 2006 年开始，我国数据中心市场规模以超过25%的速度逐年递增，预计2017—2019年，数据中心市场规模仍将继续以接近40%的速度增长，规模达到1862.5亿元。

在我国，专业的第三方数据中心服务商正在崛起，其经营模式为：第三方公司与下游客户签订合同，合同期限一般为8~10年，根据客户要求进行数据中心的建设、改造、升级，并根据合同提供相应的服务，而其客户则按照约定进行定期付款。由于行业下游客户主要是三大电信运营商以及BAT（百度、阿里巴巴、腾讯）等超大型互联网企业，综合实力较强，对于数据中心的现金流起到有力的保证作用。合同的长期性提升了收益的稳定性，同时数据迁移的超高成本增加了客户黏性，使数据中心可以实现长期稳定的持续经营，以收取稳定租金作为赚取回报的方式，其收益分布有债性特点。而这样的运营和收益特点与REITs基础资产的要求高度吻合，再加上逐年增加的市场规模，未来应可作为银行资产配置的一个组成部分。

二三线城市龙头商业地产：区域龙头，收益稳定

如上文所述，我国已发行的REITs的底层资产大多集中在经济较为发达的一二线城市，事实上，二三线省会城市或者经济较好的地级市的龙头商业地产，尤其是大型商超也可以纳入REITs的底层资产的考虑范围，其投资逻辑如下：二三线省会城市虽然没有一线城市（北上广深4个城市）和准一线城市（如杭州、南京、成都等城市）的综合实力，但仍是其所属省级行政区内的政治、经济、文化中心，拥有一定的区域产业聚集优势，对本省其他市县的人口也有一定的聚合作用，人均收入在区域内处于较高水平，从而形成了具有一定购买力的稳定人群，因此省会城市龙头商超一般都有稳定可观的经营收益。

比如已发行的石家庄勒泰REITs项目，其底层资产是石家庄勒泰中心38万平方米的商业裙楼，其中商业部分23.47万平方米，使用面积13.03万平方米，项目业态较为丰富，包括剧院、空中花园、酒吧一条街、室内高层滑冰场等，常有当地媒体举办活动，物业在当地的知名度、影响力较大，当地许多大型娱乐活动选择在勒泰中心举办。目前，勒泰中心已出租面积为12.38万平方米，出租率在95%左右，租约有366个，以中长期租约为主，其中70%以上的租期在1~3年，20%左右的租期为3~22年，只有不足5%的租期合约是一年期以下，未来可预见的经营收入较为稳定。勒泰中心3年上调租金的方式也有利于提高自身的抗通胀水平，进一步提高实际收益。根据戴德梁行出具的《房地产市场调研报告——勒泰购物中心项目》，勒泰中心项目位于石家庄市最核心商圈勒泰—北国商圈，地铁一号线中段，交通便利；同区域内有不少优质商业物业，具有良好的商业氛围；周边还分布有多个地标性写字楼及住宅小区，带来了大量稳定的消费需求，总体来看具有较高的商业价值。而其经营数据也显示勒泰中心的运营情况良好，2013—2016年，其营业收入年均复合增长率超过40%，2016年收入接近3亿元，以35亿元的总投资计算，年化收益率达到8.57%（含税费）。由于其租金每年会有所上浮，因此收入水平也会逐年提升。类似的物业符合作为REITs底层资产的要求，所以，将二三线省会城市商超纳入REITs投资范围符合投资逻辑。

六、结束语：REITs发展是必然趋势

近年来，国家对房地产过热具有较高的警觉性，认识到一旦泡

沫破裂会对国家造成巨大的系统性风险，因此国家一方面出台严格的限购措施，另一方面也在探索建立房地产市场调控的长效机制。我认为，这种长效机制应包含两部分内容：一是通过住房租赁改变供需关系，二是创建一种新型、长期的不动产经营模式。无论采用哪种方法，REITs都是必不可少的途径。住房租赁，尤其是集中式的公寓租赁，通过REITs可以实现轻资产经营，提高资金回笼速度，有利于行业快速扩张，提高供需调整效率。而不动产经营模式的改变实质是融资方式的变更，由短期开发销售模式转变为长期服务运营模式，无论投资理念、融资期限都有着巨大差别。总的来看，REITs作为一种新型的不动产投融资模式，将不动产的建设和运营有机地结合起来，让专业的人做专业的事，实现精细化经营，将对传统模式造成不小的冲击，甚至带来颠覆性的改变，有成为一种长效机制的可能。另外，REITs的推行极大丰富了我国不动产投资的范围，从较为单一的住宅和商铺扩展到数据中心、物流地产、住房租赁、养老地产等多种业态，有利于满足多元化的投资需求。所以说，虽然现在REITs推行的障碍很多，但鉴于其意义重大，国家各层面的推行动力很大，REITs发展是必然之势。

第三部分

文教与医药产业

第六章

文化传媒：政策支持，体验优化，未来可期

自2003年9月文化部制定下发《关于支持和促进文化产业发展的若干意见》以来，文化行业利好政策不断，监管日趋规范，行业步入黄金发展期。同时，居民的娱乐消费模式发生巨大转变，推动整个产业进行转型升级。思想正确性及用户体验感被提升到空前重要的位置。内容质量提升、形式创新和技术革新将成为推动行业繁荣发展的重要引擎。

一、文化业蓬勃发展，涨势良好

近几年，受益于政策红利、居民生活水平提升、消

费模式转变、科技进步等多重因素，整个行业经历了从线下到线上，从平面到立体，从单一产品到IP（知识产权）衍生，从单向接收到互动参与的全方位、多形式、多产品的繁荣发展。2016年，我国文化产业实现了"双突破"，即产业增加值首次突破3万亿元，达到30254亿元；占GDP的比重首次突破4%，为4.07%。2017年上半年，全国规模以上文化及相关产业的5.4万家企业实现营业收入43874亿元，比上年同期增长11.7%（名义增长，未扣除价格因素），增速提高3.8个百分点，继续保持较快增长。文化及相关产业10个行业的营业收入均实现增长，其中，实现两位数以上增长的6个行业分别是：以"互联网+"为主要形式的文化信息传输服务业营业收入3397亿元，增长32.7%；文化休闲娱乐服务业营业收入640亿元，增长

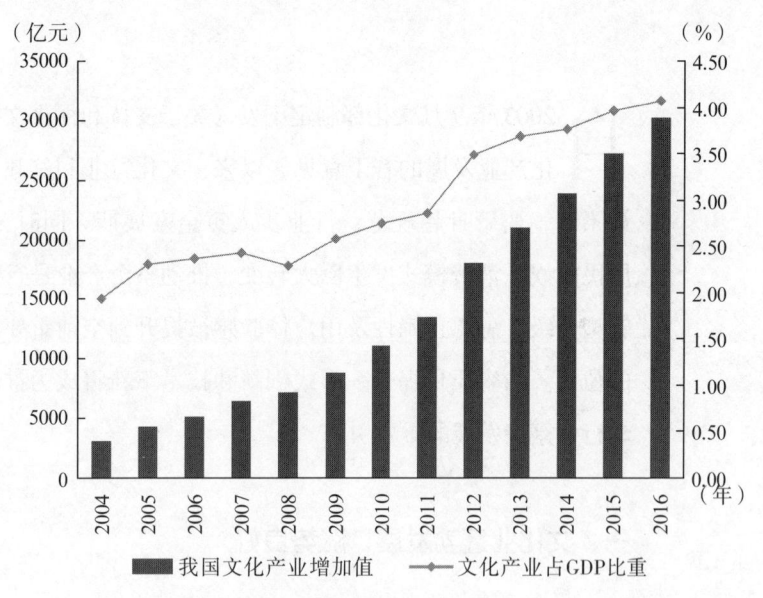

图6-1 文化及相关产业增加值

资料来源：国家统计局，工行投行研究中心。

16.8%；文化艺术服务业营业收入 169 亿元，增长 14.7%；文化用品产值 16626 亿元，增长 13.2%；工艺美术品的生产、文化产品生产的辅助生产产值分别为 8503 亿元、4593 亿元，均增长 10.5%。

居民娱乐消费习惯和付费习惯逐步养成，版权保护意识不断提升，娱乐基础设施特别是惠民文化设施，如农家书屋、流动图书馆、社区健身器械等的建设持续增加、完善，推动行业逐步走向健康稳定发展的道路。同时，随着居民个性化娱乐消费需求的增长以及网络通信技术进步的助推，我国文化娱乐产品从内容到表现形式都不断丰富，呈现出线上线下融合互补、社交属性增强的特点。

娱乐模式加速向线上及移动端转移

通信技术的不断进步、移动互联网的发展、智能手机的应用直接带动我国网民数量增长。截至 2016 年年底，我国网民规模达 7.31 亿，已经相当于欧洲人口总量。2017 年上半年，我国网民再增 1992 万人，规模达到 7.51 亿，互联网普及率达 54.3%。其中，手机网民规模达 7.24 亿，在网民中占比高达 96.3%。

良好的网络环境使手机阅读、手游、短视频、微信、数字音乐等各类移动应用如雨后春笋般出现。移动支付的普及则进一步提升了支付的便利性，增强了用户为娱乐付费的意愿，如在线付费看视频、听书、看书，并为其打赏，购买游戏道具、演出票、电影票、旅游产品。这些一方面更好地满足了居民的碎片化娱乐需求和社交需求；另一方面为企业加大与用户接触广度和深度、开发 IP 衍生品、实现流量变现提供了更广阔的空间，促进了整个文化产业的良性发展。

数字阅读率与图书线上销售规模双双赶超传统图书阅读率和地面

销售规模。第十四次全国国民阅读调查结果显示，2016年，我国成年国民的数字化阅读方式的接触率为68.2%，较2015年上升4.2个百分点，实现连续8年高速增长，且超过传统图书，后者的阅读率为58.8%，较2015年微增0.4个百分点。其中，成年国民手机阅读接触率高达66.1%。除了用户阅读方式和阅读载体向移动网络端迁移，图书出版发行企业也频频发力线上渠道，包括依托电商平台销售纸质书，与电商或数字媒体平台合作开发电子书、有声书等。2016年，中国图书零售市场总规模为701亿元，其中线上渠道零售达365亿元，市场份额首次超过线下实体零售。如新华文轩旗下的文轩网实行全网络连锁渠道的商业模式，开设了天猫文轩店等多家网络书店。2016年，其电商规模高达20亿元，同比增长超过80%，而线下门店销售则趋于平稳，近年平均增速为5%左右。

移动游戏行业收入继续保持较高速度增长。手机智能终端硬件水准、软件服务能力的完善和优化，以及4G普及、未来5G带来的网速大幅提升，使得移动游戏得以开发重度化产品，提升画面品质和互动体验，激发玩家的兴趣。此外，移动游戏在垂直领域和海外市场的拓展也为其带来了新的用户和收入增长点。根据TalkingData统计数据显示，2017年上半年，中国移动游戏行业收入规模达到457亿元，较2016年上半年增长57.04%。从前100名畅销移动游戏类型分布看，角色扮演类占比最高，达到33%，其余占比超过10%的有策略、动作射击、卡牌和休闲益智类。上述5类合计占比超过90%，成为现阶段移动游戏获取收益的主要细分市场。重度玩家数量持续增长，对游戏的付费意愿和忠诚度也不断提高。多家游戏公司年报显示，来自移动游戏的收入已占到公司整体游戏营收的半数左右。如腾讯，其

2017年二季度网络游戏收入增长39%至238.61亿元，收入主要来自其手机游戏，根据市场预测，仅《王者荣耀》带来的收入就超过120亿元。

票务网络渗透率大踏步赶超实体门店后趋于稳定。电影票务方面，2014—2016年，电商看好快速增长的电影市场，通过大量推出低价电影票以及方便的购票方式，迅速从影院售票处吸引了大批用户到线上，同时倒逼电影院线以独立开发或合作方式加速推进线上购票服务。2013年，内地在线选座的售票量还只占电影总售票量的8%，到2014年接近30%，2015年3月在线售票的交易额则超越了地面销售。2016年在线售票规模占比已达74.7%，票务平台竞争加剧，拉开整合大战。2017年第二季度，用户在线购买电影票占比78.2%，线上市场渗透率趋于稳定。2017年9月，猫眼和微影时代正式宣布实现战略合作，共同组建新公司"猫眼微影"，光线传媒为其控股股东，腾讯也参与投资。至此，在线电影票务市场上，猫眼微影和淘票票两家的市场合计占比已超过90%。演艺方面，2017年上半年，我国专业剧场演出总场次4.03万场，比2016年同期上升16.81%；票房总收入34.01亿元，比2016年同期上升13.52%。七大细分领域全部实现增长，其中儿童剧票房增长最快，同比增速32.5%，达到4.77亿元；音乐类（演出会、演奏会）票房收入6.25亿元，同比增长17.04%；话剧类票房收入11.87亿元，同比增长7.03%。票务平台大麦网、永乐网的网站及App（应用程序）、演出团、演出剧场及相关公众号（如亲子活动公众号）的微店，剧院、音乐厅的网站则成为消费者购买门票的主要渠道。

互联网广告市场保持稳定增长，移动广告花费占比逐年提升。用户娱乐消费渠道的迁移带动了企业广告投向的转变。2016年，互联网广告市场总规模达到2902.7亿元，增速32.9%，其中移动端（不含在线视频移动端投放部分）占比约为21.70%，较2015年增长7.2个百分点，较2014年增长12.8个百分点。其中，移动搜索仍占移动端投放最高份额，但占比已逐步从2014、2015年的40%多降至30%多。电商、社交和视频广告投放维持上涨，短信和彩信广告市场占比则快速下滑，走向没落。

尽管用户向互联网，特别是移动端转移明显，但并不意味着传统娱乐产品与服务将走向灭亡。客厅和电视仍然是将家人聚集在一起共享时光的重要方式之一，电影院仍然是朋友、情侣娱乐消遣时乐于选择的场所，纸质图书的销售也依然保持稳步增长。实际上，网络的发展拓展了文化产品的表现形式和传播渠道，促进了线上线下相互融合，并带动了泛娱乐产业的繁荣发展。比如，综艺节目实现了从先台（电视台）后网（在线视频）到台网联播，再到先网后台的转变；优秀网络文学作品被出版成图书或改编为影视作品，优秀影视作品被改编成手机游戏；智能电视使人们不仅能观看电视节目，还能看大片，看往期赛事，打游戏，连接互联网。

娱乐互动性与社交性增强

网络时代使处在天南地北但有着相同兴趣爱好的人汇聚在一起，形成自己的"圈子"；借助网络分享自己的生活，了解他人的生活；使人们可以不单单接收信息，还能发布自己的观点和感受。传统媒体原有的单向信息输送模式受到挑战，互动媒体、自媒体模式应运而生，论坛、微博、微信、直播、短视频也因此快速壮大发展。特别是视频和直播已成为新时代的互联网社交平台和入口之一。同时，更多垂直细分市场（如二次元）得以培育并获得商机。

评论、弹幕、打赏等功能的出现大幅提升了网络视频的社交互动性。如果说人们在家观看电视、在外观看电影一定程度上是为了满足社交需求，即与他人就观看内容进行观点分享讨论，那么网络视频的评论、弹幕功能则为用户提供了类似的（对单身者甚至是更佳的）互动体验。用户可以边看内容，边就内容与他人进行互动。既可以在任意时间免费或低价观看喜爱的内容，又可以看到别的观众的想法，参与讨论，这也是包含传统视频（网络大电影、网络综艺节目、网络电视剧）、直播、短视频在内的网络视频能够俘获大批用户，造成电视、电影院分流的主要原因。第 40 次《中国互联网发展状况统计报告》显示，截至 2017 年 6 月，中国网络视频用户规模达 5.65 亿，较 2016 年年底增加 2026 万人，增长率为 3.7%；网络视频用户使用率为 75.2%，较 2016 年年底提升 0.7 个百分点。其中，手机视频用户规模为 5.25 亿，与 2016 年年底相比增长 2536 万人，增长率为 5.1%；手机网络视频使用率为 72.6%，相比 2016 年年底增长 0.7 个百分点。

二次元市场爆发，逐步融入主流文化。二次元主要包括动画（animation）、漫画（comic）、游戏（game），即通常所说的 ACG，后又将小说（novel）纳入其中，扩展为 ACGN。二次元用户按照不同深度可划分为核心二次元用户及泛二次元用户；按不同维度，二次元用户可分为动漫圈、游戏圈、轻小说圈、创作同人[①]。据统计，二

[①] 同人作品是基于第三方视角对原作的延伸，是一种衍生作品，但涉及复杂的著作权问题。——编者注

次元核心用户已从 2014 年的 4984 万人上升至 2017 年的 8000 万人，二次元总用户从 2013 年的 0.81 亿人上升至 2017 年的 3.1 亿人；2016 年，二次元市场规模达到 1000 亿元，预计未来有望达到 5000 亿元。二次元核心用户主要有以下两大显著特征：一是年纪轻，90 后、00 后占据 94.3%，其中 95 后占比 57.6%；二是具有高黏性，付费意愿强于一般互联网用户。二次元用户更愿意为会员身份、动漫游戏、音乐会、二次元偶像演唱会、动漫展、手办服饰、道具等周边付费。根据艾瑞咨询统计，2015 年，二次元学生群体平均一年在 ACG 上的消费约为 2142.1 元。同时，二次元正努力突破次元壁，逐渐实现与三次元文化、主流文化的融合，发挥其最大商业价值，如二次元人物与真人合拍影片，共同举办演唱会，在综艺节目中添加二次元元素等。二次元的壮大发展也吸引了资本的关注。据不完全统计，2016 年，二次元领域融资金额约为 24.5 亿元，较 2015 年同期增加 69.43%。截至 2017 年 7 月中旬，国内二次元产业共有 33 家企业完成了 34 笔融资（部分企业完成两轮融资），融资总金额约 10 亿元人民币；10 月有消息称，二次元的代表——已完成 4 轮融资的弹幕视频网站 B 站已计划赴美上市。

创新营销模式，短视频成为投资风口。 短视频一般是指在互联网新媒体上传播的时长在 5 分钟以内的视频传播内容。内容多为技能分享、幽默搞怪、时尚潮流、社会热点、街头采访、公益教育、广告创意、商业定制、分享生活等主题。短视频的出现得益于网络技术的进步，能顺应新的社交营销模式需求并能更好地满足人们碎片化时间的娱乐需求，因此获得市场青睐。社交网络、资讯媒体纷纷开放与短视频平台的合作，将其视为增强用户黏性、提升用户活跃度的重要手段。以行业龙头快手为例，2017年9月，其月活跃用户为1.83亿，同比增长近100%，日均活跃用户8700万。短视频市场主要分为内容制作和平台方，其中内容提供方包括知名人士（网红、名人等）、UGC（用户生成内容）、PUGC（专业用户生产内容）和媒体机构；平台方包括移动短视频平台，如秒拍、快手、美拍、头条视频，以及内容分发平台（社交网络和资讯媒体）。短视频的商业变现模式主要包括广告营销、"短视频+电商"以及针对C端（即客户端）的用户付费。2017年3月，腾讯领投快手，阿里巴巴将土豆视频全面转型为短视频平台，新华社、人民日报、央视等传统媒体也纷纷上线以新闻资讯、热点关注为主要内容的短视频项目，新闻的短视频化趋势已形成。随着各垂直短视频应用推广的发力和功能的逐步优化，用户在垂直类短视频应用的体验频次上或将持续上升。但同时，资本的助推和大批量内容生产者的涌入也加速了市场泡沫的形成。随着互联网大佬的进驻，补贴策略的纷纷应用，短视频行业未来势必迎来新一轮流量争夺赛和流量变现能力的考验，并最终带来行业的洗牌。在内容方面，为保证内容能够长期稳定生产并带来商业收益，个体向组织化团队发展将成为大趋势，UGC将加速向PUGC转变。

二、投融资热点转换，活跃度有所下降

投资热点转换

自2011年以来，文化传媒领域投融资活跃度上升，并购事件频发，特别是2014年以来在融资规模和数量上都较以往有了明显增长。VC（风投）和PE（私募）投资金额在2013年后虽有回落，但案例

数量仍保持较高水平。在此期间行业的投资热点也在不断变换。

2011年，随着Wi-Fi（无线局域网）的深度布局、智能手机的广泛普及和移动音乐、手机游戏等移动应用的迅速发展，移动互联网迎来发展黄金期，仅2011年上半年披露的投资案例就有31起，披露金额的为24起，总投资额约为3.18亿美元，优于2001年以来历年的全年情况。

2013年，广告和手游成为投资热点。广告方面共有22起并购案，其中既有阳狮和安吉斯等海外营销集团，希望借助投资国内广告公司提升在华份额，也有蓝色光标、华谊嘉信、省广股份等本土广告公司在团队、渠道方面进行投资扩充，特别是蓝色光标，多次发起海外并购。同时，传统报业集团为拓宽原有广告渠道，开始并购户外广告、互联网广告等新的媒介与渠道。手游方面，随着热门手游单日流水收入不断被刷新，华谊、掌趣、凤凰传媒、天舟文化等上市企业轮番斥重金收购手游公司。2013年全年，A股共有20家上市公司发起22次有关游戏的并购，其中14次为手游收购，涉及并购金额194.69亿元。其中既有端游、页游公司的并购，为的是补强移动游戏板块，也有影视、出版类公司投资手游，探路新业务，寻求产品联动、放大收益的效应。

2014年，BAT纷纷布局传媒业，带动新一轮投资高潮。游戏行业实际销售收入同比增长37.7%，继续保持快速增长；内地电影票房收入同比增长36.15%，创下新高。这两个行业也当之无愧地成为2014年最热门的投资领域。

2015年，除了影视投融资外，中概股回归及借壳上市成为当年热点。从2015年下半年至2016年，网络直播特别是移动直播则成为市场新的热点。另外，AR（增强现实技术）和VR（虚拟现实技术）也一度成为传媒板块投资炒作的热点话题，但由于其在传媒领域的商用化尚不成熟，仍处于摸索阶段，因此市场对传媒企业投资该领域的高关注度并未持续太久。

到2017年，随着4G网络的逐渐普及，以及人们碎片化娱乐需求的增长，短视频成为新的投资热点。

投融资活跃度有所下降

（1）VC和PE融资规模与数量双降

尽管2016年披露的并购事件超过200起，创下新高，VC和PE融资金额及案例数量都较2015年有所增长，但随着2016年证监会开始加强对传媒领域特别是影视、游戏、VR跨界并购的审查，深交所发布修订广播电影电视行业信息披露指引，针对市场热点强化监管，提出重点监管创业板影视公司的信息披露，并严控明星证券化。受多重因素影响，资本对文化传媒行业的投资开始趋于冷静谨慎，行业进入价值回归和挤出泡沫的阶段，企业融资难度也有所上升。到2017年上半年，文化传媒领域已披露的VC和PE、并购案例数量与规模出现同比、环比齐降，甚至低于2015年的同期水平。其中，VC和PE融资共有96起，融资金额共计7.57亿美元，同比下降48.40%，环比下降44.66%；并购市场宣布交易的案例数量为63起，环比下降47.50%，并购金额为26.83亿美元，环比下降64.14%。从融资领域看，影视音乐和互联网内容制作领域更为热门，体育产业投资热度减弱。从投资阶段看，大部分融资发生在天使轮和A轮。

（2）上市公司数量增加，定增难度加大

股市融资方面，伴随新股上市提速，2017年前10个月，共有13家文化传媒企业成功登陆A股市场，IPO融资规模为51.47亿元人民币，与2016年同期相比，获批上市公司数量翻倍，但首发募集资金规模下滑约42.17%。13家上市公司中，5家与出版相关，包括2家中央级出版发行集团、2家民营出版发行公司和1家数字阅读公司，另外还有2家院线类公司获批上市。随着上市公司数量的快速增加，未来IPO的审核可能会更加严格，例如部分盈利规模不足、增长不明显的IPO项目的过关难度将会提高。

2017年2月，《上市公司非公开发行股票实施细则》出台，上市公司的定增定价可操作性减小、资金募集规模受限且定增周期拉长，加之监管层对涉及传媒类公司的并购从严审查，2017年以来采取增发方式融资的传媒类上市公司数量有明显下降。至2017年5月，共有6家公司通过增发募资，募集资金总额约为72.61亿元，2016年同期则有16家公司，共募集资金284.97亿元。同时，由于2017年A股市场传媒板块表现弱于大盘、受资本关注度减弱，2017年的增发价格较2016年均有所下降。

以Wind行业分类统计，至2017年6月中，共有47家传媒类公司登陆新三板，较2016年同期的116家有较大回落。67家公司入围2017年5月30日公布的创新层，其中，影视类公司从去年的12家增至31家，包括8家保层成功的和23家新晋的。除传统的影视制作发行和艺人经纪业务外，新加入的公司中不乏从事动漫影视、综艺栏目、网络剧等新媒体影视剧制作及营销的公司。

（3）发债整体期限缩短，利率上调

2017年前个5月，北京捷成世纪科技股份有限公司、河南有线电视网络集团有限公司和保利文化集团股份有限公司分别发行3年期公司债，发行总额约12亿元，与2016年同期相比，债券发行期限缩短（2016年以5年期为主），金额有所下降，票面利率上升。印记娱乐传媒股份有限公司、北京万达文化产业集团有限公司、北京市文化投资发展集团有限责任公司发行了中票，与2016年同期相比，同样利率升高，发行主体数量下降。安徽出版集团有限公司、华谊兄弟传媒股份有限公司等10家公司发行了短期融资券，其中以超短融券为主，整体发行数量较2016年同期明显增多，利率略有抬升。

（4）监管趋严与缺乏新热点是主因

产业投资活跃度下降主要由以下两大原因造成。一是证监会对文化传媒，特别是影视、游戏领域的再融资进一步从严审查，加之再融资新规《上市公司非公开发行股票实施细则》的出台和资金流向海外规模受限，使得2017年文化传媒领域的投融资并购活跃度有所减弱。二是行业增速趋缓，缺乏新的有力增长点。2016年，传媒板块整体营业收入同比增长18.55%，较2015年增速下降7.03个百分点；归属母公司净利润同比增长13.63%，较2015年增速减缓8.71个百分点。两项指标均是2013年以来增速首次跌破20%。传媒板块自2016年起表现开始弱于大盘，PE估值已处近5年来最低水平。经营业绩增速下滑及股价下跌增加了传媒企业融资的难度。此外，对于视频/短视频平台、直播平台、AR/VR等热门领域，尚缺乏稳定成熟的盈利模式，绝大部分仍处于亏损烧钱状态。在移动互联网之后，市场还在等待能够革新现有娱乐模式的新技术、平台或能支持行业持续增长的新热点出现。

三、行业发展依靠政策引导与体验升级

政策面：统一监管，打造支柱产业

作为传播文化与意识形态的特殊产业，文化产业一直是政策强管控领域。自2009年第一部文化产业专项规划《文化产业振兴规划》推出以来，国家及监管层对文化传媒业的支持态度始终未变。十九大报告指出，要坚持中国特色社会主义文化发展道路，激发全民族文化创新创造活力，建设社会主义文化强国。对行业发展而言，其具体思路体现在以下方面。

（1）统一监管，坚持社会主义核心价值体系

党的十九大提出必须坚持马克思主义，牢固树立共产主义远大理想和中国特色社会主义共同理想，培育和践行社会主义核心价值观，不断增强意识形态领域主导权和话语权。鉴于互联网在人们的生活娱乐中扮演着越来越重要的角色，监管层将从资质许可、内容合规等方面不断加强对互联网媒体的监管。通过加强媒体资质及内容审查，将互联网媒体纳入与传统媒体一致的严格监管，提供公平竞争环境，确保政府对意识形态建设及舆论导向的掌控力。考虑到可操作性，其审查对象仍将以互联网平台为主，并通过责令平台自查整改对其违规用户账号及内容进行关闭清理。

2017年2月，北京市网信办、市办公局、市文化市场执法总队以梨视频在未取得互联网新闻信息服务资质、互联网视听节目资质的情况下，通过开设原创栏目、自行采编视频、收费用户上传内容等方式大量发布所谓"独家"时政类视听新闻信息为由，责令梨视频停止违法违规行为，进行全面整改。

2017年5月，国家互联网信息办公室发布了新的《互联网新闻信息服务管理规定》（以下简称《规定》），并于6月1日起执行。《规定》明确了新闻信息采编权的公有属性，并将除2005版规定中的门户网站外的其他各类新媒体也纳入监管范围，规定：通过互联网站、应用程序、论坛、博客、微博客、公众账号、即时通信工具、网络直播等形式向社会公众提供互联网新闻信息服务，应当取得互联网新闻信息服务许可证。同月，文化部针对网络直播平台开展专项清理行动，主要审查其是否具备网络文化经营许可证等相关经营资质，以及播放内容的合法性和正当性。此次行动共关停千树、轩美等10家直播平台，关闭直播间3万余间，处理表演者超过3.1万人次。

2017年6月，各省网信办责令微信、微博等知名互联网媒体加强平台和用户账号管理，坚持正确舆论导向，传播健康向上的网络文化，后者相继宣布关闭毒蛇电影、风行工作室官微、星扒皮、金融八卦女等30个公众号。同月，国家新闻出版广电总局在官网发布通知，责成属地管理部门采取有效措施关停新浪微博、AcFun（弹幕视频网）、凤凰网等未取得信息网络传播视听节目许可证的网站上的视听节目服务，进行全面整改。新浪随即发布通知要求其用户遵守相关规定，撤销违规上传的视听节目。根据2008年出台的《互联网视听节目服务管理规定》，许可证申请单位应是国有独资或国有控股单位。也就是说，目前新浪、AcFun等现在并无资格申请许可证，只能考虑通过收购已获证公司来曲线获得进入资质。

将互联网媒体纳入统一监管体系将为国有媒体提供更多转型升级的时间和机会。国有媒体，特别是报业集团，在互联网新媒体的快速发展下，已被逼到不得不改、不得不转的地步，互联网化是其必然的选择，而跨媒体融合也受到相关管理机构的鼓励。同时，报业与广电类公司此前已采用内容采编和发行、播出相分离的模式，拥有较丰富的经验，因此应充分利用新规带来的政策红利，通过投资并购、战略合作等方式与新媒体进行融合，发挥其内容采编的优势，加速实现升级转型。

（2）深化改革，推动文化产业发展

党的十九大再度提出，要深化文化体制改革，完善文化管理体制。这主要是在保持国有文化企业主体不变的基础上，通过转制、股改、引进市场资本等方式实现政企分开，建立健全有文化特色的现代企业制度。通过依法行使企业法人财产权和经营自主权，使企业成为合格的市场主体，从而进一步激发国有企业的活力和竞争力。从近几年的发展态势看，国有文化企业在转企改制方面已取得较大进展，在进入资本市场方面也有明显提速，主要是通过IPO和借壳上市。后者在地方国有文化企业上市中更为常见，多选择向当地处于夕阳行业的上市国企借壳，且受到地方政府的大力支持。相较而言，国有文化企业的股权激励制度推进则较为缓慢，目前已上市的除东方明珠外，尚无其他案例，预期短时间内仍不会大面积推广开来。

深化改革是为更好地推动文化产业的发展与繁荣，使其成为我国经济发展的支柱产业。文化部发布的文化产业"十三五"规划中提出了2020年文化产业成为国民经济支柱产业的战略目标。2016年，文化及相关产业增加值约为3.03万亿元，在GDP中占比为4.07%。如以GDP年均增速6.5%计算，要想在2020年达到支柱性产业5%的占比水平，文化及相关产业的增加值年增速需超过12%。这一目标的实现将需要政策层面的继续支持，包括进一步释放国内需求潜力，加大对优秀作品创作的扶持，加强产权保护，加大网络提速降费力度，加快技术创新，统一技术规范，等等。

2017年3月，《中华人民共和国电影产业促进法》正式施行。该法案于2016年年底由全国人大常委会表决通过，是我国文化产业领域的首部法律，有效推动了依法治国在文化领域的落实。该法从财政、税收、金融、用地等各方面规定了扶持产业的措施，下放了电影片审查等多项行政审批项目，同时对演员、导演的行为操守进行规范，明确了票房造假的处罚办法。同月，我国手机（移动终端）动漫国际标准（标准号T.621）正式发布，成为我国文化领域的首个国际技术标准。目前，依照标准提供产品和服务的动漫企业已经超1000家，覆盖用户过亿，实现了手机动漫在移动互联网各平台间的即时互通，有效降低了手机动漫的生产和传播运营成本，促进了手机动漫领域的创业创新。

（3）关注优秀传统文化与创新

党的十九大提出，要"推动中华优秀传统文化创造性转化、创新性发展"。近年来，国家多次强调弘扬中国优秀传统文化和文化创新对实现文化强国的重要性。2017年1月，《战略性新兴产业重点产品和服务指导目录（2016版）》正式发布。数字文化创意产业纳入国家技术创新工程、战略性新兴产业发展基金、国家新兴产业创业投资引导基金、战略性新兴产业融资风险补偿试点工作等项目的支持范围。文化部正在研究制定《关于推动数字文化产业创新发展的指导意见》，期望进一步激发数字文化产业的创新活力和投资活力。2月，国务院办公厅印发了《关于实施中华优秀传统文化传承发展工程的意见》，这是中央首次以文件形式专题阐述中华优秀传统文化传承发展工作，并给出了具体的发展思路与任务，表明了党和国家对该项工作的高度重视。4月，文化部正式发布的《文化部"十三五"时期文化产业发展规划》中提出要重点发展演艺业、娱乐业、动漫业、游戏业、创意设计业、网络文化业、文化旅游业、艺术品业、工艺美术业、文化会展业和文化装备制造业11个领域，推进"文化+"和"互联网+"战略。

未来与传统文化传承相关的教育与培训（如国学、国粹、传统艺术、传统体育项目）、文艺作品（包括动漫、游戏等）、特色旅游、演艺等都有望获得更大的政策支持力度。特别是通过创新形式对传统文化加以表达传播的，如动漫、游戏、综艺节目等，其形式更易为年轻人接受，对文化理念的宣传方式更为轻松活泼，符合国家弘扬优秀传统文化和提升文化软实力、海外影响力的政策导向，前景尤为看好。

供给面：优化用户体验

供给层面主要是看产业发展能否通过提供优秀的内容、先进的技术、创新的互动模式来优化用户体验，从而驱动需求的增长和产业的持久健康增长。

（1）内容极大丰富，品质仍待提升

近几年，文化产业的蓬勃发展为人们提供了更加丰富多样的文化娱乐产品与设施：从农家书屋、流动图书馆到数字图书馆；从社区公园到主题乐园；从社区建身器械到各类球场、游泳馆、滑雪场；从纸质书到电子书、有声书；从电影、电视剧、电视节目到网大、网剧和网综；从主机游戏到手游；从马拉松到电竞；从线下音乐会、音乐节、剧目表演、戏剧节到线上演唱会、真人直播……2016年，全国图书零售市场总规模为码洋701亿元，动销品种数1725.09万，新书品种约为21.03万；共上映国产影片468部，播放电视剧22.72万部；全国共举办了9万多场演出，票房收入规模达到120亿元；全国共有公用图书馆3153个、体育场馆（归属体育系统的）694个。除个别领域外，均较2010年有较大幅度增长。产品内容覆盖领域也不断细分，以迎合特定受众的需求，包括搞笑、现实、惊悚、动作、悬疑推理、修仙穿越、科幻、历史、武侠、二次元、纪录片等多种题材。

同时，产品数量、种类的激增以及内容的空前繁荣，使得整个文化内容市场也鱼龙混杂、竞争激烈，不论哪个细分领域基本都存在内容同质化、缺少创意以及内容低俗的问题。在互联网人口红利渐逝的背景下，行业发展已从粗犷的规模化扩张转向由精品生产和新技术带动的产业升级，人们多元化、个性化的精神文化生活需求与精品内容供给不足的问题将越发凸显，这也是近三年优质IP价值飙升、各领域都加大对优秀内容制作团队的扶持与投资的原因。只有当产业聚集大量足够优质的内容后，才可能谈及C端的应用推广和流量变现。

（2）跨越式增长还需等待新技术

信息和网络信息技术、虚拟现实技术、人工智能等技术的进步推动了传媒形态的创新发展。如前所述，正是由于网络技术的不断进步，大数据、云计算的应用，各类软硬件的不断更新与升级，人们的娱乐方式才得以从线下走到线上，从固定时间地点转为随时随地（移动端），才能享受到更便捷丰富的娱乐模式和更愉悦逼真的体验感。技术进步是推动文化产业跨越式增长的直接动力。新技术和新内容两者相辅相成，新技术不断催生新内容，而内容的裂变式爆发又推动技术的不断革新,形成良性循环。因此,除了一直强调的"内容为王",文化传媒企业还应关注科技的发展趋势,特别是那些可能改变人们生活娱乐模式的技术,抢先布局,避免在新一代媒体转换时落在他人之后。

目前来看,有望在文化产业实现突破的新技术就是 AR 和 VR。随着计算能力、屏幕分辨率的提升,屏幕更大,体积更薄,网速不断提升而使用成本下降,语音、指纹识别功能以及各类手机娱乐、消费应用的开发,国内积累了大批移动互联网用户,而智能手机现有性能及功能的提升带给人们使用体验的边际效应增长开始趋缓,人们对电子设备人机交互的要求却不断升级。AR 和 VR 技术的发展与应用则有望开启全新的体验方式,以更好地满足人们的上述需求。特别是全球领先的互联网及科技公司纷纷加入该领域,行业技术瓶颈有望加速实现突破,并形成引领行业发展的标杆和标准,进而带动内容水平及多样性的提升,加快在 C 端铺开应用的步伐。

对 AR 和 VR 在国内市场发展前景看好的另一原因是在过去的十多年中,互联网在国内的蓬勃发展培育了大量忠实的用户,并激发了人们对互动娱乐的高涨热情、对新技术新应用的开放接受态度,这将为从事 AR 和 VR 相关的企业提供更多在 C 端市场的机会。艾瑞咨询对 2000 名中国互联网用户进行调查后发现,78% 的消费者主动寻求尝试 AR 产品。IDC(互联网数据中心)的数据显示,AR 和 VR 设备在中国的销售额 2016 年增长了 325%,2017 年还会增长 400%,增长主要是由借助智能手机作为屏幕的头显设备驱动。根据中国互联网络信息中心(CNNIC)统计,已经有大约 5.04 亿的中国消费者定期访问流媒体网站,而中国的网络游戏玩家也接近 4 亿,这将帮助 AR 直播和游戏迎头赶上。

目前AR和VR在游戏、影视、直播等领域都已有应用，但无论是从设备使用便捷舒适度方面、观看效果方面（清晰度、逼真度、交互方式、内容丰富度）还是价格方面看，AR和VR现阶段在文娱领域的应用都还无法实现让用户愿意长时间看、反复看。因此，其在C端的大面积商用仍需时日。文化产业的下一次巨变需要等待AR和VR技术的成熟与内容的完善，或是另一种能带给消费者全新体验的新技术、新应用的出现。

（3）创新模式，增强互动

除了好品质和新技术，借助媒体融合和功能优化，文化企业还可以尝试对产品展现形式、互动模式进行创新。弹幕、美颜相机、直播等，其实都是对原有形式的突破，增强了用户互动性或增加了新鲜感，从而获得成功。另外，通过IP衍生价值开发，企业也可以充分利用粉丝效应实现IP的多次变现。

需求面：为娱乐付费意愿增强

文娱需求增速与占比保持稳定。2017年一季度人均教育文化娱乐消费支出480元，同比增长13.5%，占人均消费支出的比重为10%，同比增速与消费占比与2016年同期相比均略有下滑，但在居民各类消费支出中仍处前列。

需要关注的是，依靠网民数量增长带来的需求增长将趋缓。在经历了前期的高速增长后，网民人数虽然仍在增长，但增速已明显降低。特别是手机网民，其在网民总数中占比已超过95%，未来增长空间十分有限，网民人口红利已逐渐消退。

80后、90后渐成娱乐消费主力，其对互联网化生活的接受程度远高于60后、70后，为娱乐特别是网络娱乐付费的意愿也更高，有助于提升泛娱乐产品的变现模式。艾瑞咨询数据显示，2016年，我国约有0.98亿用户为内容付费，较2015年增长近1倍。2017年年末，该用户规模预期可达到1.88亿人。2017年的用户调查显示，42.9%的网民支持内容付费，超六成内容付费用户年均支付金额在100元以下，其中约半数付费在51~100元。消费在301~500元和501~1000元的分别占16.2%和10.0%。从付费领域看，54.7%的用户通过付费在网络上追剧观影，42.8%的用户为网文付费，39.5%的用户为购买新专辑付费，35.4%的用户为购买网游新道具付费。除了愿意为偶像付费，例如为偶像的专辑、书籍、影视作品、广告、网文等付费，用户也较愿意为专业知识、教育信息资源付费。此外，用户在

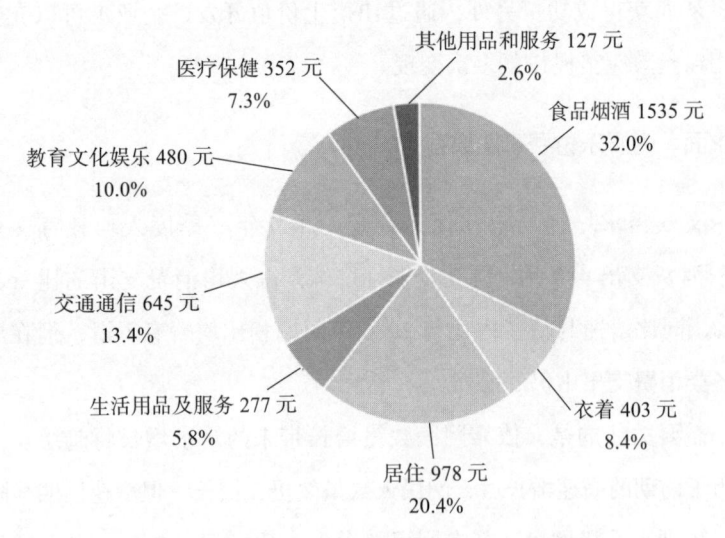

图6-2 2017年一季度居民人均消费构成

资料来源：国家统计局，工行投资研究中心。

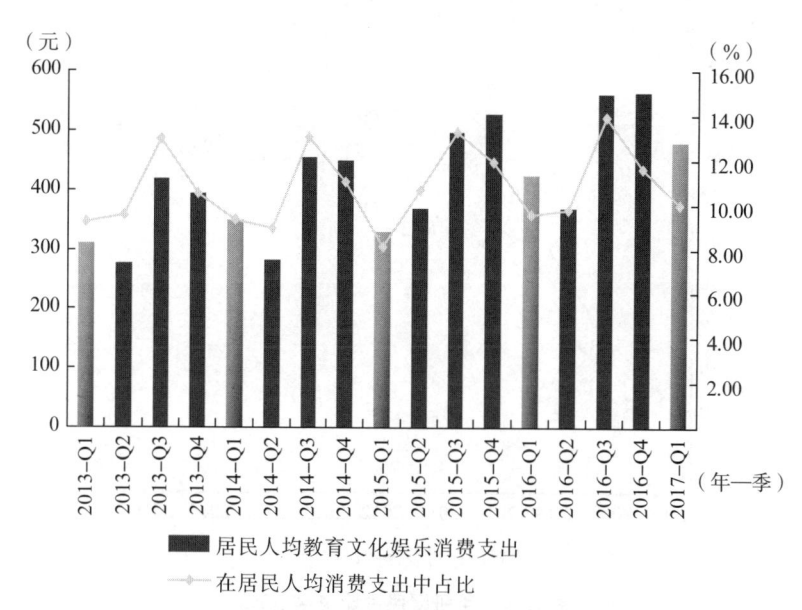

第六章 文化传媒：政策支持，体验优化，未来可期

图6-3 2013年以来居民教育文娱支出情况

资料来源：国家统计局，工行投行研究中心。

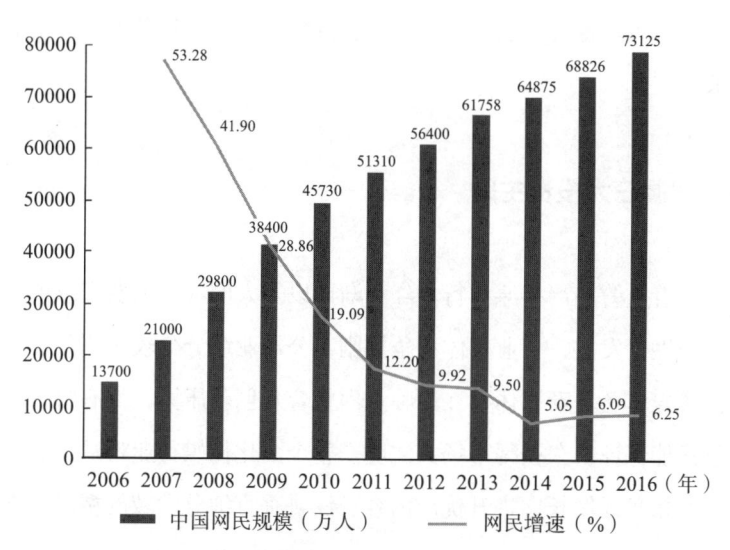

图6-4 网民人数增长，但增速明显下滑

资料来源：CNNIC，工行投行研究中心。

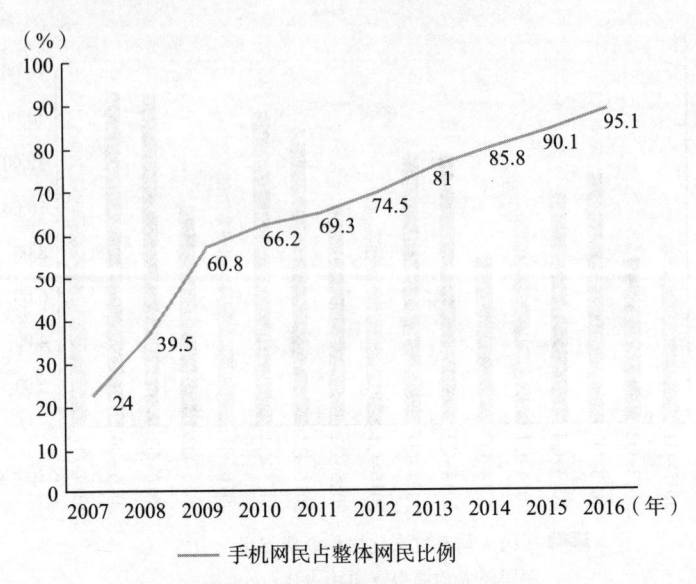

```
(%)
100
 90                                                         95.1
 80                                              85.8  90.1
 70                                         81
 60                          66.2  69.3  74.5
 50              60.8
 40
 30       39.5
 20  24
 10
  0
   2007 2008 2009 2010 2011 2012 2013 2014 2015 2016(年)
            —— 手机网民占整体网民比例
```

图6-5　手机网民占比突破95%

资料来源：CNNIC，工行投行研究中心。

付费后，对内容的专业性、独特性、持续性及观看效果等会提出更高要求。

四、把握三大投资主题

随着监管趋严、原有行业红利渐逝以及人们娱乐消费需求的多元化与个性化发展，行业整体竞争加剧，公司业绩分化较为明显。无论是传统媒体还是新媒体都在面临业内整合及创新压力，没有哪一种单一形式能保证长久获得市场关注度。整个文化传媒行业将从抢夺增量空间的粗犷式增长向提升优质内容、深耕垂直细分领域的精品模式发展，同时各业态间的融合将更为紧密，以获取更多盈利机会。

行业整合继续，挖掘细分行业龙头

文化传媒行业整体竞争加剧，行业整合将持续，主要包括：第一，同类型媒体、终端、产品的整合，如直播平台的整合、影院的整合，这类整合主要是为提升市场集中度和竞争力；第二，不同媒体、终端、产品的整合，如线上与线下广告渠道、票务渠道的整合，网络大电影与大屏幕电影的整合，游戏与影视动漫、网络文学的整合，这类整合主要是为争夺入口，加大与消费者的接触点，实现内容价值最大化；第三，跨界整合，如文化传媒与教育、旅游、技术、医疗养老等，主要是为实现产品及服务的升级换代，拓展新的收入来源。

从大类区分看，传统媒体行业由国有媒体集团把持，具有政策优势与较高准入壁垒（各类牌照资质限制），但面临新媒体的巨大冲击。个别情况下，一些新媒体公司会反向投资传统媒体或与其建立联盟，但绝大部分情况是传统媒体进行跨媒体、跨领域并购，以实现转型。对于传统媒体转型，运营理念的转变更为重要，否则难以实现质的转变和新旧媒体的协同发展，最终可能会沦为单纯的内容售卖者。

其中需特别关注的是影院的整合。目前，电影市场依靠终端扩张带来的票房增长有所放缓。2016年，中国超过美国成为全球电影屏幕最多的国家，但在银幕增速30%的情况下票房增速却大幅下挫至4%，单银幕票房产出跌落至2013年的水平。在电影院和电影银幕持续增加的情况下，2017年前8个月，我国内地电影市场累计观影人次11.34亿，较2016年同期增长14.38%，增速下滑6个百分点；累计实现票房收入381.67亿元，以2016年电影票均价33.13元计算，扣除服务费因素后，票房较2016年同期仅增长4.03%，增速较2016年下滑近9个百分点。可以看到，终端拉动票房的作用越来越弱。尽管国庆上映的《战狼2》票房表现突出，但票房二八分化现象也更加明显，仅靠单个优质影片，很难将内地票房再次拉回20%以上的高增速时期，未来票房增速保持在10%左右较为合理。在此情况下，未来院线间的竞争将加剧，且与美国相比，我国排名前三的院线市场占比仍然偏低，市场仍有较大整合空间。目前来看，一线城市间的院线并购可能性较小，大院线更多是选择在二三线城市布局并对有区域竞争优势的中小院线进行收购，或是通过收购地方影院实现渠道下沉并减少自建成本。2017年，已有大地院线收购橙天嘉禾，保利影业收购星星文化，中国电影成立并购基金，未来将有更多院线加入，行业集中度将进一步提升。

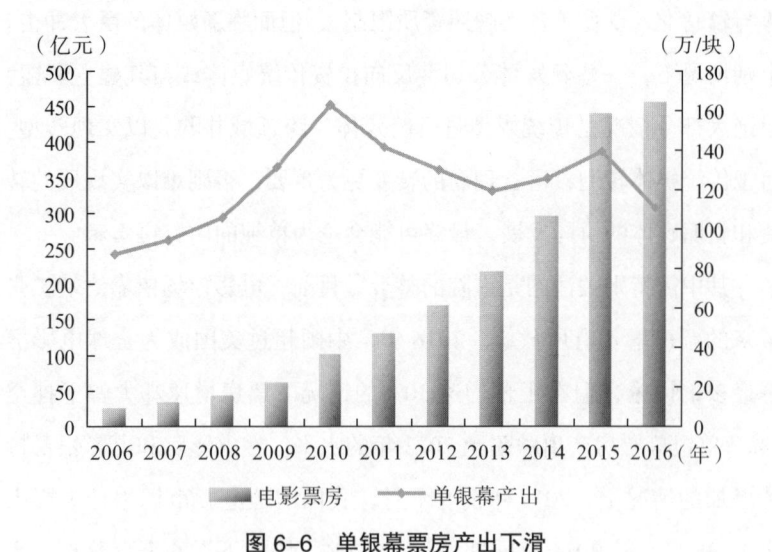

图6-6 单银幕票房产出下滑

资料来源：国家统计局，行研究中心。

新媒体领域，BAT等网络巨头已全面渗入网络娱乐产业链，视频、游戏等领域行业龙头优势明显。业内绝大部分中小内容团队和媒体平台的出路将是在垂直细分领域脱颖而出，获取行业龙头的投资或被收购。如直播平台这类烧钱模式已减弱，客户增长放缓的媒体更需要明确定位，深耕垂直领域，探索通过"直播+"跨领域应用，如直播+新闻、直播+教育、直播+游戏、直播+医疗行业、直播+演出会展、直播+金融电商等，成为细分行业龙头，以期获得资本青睐。

文化类国企改革深化，上市需求增长

在第三轮国企改革大幕拉开的背景下，文化类国企也迎来了转型升级的新机遇。由于文化领域涉及意识形态与舆论导向，具有广泛影响力，因此文化类国企改革与投资并购更易获得政府关注与政策支持。如前文所提，文化类国企在股权激励方面的进展较为缓慢，因此其投资机会将主要来自以下两点。

一是将传媒集团整合上市，做大做强。在此前，多省国企改革目标中均提及要提升国企资产证券化率，退出竞争性行业和盈利能力较差的行业，向文化传媒等新兴以及有关民生和国家安全的行业集中，实现国有资产结构的优化转型。而这将主要通过资产注入（即将传媒类资产注入旗下已有上市公司平台实现整体上市）和借壳上市来实现。

二是打造新兴主流媒体。主要通过适度引入民营战略投资者和并购新媒体领域公司，实现文化类国企业务向新媒体领域的延伸，借此强化政府对传播内容或渠道的控制能力。

文化"走出去"迎发展良机，看好游戏、电视剧和演出

在"一带一路"倡议的不断推进下，文化"走出去"也有望迎来发展良机，而其中最为看好的子领域有游戏、电视剧和演出。

游戏由于其形式活泼有趣，易被年轻人接受，且汇聚了文学、历史文化、音乐等诸多因素，具有强大的文化承载能力，因此成为我国文化软实力输出的重要产品之一。同时，我国游戏公司近几年也在自发加力海外市场拓展，尝试建立全球性的研发、发行和运营体系，并取得了一定成绩。而其扩展市场也与"一带一路"区域有较高重合度，因此有助其借助政策东风加速业务推进。

根据伽马数据和中国音数协游戏工委发布的数据，2016年，中国自主研发的网络游戏的海外市场销售收入达73.2亿美元，同比增长36.2%，其中手游在海外市场的销售额已达46.5亿美元，中国游戏公司在海外市场上的收入也达到了46.5亿美元，同比增长76.8%，在投资规模上还超越了美国，达到267亿美元。从进入国家、区域看，在欧洲、拉美、中东和东南亚等自研产品较匮乏的地区，中国移动游戏份额则相对较高，在中国台湾、马来西亚和菲律宾能够拿下24%的份额，在沙特阿拉伯也能拿下20%的份额。原因有两点：一是与日美游戏强国相比，当地市场自主研发的强势产品相对较少，对外来手游的接受程度比较高，推广成本低且市场可挖掘潜力大；二是在本土化方面，如东南亚地区由于华人较多，中国游戏产品具有一定竞争优势。

电视剧"出海"在2017年被列入国家新闻出版广电总局的重要议事日程。目前，我国电视剧出口区域特点较为明显。东亚和东南亚

是出口的主要市场，这两大地区对中国儒家文化有一定理解和认同感，华人较多，古装剧和当代剧都有出口。在非洲、拉美国家及"一带一路"沿线国家，一些当代都市题材的电视剧也赢得了良好口碑。回顾过去，日剧和韩剧都曾在东亚、东南亚地区掀起收视热潮，带动相关时尚潮流、饮食文化热和旅游观光热，充分显示了文化出口对增强国家软实力和带动经济发展的积极作用。通过电视剧制作水平的不断提升和对外出口宣传，我国应力争成为该领域下一个潮流引领者。2017年5月，总局相关领导表示，电视剧司正和国际合作司一道拟定未来五年电视剧"走出去"计划，鼓励、支持电视剧制作公司参加北美电视节、戛纳国际电视剧节、非洲电视节、迪拜电视节等国际影视节展，加强创作、制作、发行人员的培训和交流，对重点国际合作项目提供支持，并积极选送优秀作品参评国际性的电视剧奖项，助力我国电视剧走向海外。

　　文化演出交流则是较传统的文化输出项目。2016年，我国赴海外演出收入为28.39亿元，比2015年上升4.15%。文艺表演合作更为自主和多样，包括艺术家培养、互访演出、剧目联合制作、管理模式更新等。例如，北京国际音乐节与法国普罗旺斯·艾克斯音乐节签订5年的合作计划，希望通过联合制作、联合委约以及合作开展教育项目、公众参与项目等方式进行深度合作；山水盛典文化产业有限公司与越南文化管理演出公司签署越南5地的实景演出协议，共同对越南本土历史、文化进行挖掘、呈现与拓展；上海东方秀剧场投资管理公司参股英国ATG（大使剧院集团）所属公司排演的音乐剧名剧《红男绿女》全部演出场次。未来，演出领域的国际合作将更趋深入。通过政府资助和商业运作的方式"走出去",一方面,传播中国文化,扩大中国文化的国际影响力;另一方面,开拓国际市场,了解国际市场的运作规律,与海外机构建立合作,提高商业运作能力,逐步变"走出去"为"卖出去"。

第七章

旅游：消费升级下的旅游业风景独好

自1978年十一届三中全会开始，中国的改革开放已经走过了整整39年的岁月。这39年间，广袤的中国大地经历了翻天覆地的改变，时至今日，我国已成为全球第二大经济体，并依然保持较快的发展速度。在改革开放之前，旅游业以外事接待为主，只具备产业雏形，不完全属于产业范畴。改革开放为我国旅游业迎来了发展的契机。1986年，国务院决定将旅游业纳入国民经济与社会发展计划，1992年，中央明确提出旅游业是第三产业中的重点产业。1998年，中央经济工作会议提出旅游业作为国民经济新的增长点。2016年年末，国务院印发《"十三五"旅游业发展规划》，旅游业发展五年规划历史上第一次成为国家重点专项规划。

回顾中国旅游业的发展历程，从改革开放之初入境旅游一枝独秀，到20世纪90年代入境游、国内游双轮驱动，再到如今国内游井喷式发展、入境游热度不减、出境游持续增长。39年的时间，旅游业从单一的接待型事业发展到惠及各个行业的大众旅游产业。我国已成为世界第一大出境旅游消费国，并形成全球最大的国内旅游市场。伴随着旅游产业的繁荣以及居民生活水平的不断提高，消费结构不断调整升级，居民旅游观念日益成熟，我国旅游行业已经从观光旅游向休闲度假旅游、主题品质旅游、专项定制旅游发展过渡，旅游市场分类越来越细化，市场深度存在巨大的挖掘空间。

一、我国旅游业发展现状

2016年，全国旅游人数总计达到45.78亿人次，同比增长14.46%，人均出游3.4次；旅游总收入4.69万亿元，旅游业对国民经济综合贡献达到11%，旅游业直接投资和间接投资对财政综合贡献超过11%。2017年上半年，国内旅游人数25.37亿人次，同比增长13.5%。其中，城镇居民17.57亿人次，增长15.8%；农村居民7.80亿人次，增长8.5%，国内旅游收入2.17万亿元，增长15.8%。其中城镇居民花费1.71万亿元，增长16.1%；农村居民花费0.46万亿元，增长14.8%。入境旅游人数6950万人次，同比增长2.4%，其中外国人1425万人次，增长5.8%。国际旅游收入601亿美元，同比增长4.3%。2017年上半年，中国公民出境旅游人数6203万人次，同比增长 5.1%。

旅游业覆盖一、二、三产业，延伸幅度非常广，涉及子行业包括：自然景区、人工景区、旅行社、酒店业、免税业、在线旅游业、餐饮业、邮轮业等，带动就业群体大，与许多行业可以深度融合发展，拉动经济的价值极大。全国 31 个省（市、区）都把旅游业作为战略性支柱产业加以优先发展。由此可见，旅游业已经全面融入经济社会发展全局。

二、旅游业正在发生哪些变化

2017 年以来，旅游业发生了一系列变化。首先，2017 年气候条件明显强于 2016 年。对于靠天吃饭的景区来说，2016 年的厄尔尼诺现象导致景区客流量回落。2017 年，各个景区客流出现反弹。各大上市景区也在尝试外延扩张，拓展业务链条。其次，酒店板块结构性调整仍在继续，中高端酒店的规模占比继续提升，商旅需求有所恢复，中端连锁酒店继续崛起。再次，国家层面支持免税业发展，行业迎来政策期。最后，在线旅游业也风起云涌。美团旅行完成 40 亿美元融资，携程虽一家独大，但其他在线旅游企业也不甘示弱。

自然景区：上市景区表现分化，外延扩张正在加速

受到自然因素影响，2016 年景区整体客流量并不尽如人意，各大景区类上市公司客流量增幅趋缓甚至下滑。例如，峨眉山、黄山、桂林旅游、丽江旅游（索道客流量）、张家界、长白山的客流量同比增幅分别为 –0.28%、3.71%、5.48%、8.5%、–10.15%、2.3%。2017

年上半年，上市类景区企业表现分化。由于极端气候因素减弱，部分景区客流恢复增长。上半年黄山索道运输游客303.5万人次，同比增长8.28%；峨眉山游山人数为149.45万人次，同比增长5.8%；桂林旅游共接待游客436.70万人次，同比增长24%；三特索道下属华山公司接待游客61.29万人次，同比增长4.6%；乌镇和古北水镇客流量分别为512.62万人次和119.72万人次，同比增长7.28%和28.02%。然而，"靠天吃饭"的各主要景区同样受到一些其他因素的干扰，影响了客流量。例如，张家界景区受到中韩局势紧张的影响，韩国客源较2016年同期大幅减少。张家界各景区景点公司购票客流量同比减少6.04%。云南及丽江重拳整顿旅游市场秩序，打击不合理低价游，前往云南及丽江的游客明显回落，对丽江旅游下属索道、酒店、演艺等项目客流量形成实质性影响。2017年上半年，丽江旅游下属三条索道共接待游客165.93万人次，同比下降8.13%。

上述这些自然景区经过多年的发展，已经进入稳定发展阶段。同时，由于客流量平台期的限制，景区的客流量在达到一定水平后增长会比较迟缓，景区接待能力不足或索道运力瓶颈也会影响到景区的客流量及营业收入。因此，近年来自然景区一方面正在积极改造辖区内道路交通设施，以增加客流运输量，巩固传统优势项目。比如，黄山玉屏索道、丽江牦牛坪索道，以及峨眉山万佛顶索道和万年索道先后启动了项目改造或项目新建。另一方面，自然景区开始采取外延扩张战略，尝试开拓全新业务链条，以期增加盈利能力及抗风险能力。自然景区的外延扩张一般包括三条主线：第一，向全域旅游方向发展，整合周边旅游资源，从单一景区转变为景区带串联，打造区域特色旅游品牌，延长游客在当地驻足时间；第二，顺应消费升级大趋势，向休闲度假方面转型；第三，发展新兴产业，提高抗风险能力。可以预见的是，自然景区发展进入成熟期，未来主景区内生业务增长日趋平稳，自然景区的外延扩张是未来发展的主要看点。

表 7-1 自然景区的传统优势与外延扩张

自然景区	巩固传统优势	采取外延措施
黄山	紧抓索道缆车、酒店等主要业务： 1. 完成西海山庄A区改造运营，推进北海宾馆改造项目，积极谋划排云山庄改造项目 2. 推进玉屏索道扫尾工程及景区内游步道、污水处理站等基础设施建设	**整合周边资源**：1.构建"一山一水一村一窟"战略布局，与黄山区政府、京黟公司分别签署"太平湖项目"和"宏村项目"合作框架协议。2.配合推进东黄山开发项目。目前东海景区详细规划已通过安徽省住建厅审批，山下小镇整体设计方案已确定 **向休闲度假转型**：启动实施花山谜窟休闲度假项目策划规划 **发展新业态**：1.推进徽菜产业拓展，成立徽商故里，经营徽菜业务。2.打造玉屏齐云府房地产项目
峨眉山	1.抓门票、索道、酒店等传统产业，通过构建网络营销服务体系，打通景区"大小循环" 2.重启万年索道改造项目，巩固传统索道优势	**整合周边资源**：打造大峨眉国际旅游区，构建"成都—乐山大佛—峨眉山—洪雅柳江—眉山"的双向精品文化旅游线路 **发展新业态**：1.做大做强峨眉雪芽（茶叶）产业。2.参股云南辣木生产龙头企业，研发辣木养生保健系列产品。3.打造立足于四川、辐射西南的全国旅游大数据、云计算中心

（续表）

自然景区	巩固传统优势	采取外延措施
丽江旅游	公司已经构建了雪山旅游索道、五星级度假酒店、国际旅行社、旅游演艺等多项旅游业务 1. 经营玉龙雪山旅游索道、云杉坪和牦牛坪旅游索道及其相关配套设施 2. 经营"印象丽江"演出	整合周边资源、开创新兴旅游项目： 1. 立足丽江，辐射滇西北及云南，延伸拓展滇川藏大香格里拉生态旅游圈。目前已在丽江、香格里拉、奔子栏、布村、巴塘、稻城（亚丁）、泸沽湖通过投资新建或合作建立小型精品酒店为服务基地，通过越野车、直升机租赁、自驾营地等方式提供交通服务，拟打造首期精品旅游小环线 2. 出资1亿元在泸沽湖设立丽江龙腾旅游投资开发有限公司；拟在大香格里拉生态旅游圈推出空中观光游览业务，在甘孜地区、日喀则地区布局精品酒店、旅游休闲综合体及藏文化演艺等项目 3. 香格里拉香巴拉月光城项目正按计划稳步建设 4. 茶马古道德钦奔子栏精品酒店建成开业
张家界	主营业务包括"旅行社+景区+旅游客运+酒店+线上营销平台"。巩固传统优势，进行后勤基地改造、十里画廊上站环境整治、杨家界索道上站风雨长廊等项目	整合周边资源：成立了张家界大庸古城发展有限公司，成立经营游船"澧水传说"的游船事业部等 发展新业态：1. 成立张家界茶业发展有限公司。2. 与中国工美集团合作成立了以旅游纪念品研发为主业的张家界中工旅游文创有限公司。3. 与马上游科技股份有限公司合作成立了张家界众创科技有限责任公司
九华旅游	主营业务包括酒店、索道缆车、客运、旅行社业务： 1. 打造立体营销体系 2. 推进东崖宾馆改造项目、花台栈道项目的顺利完工	整合周边资源：与石台县政府签订《石台县牯牛降景区战略合作框架协议》，计划对牯牛降景区进行共同投资开发

（续表）

自然景区	巩固传统优势	采取外延措施
长白山	主营业务包括旅游客运及旅行社，公司已初步形成"以景区运营为引擎，以酒店管理和旅行社为两翼，以温泉开发利用为重要配套"的业务格局	整合周边资源：以温泉开发为主题的长白山火山温泉部落一期已经完成，2017年全力推进二期项目建设，最终将长白山火山温泉部落打造成国内顶级的温泉度假主题公园

资料来源：公司公告，工行投行研究中心。

主题公园：我国的主题公园市场远未饱和

受国内游和亲子游的热潮影响，优质主题乐园显示出强大的品牌号召力，成为家庭旅游的热门目的地。整个2016年及2017年度中国大陆地区的主题公园市场表现不俗，上海迪士尼客流量突破千万人次，其他内地主题公园运营商的业绩也十分抢眼。国内的几大主题公园运营商采用了诸如社交媒体平台互动、灵活的定价和折扣等一系列方式进行促销，提高游客的重游率，缩小淡旺季的差距。根据2017年主题娱乐协会（TEA）和AECOM[①]联合发布的《2016年全球主题公园及博物馆报告》，华侨城、华强方特和长隆集团入围全球接待人次最多的主题公园前十强，且这三家主题公园整体游客增长率远高于其他国家。其中华强方特2016年接待游客同比增长37%，华侨城与长隆集团分别同比增长11.9%、16%。然而紧邻大陆地区的香港主题乐园游客接待量却逐年下滑，无论是香港迪士尼还是香港海洋乐园，2014—2016年游客接待量均出现下滑。

中国的主题公园约有2700个，分布在长三角、珠三角、京津冀

---

① AECOM是提供专业技术和管理服务的全球咨询集团，世界500强公司之一。——编者注

三大区域及重庆、武汉等长江沿线城市。一个运作良好的主题公园会与区域间形成良性互动。一方面，主题公园可以帮助推动区域交通、环境、生活配套设施不断完善；另一方面，围绕主题公园还会形成酒店、餐饮、商业、文化演出等产业链条。主题公园的核心是强大的IP及后续持续的造血功能。IP是主题公园发展的核心，强大的研发团队、不断升级的软硬件以及强大的资金支持是主题公园持续发展的动力。2016—2017年，国内市场还有大量的小规模水上乐园及水上游乐区开业，据网上资料显示约有50家。如广州长隆凭借较长的运营周期和新增的娱乐设施，其水上乐园的游客量稳步增长，继续蝉联全球游客量最多的水上乐园殊荣。

从长远来看，我国的主题公园市场远未饱和。在上海迪士尼的强势竞争下，华侨城、华强方特、长隆、宋城、海昌等主题公园运营商都保持了较快的游客量增速。在道路交通基础设施改善和居民消费升级的背景下，主题公园可以逐渐走出地产化的禁锢，向更多元的产业链条、更全面的运营能力和更新颖的主题IP迈进。

酒店：看好中端酒店的未来发展

宏观经济形势与酒店经营业绩的波动息息相关，因为酒店旅客主要来源于两个方面：商务类客户和旅游类客户。一般而言，商务类客户占到酒店旅客的一半以上，商务活动越频繁，酒店客房出租率越高。因此，酒店需求与当地的经济整体状况密切相关，宏观经济向好会带动酒店业景气度上行，反之会造成需求回落，景气度下降。我国的酒店行业在2000年以后开始进入快速发展期，门店数量大幅增加，盈利能力逐年提升。2012年以后，持续快速的行业扩张使酒店业出现饱和，酒店之间的同质竞争加剧了行业泡沫，人力、物业成本上升，行业盈利受压。2012年中央出台限制"三公"消费规定，酒店业先前累计的供需矛盾被激化，行业供需平衡被打破，行业进入下行周期。在漫长的下行周期中，一方面，星级酒店供给持续缩减，高星级酒店投资几乎停滞，中高星级酒店的有效供给在下降，另一方面，低星级酒店被有限服务型连锁酒店代替。同时，有限服务型连锁酒店扩张的步伐也在放缓。随着时间的推移，酒店业供需在逐渐改善：宏观经济形势有企稳的趋势，PMI（采购经理人指数）自2016年2月触底后持续反弹，宏观经济回暖支撑商旅消费；旅游市场持续向好，国内旅游人数节节攀升，旅游类客户的增加对酒店业也形成了良好支撑，短期内酒店业需求得到改善。

目前我国的酒店市场仍以经济型连锁酒店为主，其占比约为73%，中端酒店占比在7%左右。经济型连锁酒店是中国住宿市场中发展最为成熟的类型之一，而且占据较大的市场比重。然而在消费者需求日渐多样化的今天，经济型连锁酒店因品牌同质化等问题发展速度趋缓。近年来，我们始终看好中端酒店的发展，中端酒店更符合我国居民消费升级阶段的消费需求。首先，中产阶层群体在加速扩大，居民的旅游需求在持续攀升。中产阶层是中端酒店的主要消费群体。到2022年，中国中产阶层家庭数量将从2012年的1.74亿增长至2.71亿，将有效支撑我国中端酒店的未来发展。其次，宏观经济企稳回升，商务出行比例增加。我国还有1.38亿人次的入境游接待市场，传统的经济型酒店难以满足稳定增长的商务人士及外国游客的住宿需求。最后，中端酒店的盈利能力大幅超越经济型酒店。经过近年的发展，租赁市场上租金水平已大幅度提高，未来5~10年将有大批的有限服务型酒店物业租约到期，续租的酒店房租随行就市，会出现大幅上涨，盈利能力不佳的经济型酒店会被市场所淘汰。

传统旅行社与在线旅行社：线下向"上"，线上向"下"

旅游业发展至今时今日，旅行社早已颠覆了传统概念，其职能更加细化。旅行社不仅涵盖批发商、零售商、地接社，还提供更加细致的目的地定制服务。旅行社针对的旅行类别也不尽相同，有针对国内游、出境游、入境游的，还有侧重周边游、亲子游、研学游、体育旅游、医疗旅游、定制旅游、海岛旅游、邮轮旅游的，种类繁杂。对于综合性旅行社来讲，所涵盖的业务线条更加多元，不仅经营传统的旅行社业务，还会涉及景区投资、免税业务及在线旅游业。然而，传统旅行社正在面临前所未有的压力，这种压力很大程度上来自线上旅行社（OTA）。为了适应客户的消费习惯和消费行为，近年来传统旅游集团正在加速布局自己的网络渠道。

在线旅游业在我国发展了 20 余年，起步阶段发展非常缓慢，后来随着电脑及智能手机的爆发式增长，在线旅游业进入快速发展期。根据艾瑞咨询的数据，2016 年，中国在线旅游市场交易规模达 5934 亿元，增长率为 34.0%，线上渗透率为 12.1%。随着网民增长速度趋向平稳，人口红利带来的流量逐步消退，在线旅游市场正在进入稳定发展阶段。从 2016 年开始，线上旅行社投入了大量的资本加速布局线下实体店，主要原因有两个。一是因为在线旅游企业之前获取客源的渠道主要通过在线推广，整个服务和交易都是在线完成，这种模式在机票及酒店产品上更易操作，但涉及旅游度假产品却不容易。旅游度假产品的链条和服务周期均较长，把控资源和服务客户是赢得休闲度假市场的关键。客户从咨询到完成交易再到整个服务实现和售后，在线旅游企业原来的运作模式在服务上难以跟进，因此想通过实体店弥补这一不足。二是因为客源结构。原来的线上旅行社通过价格战获得了很多的交易和客源，但客源忠诚度不是很高。而忠诚度相对较高的中老年客户群却不经常上网，需要线下咨询和交易，75%的跟团游产品是通过线下门店签订的，这也是线上旅游企业开设实体店的原因。以携程为例，2017年，携程在北京地区布局了近30家实体店，还计划在全国各地布局1000家加盟实体店。

在线旅游业发展的基础是传统旅游行业下的各类产品和资源，传统旅游业也离不开线上渠道，传统旅行社与线上旅行社的融合是不可避免的。从未来的趋势看，构建线上线下相结合的业务模式，是传统旅行社和线上旅行社近几年发展的重心。线上线下两大势力互相入侵各自腹地，根本目的是为了争夺日益增长的休闲度假游人群。这种相互融合的趋势将持续很长一段时间。

三、旅游业的新蓝海在何方

亲子游

国内家长对下一代的教育越来越重视，"陪伴孩子成长"的教育理念逐渐深入人心，各种形式的亲子游开始兴起。驴妈妈预测到2018年年末，我国亲子用户将达到2.86亿，市场规模达到500亿元。亲子游集旅游、教育、社交于一体，在互动中教育，在旅游中社交，充分践行寓教于乐的教育理念。所谓亲子游，针对的是3~13岁儿童及其家庭的旅游需求。按照2010年全国人口普查数据，全国

1~14岁的青少年占总人口的比例为16.6%,约为2.22亿人。亲子游大多以家庭为单位,一家三口就约有6.5亿人,这个人口基数所带来的市场规模是难以估量的。在"二孩"、"周末2.5天休假"、推广研学旅游等利好政策下,家长和小孩的出游需求正在以几何级数增长,高品质亲子游产品更受欢迎。

亲子游市场具有明确的目标用户群体,是直接针对垂直人群进行产品服务的垂直细分旅游市场。这个市场具有高频次、高消费额、社交属性强的特征,更注重体验式旅游。亲子游产品需要特别针对儿童进行定制化设计,它本质是寓教于乐的亲子互动及体验,需要保证趣味性、安全性和教育性,运营起来并不容易。亲子游的一些领军企业如麦淘亲子、童子军、宝贝走天下、琥珀亲子游在近期先后完成了融资。

亲子游产品的主要元素一般有以下几类:

- 游览类:室内外主题乐园、动物园、海洋公园、博物馆、运动场馆等。
- 技能类:骑马、滑雪、绘画、陶艺、模型制作、蛋糕制作、折纸等。
- 劳动类:植树、钓鱼、农产品采摘、清洁、义工等。
- 表演类:儿童舞台剧等。
- 其他碎片化产品:餐饮安排、住宿产品选择等。

中国的家长舍得为孩子花钱,因此,亲子游也是价格敏感度最低的旅游类型。根据同程旅游发布的《2017暑期亲子游与研学旅行趋势报告》,2017年,家长们的暑期亲子游预算处于较高水平,其中人均预算在 4000 元以上的占 27.8%，也有许多家长并没有明确的预算额度，"只要孩子玩得开心就好"，这部分家长占 10.2%。从细分需求来看，选择出境亲子游的家长预算额度普遍在人均 6000 元以上，基本与当前市面上的主流产品价格水平相当。同程旅游网目前在售的暑期出境亲子及研学旅行线路中，日本、新加坡等周边国家线路的价格一般为每人 4000~8000 元，欧美长线产品则普遍在 1 万元以上，部分深度游线路的价格则在 3 万元以上。亲子游目前已经成为支撑整个暑期旅游市场最重要的细分需求，贡献度在 40% 以上。从目标人群结构上看，70 后和 80 后父母（占比 97.8%）及其子女是暑期亲子游及研学旅行的主力消费人群。

周边游

周边游，也叫短途旅游，是指以自己所在区域为中心，出发当日能够到达访问地，旅游目的地覆盖临近省份城市的旅游行为，行程以 1~3 天为主。周边游以个性化休闲度假为主，一线城市附近的周边游需求非常高。根据易观智库数据，2016 年，我国在线周边自助游市场规模达到 65.48 亿元，增幅为 47%。在线周边自助游占我国在线度假旅游市场规模的 8.6%，市场份额日趋扩大。

周边游越来越受欢迎，离不开以下几个方面的普及。第一，私家车保有量持续增加。2016 年，我国私家车保有量达到 1.46 亿辆，同比增长 15.1%，平均每 9 人就拥有一辆私家车。私家车的普及极大推升了周边游的热度。第二，道路交通设施的改善。2016 年，我国高速公路总里程达到 13 万公里，较 2015 年增加 20.4%；高铁总里程达 2.2 万公里，较 2015 年增长 15.8%。道路交通基础设施的改善使短途旅行更加便捷,也更易实现,同时将短途旅行的触角从城市周边延伸至高铁、高速可直达的附近省市。第三,旅游景区服务质量提升。2016 年,我国景区数量达到 26000 家,其中 227 家为 5A 级景区。国家旅游局自 2016 年加大对景区管理的监督力度,景区服务质量得到有效提升,旅游体验感在增强。第四,在线旅游业日臻完善。旅游网站及旅游 App 的普及对周边游形成良好的宣传营销,周边游产品非常丰富,旅游住宿预订渠道增加,城市周边大量度假酒店、特色民宿增加了游客的可选空间。

相对于长途旅游来说,周边游有花费低、时间短、决策快、频次高、休闲度假性质浓五大特点。

- **时间短**:周边游一般利用周末两天时间或者小长假三天时间来出游,行程以一至三天为主,时间相对短。未来,两天半的周末假期有望在更多地区落地普及,为周边游提供了更大的机会。

- **花费低**:相对于动辄上万元的出境游和长距离国内游而言,周边游的花费相对偏低。

- **频次高**:道路交通设施的改善和家用汽车的普及使周边游成为出游频次最高的旅游项目。根据途牛网的调查,57% 的游客选择每季度进行一次周边旅游,13% 的游客每月都进行周边旅游,3% 的游客一月多次周边旅游,只有 27% 的游客一年内周边游的次数低于一次。每年 7—10 月是进行周边游的主要时间段,特别是 7—8 月暑假期间,周边游出游人次达到顶峰。

- **决策快**:周边游最大的特点就是可以"说走就走",旅游不再是全家策划半年的大事,而成为日常生活的一部分。周边游用户即走即订的趋势越来越明显,更加"随心所欲"。根据驴妈妈调研数据显示,近半数游客提前1~3天预订周边游产品,更有11%的游客当天预订、当天出行。假期长短对游客行程天数安排影响最大,其次是目的地喜爱程度、目的地远近、目的地游玩内容丰富程度以及旅游套餐的吸引力。

• **休闲度假性质浓**:朋友相聚、美景美食、亲子游乐是周边游最主要的目的,杭州、广州、珠海、苏州、无锡、上海、宁波、北京等发达城市成为周边游的热门目的地。在住宿方面,游客选择最多的是经济型酒店、客栈,其次为星级酒店。值得一提的是,房车露营、主题酒店、高端民宿异军突起,增长迅速。在游玩景点方面,选择山水名胜、郊野风光的游客居多,人们在山中、在田野,体验都市之外的自然之美。

体育旅游

随着公民对健康、运动、健身的日益重视,马拉松、滑雪、自行车等一系列体育赛事逐渐受到运动爱好者追捧,体育赛事及体育运动带来的旅游活动越发丰富。随着人民生活质量的进一步提升和居民消费升级的扩大,体育旅游在我国大有可为。体育旅游代表的不仅是健康、活力、生机,还是展现城市形象和色彩的一张名片。

(1)马拉松+旅游

随着马拉松热席卷中国,马拉松对旅游市场的推动作用越发明显。2017年3月20日,《2016中国马拉松传播报告》正式发布,该报告显示,2016年与"马拉松"相关新闻、帖文的总量达200多万,全年热度大幅增加。在互联网传播中,与"马拉松"联系最紧密的群体是游客，说明马拉松与旅游之间正发生紧密联系。2016年，通过某大型OTA（在线旅行社）平台报名马拉松参赛、观赛跟团游自由行线路的游客比2015年增长了两倍以上。"马拉松+旅游"不仅可以满足跑步爱好者参赛的最终目的，还可以以旅游这种方式帮助他们感受到目的地城市的风土人情和自然风光。一些高端跑步爱好者可在一年内花费数十万元赴海外参与马拉松赛事，而一人参赛、全家助威则扩大了马拉松赛事的经济效应。2017年8月23日，由中国田径协会创建并主办、北京环奥体育发展有限公司独家运营的"中国马拉松大满贯"正式成立。北京马拉松是中国马拉松大满贯的首站，广州马拉松赛、重庆国际马拉松赛、武汉马拉松赛也相继加入"中国马拉松大满贯"。"大满贯"能够将单个赛事联合起来，打造出一个新的超级品牌，提升赛事的声誉及影响力，提升马拉松品牌的聚合效应。目前，上海、北京、厦门、大连、广州等地已经形成了"马拉松旅游经济"，甚至衍生出了种类繁多的以参赛、观赛为主的马拉松跟团游、自由行等旅行产品。在市场需求下，已经有多家旅游企业推出马拉松旅游产品，其中不乏马拉松联盟城市的线路。例如，凯撒旅游的"畅跑全球"系列产品中，包含了夏威夷马拉松之旅、新加坡马拉松之旅以及东京马拉松大满贯之旅等，同时还提供免抽签直接参赛的服务，为跑步爱好者提供"参赛资格+机票酒店+旅游"的全套服务。2015年，众信旅游子品牌众信体育投资"来跑吧"，主推境外马拉松旅游，并开发"景区+马拉松"旅游项目。

我国的马拉松大满贯赛事正式推出后，马拉松的综合影响力将会显著提升，"马拉松+旅游"的聚合效应将更加突出。特别是对四大赛事举办地来说，北京、广州、重庆、武汉四个城市地域特点鲜明，跑道设置及沿途风景各具特色，会带给跑步爱好者不同的感受与体验。城市可借此机会打造"马拉松名片"，通过系统的联盟化的包装与宣传，把握住体育旅游的历史性机遇，拉动城市体育旅游经济进一步提升。

（2）冰雪运动+旅游

冰雪运动在西方国家一般称为冬季运动，是冬季主流的活动项目，项目通常分为滑雪运动和冰上运动。其中，滑雪运动包括越野滑雪、高山滑雪、跳台滑雪、现代冬季两项等项目；冰上运动包括速度滑冰、花样滑冰、冰球运动等项目。冰雪运动的大众化普及以及由竞技运动向市场化转变的工作，仅仅是在近20年才逐渐开始发展的，不过随着2022年冬奥会的申办成功和筹办启动，冰雪产业一跃成了市场关注的热点。根据《中国滑雪产业白皮书（2015）》，2014—2015雪季，国内的滑雪人次为1250万，相比上一个雪季增长21.36%，相比2009—2010雪季增长98.41%。目前，我国滑雪运动的参与人群仍是以体验、旅游为主，长期稳定且高频次参与滑雪的核心滑雪人口预计仅在100万左右。相对于我国13亿的人口基数以及2亿多的中产阶层群体来说，冰雪运动的渗透率并不高。

冰雪运动与旅游息息相关，根据《中国滑雪产业白皮书2015》，冰雪运动的参与者都具有旅游观光和度假属性，其中：

• 有75%的客群选择以观光旅游为主、冰雪运动为辅。该部分客人参与冰雪运动的时间一般为2个小时，其余时间以旅游观光为主，选择的冰雪运动地点一般为雪世界、鸟巢等旅游景点或城郊。

• 有22%的参与者兼具运动属性和旅游属性，该部分参与者以本地自驾游为主，在雪场的平均停留时间在3~4个小时，选择的冰雪运动地点为南山、军都山、怪坡等。

• 有3%的参与者属于"旅游度假+运动"属性的，该部分参与者过夜消费占比较大，客人平均停留时间在1天以上，选择的冰雪运动的地点如万科松花湖、万达长白山、亚布力、万龙、云顶等。

从年客流量上看，目前，单个雪季滑雪人次大于20万的只有万达长白山、万科松花湖、南山和万龙四个雪场和度假区，其中万达长白山预计在这两年的雪季将率先达到30万人次。然而与成熟市场相比，差距依旧非常明显。根据劳伦特的全球滑雪市场年度报告，目前全球总计131家滑雪场中的44家为主要滑雪场，主要雪场的标准是每个雪季平均的滑雪人次达到100万次。我国滑雪场和度假区的客流量与国外成熟市场相比仍有较大差距，这也意味着冰雪运动及相关的冰雪旅游度假产业在我国未来的潜力巨大。

总体来看，我国的冰雪产业起步较晚、产业化程度较低，目前正处于市场的初级培育阶段。随着我国居民收入水平的不断提高，在消费升级的带动下，在冬奥会和社会投资加大等重要利好的推动下，我国的冰雪市场将进入快速发展期，并且，预计在未来的10~15年将始终处于高速增长阶段。冰雪旅游在我国大有可为，相关的投融资活动将会成倍增加。

第八章

教育：教育行业新法元年观察

随着"营利性"属性正式放开，教育行业正式迎来了营利性和非营利性共存的新格局，中央政府和各地方政府围绕新格局所逐步完善的各项政策，将持续影响着新格局的演变。这些演变的背后都带着政府希望联合社会力量扩大教育公平、提升均衡质量和靠人才推动产业升级的美好愿望。政府致力于教育行业制度建设的同时，科技的进步也通过对教育行业的渗透影响和改变着这个行业的运行模式和效率，新的教学形式的出现加快了这个行业升级的速度。然而，教育行业最重要的元素——优质内容依然是需要"匠心"来打磨的，这决定了教育行业必须是一个"慢"行业。任何教育机构的长远发展都绕不开对优质内容的需求，因此，拥有优质内容生产优势的教育机构更可能拥有长远的发展潜力和较高的行业壁垒，也更可能受到资本的青睐。

一、2017年教育行业资本活动观察

观察2017年教育行业中的并购和股权融资案例，商业模式清晰、现金流路径可期的标的或项目是并购者或投资者最现实的首选。很多敏锐的投资者已开始关注一些市场教育逐步成熟和商业环境逐步改善的项目，还有不少投资者将更长远的目光放在了以信息技术、人工智能等为代表的"技术+"教育项目上，或是希望自身的教育产品通过技术嫁接方式获得更高效率，进而紧跟教育行业发展的大趋势，甚至成为趋势中的佼佼者，或是希望通过提前把握住正确的趋势方向而获得超额利润。

跨界并购偏好教育行业的抗周期性

据不完全统计，截至2017年9月底，教育行业当年共公告了79起并购案，一半以上都是跨界并购（46起）。跨界教育行业现象的兴起，主要有两个原因：一是并购公司原主业不景气；二是教育行业本身的抗周期性。

表 8–1　2017 年前三季度教育行业的跨界并购

并购方 名称（股票代码）	并购方 主业	日期	被并购方 名称	被并购方 主业	并购金额	并购后股份占比（%）
首控集团（01269）	汽车零部件	2017-07-28	SJW	在线语培	1.3486 亿美元	54.00
		2017-06-01	成实外教育	K-12	9.18 亿港元	9.97
		2017-04-07	莱佛士音乐学院	高等教育		40.00
		2017-02-20	G8 教育	幼教	12.66 亿港元	12.45
网龙（00777）	游戏	2017-07-04	JumpStart	K-12		
汇冠股份（300282）	信息科技	2017-05-17	小凡教育	K-12	550 万元	4.34
科斯伍德（300192）	胶印油墨	2017-09-25	龙门教育	K-12	1917.6 万元	50.53
皖新传媒（601801）	出版发行	2017-04-28	成都七中	K-12	12.69 亿元	65.00
勤上光电（002638）	LED制造	2017-01-20	凹凸教育	K-12		10.00
			思奇教育	K-12		10.00
		2017-01-13	英伦教育	国际教育	不超过 8000 万元	40.00
千百度（01028）	女鞋	2017-07-21	伊顿国际教育	幼教	7 941 万美元	45.78
三垒股份（002621）	塑机行业	2017-07-07	睿优铭	幼教		51.00
		2017-02-17	楷德教育	国际教育	3 亿元	100.00
中泰桥梁（002659）	制造业	2017-02-16	凯文睿信	国际教育	2548 万元	57.10
雪莱特（002076）	LED制造	2017-01-04	明师教育	K-12	1500.51 万元	2.31

（续表）

并购方		日期	被并购方		并购金额	并购后股份占比（%）
名称（股票代码）	主业		名称	主业		
盛通股份（002599）	印刷	2017-01-18	乐博乐博机器人	STEM①	4.3亿元	100.00
和晶科技（300279）	智慧生活	2017-06-22	环宇万维	幼教信息化	1.5亿元	48.98
威创股份（002308）	显示屏	2017-08-09	可儿教育	幼教	3.85亿元	70.00
		2017-07-21	鼎奇幼教	幼教	1059亿元	70.00
		2017-06-19	必加教育	幼教	2000万元	18.18
华媒控股（000607）	传媒广告	2017-09-16	萧报教育	K-12	1575.29万元	100
		2017-05-27	布朗睿智	早幼教	1.5亿元	30.00
			布朗时代			30.00
电光科技（002730）	防爆电气	2017-03-16	启育教育	幼儿教育	9000万元	
盈科书画院	文化	2017-09-26	九城教育	职业教育	640.8万元	53.40
文化长城（300089）	陶瓷生产	2017-09-20	翡翠教育	职业教育	15.75亿元	100.00
开元股份（300338）	煤质仪器	2017-06-26	多迪科技	职业教育	6240万元	90.00
		2017-04-19				58.00
百洋股份（002696）	水产养殖	2017-03-14	火星时代	职业教育	9.74亿元	100.00
扬子新材（002652）	制造业	2017-02-10	华图教育	职业教育		100.00
世纪鼎利（300050）	通信	2017-09-25	上海美都	职业教育	3.6亿元	100.00
		2017-01-23	佳诺明德	职业教育	2350万元	55.74

① STEAM代表科学（science）、技术（technology）、工程（engineering）和数学（mathematics）四门学科英文首字母的缩写，是指多学科融合的综合教育。——编者注

（续表）

并购方		日期	被并购方		并购金额	并购后股份占比（%）
名称（股票代码）	主业		名称	主业		
立思辰（300010）	信息科技	2017-09-05	创数教育	教育信息化	1000万元	5.26
		2017-04-26	敏特昭阳	教育信息化	1815万元	100.00
云赛智联（600602）	信息化	2017-08-04	信诺时代	信息化	2.18亿元	100.00
			仪电鑫森	教育信息化		49.00
高乐股份（002348）	玩具	2017-07-21	异度信息	教育信息化	3.6亿元	53.25
赛伯乐（01020）	钢水控流	2017-07-26	赛伯乐科技	教育信息化	3.2亿港币	100.00
学海文化（837108）	文化		五维云科技	教育信息化	1252万元	66.67
松发股份（603268）	陶瓷生产	2017-09-30	醍醐兄弟	教育信息化	2.3亿元	51.00
		2017-09-04	凡学教育	早幼教	2000万元	2.22
*ST爱富（600636）	化工	2017-05-19	奥威亚	教育信息化	19亿元	100.00
华宇软件（300271）	信息化	2017-09-08	联奕科技	教育信息化	14.88亿元	100.00
四川双马（000935）	水泥	2017-07-21	国奥越野	足球青训	2320万元	46.40

资料来源：工行投行部研究中心。

从行业特点来看，这些跨界并购可以粗略地分为两类。一类并购公司的原主业尽管不在教育行业，但其并购路径多少带有原产业链延伸的痕迹。例如，网龙网络控股有限公司（简称网龙）原主业是游戏行业，2017年收购的JumpStart主要业务是为K-12阶段（幼稚园至第十二年级）以学习为目标的游戏，此次收购将帮助网龙探索"寓教于戏"的发展路径；安徽新华传媒股份有限公司（简称皖新传媒）原主业是出版行业，其中有一部分业务是安徽省中小学教科书发行，2017年上半年收购成都七中实验学校65%的股权，是在其从传统教材教辅发行商向以教育服务为核心、覆盖人们终身学习教育的数字化平台企业转型道路上的第一笔收购案；无锡和晶科技股份有限公司（简称和晶科技）主要聚焦"智慧生活"领域，其在2017年继续增资1.5亿元、持股比例达到48.98%的北京环宇万维科技有限公司（简称环宇万维），是一家借助云计算平台和移动互联网技术切入幼教行业的科技公司。

另一类并购公司的原主业和教育行业可以说是风马牛不相及。例如中国首控集团有限公司（简称首控集团），尽管来自汽车零部件行业的收入仍占了主要地位，但其战略重心已转移至教育行业，2017年公告了四起收购案，几乎遍及教育全年龄段，且同时涵盖校内和校外教育；广东威创视讯科技股份有限公司（简称威创股份）从数字拼接墙业务跨界幼教行业后，已然成为幼教行业最为活跃的机构之一，2017年又收购了三家幼儿园，主要分布在北京、内蒙古和上海等区域；煤质分析仪器行业的长沙开元仪器股份有限公司（简称开元股份）通过收购上海恒企教育培训有限公司（简称恒企教育）100%股份和中大英才（北京）网络教育科技有限公司（简称中大英才）70%股份切入了职业教育培训市场，2017年，子公司恒企教育又加大了对广州多迪网络科技有限公司（简称多迪科技）的持股份额至 90%。

同为跨界收购，前一类并购完成后更容易有协同效应的想象空间，后一类并购则需要并购公司投入更多的精力去学习新行业的规则，整合失败的风险也更大。

发起跨界并购的公司几乎都是上市公司，其中，四家是中国香港上市的公司，其余都是在沪深两地上市的公司。来自资本市场的业绩增长压力使得这些公司在收购对象的选择上、并购频率上呈现出以下三个特点：第一，并购集中在早幼教、K-12、国际教育、职业教育和教育信息化等领域的热点区域；第二，大多数并购对象已具备成熟的商业模式；第三，为了在不熟悉的新行业快速站稳脚跟且维持增长的故事性，不少公司的并购频率相对较高。

相较跨界并购，教育行业内部的并购呈现出两个特点。第一，小规模并购的数量相对较多。教育行业是一个高度分散的竞争性市场，大机构寥寥可数，这是行业内并购规模偏小的主要原因，却也预示了这个行业仍有很大的整合空间。第二，教育信息化和职业教育领域是并购的高发区。教育信息化市场较高的同质化现象，以及地方教育机构的独立采购行为带来的区域市场分割和差异，在技术研发需要更长时间的事实下，并购成为教育信息化企业在中短期内改善财务状况的较优选择，也是扩大市场份额的必需。而职业教育还是一片蓝海市场，政府对职业教育集团的推动和支持或是加速市场整合的重要推手。

表 8-2　2017 年前三季度教育行业业内并购

并购方 名称（股票代码）	主业	日期	被并购方 名称	主业	并购金额	并购后股份占比（%）
大山教育（870106）	K-12	2017-09-06	爱智堂	早幼教	38.41 万元	100.00
朴新教育	K-12	2017-08-10	环球雅思	国际教育	8000 万美元	100.00
好未来（TAL.N）	K-12	2017-06-21	校宝在线	教育信息化	1887.46 万元	22.90
		2017-05-19	爱棋道	素质教育		
睿见教育（06068）	K-12	2017-06-20	揭阳学校	K-12	2.24 亿元	70.00
聚智未来（834538）	K-12	2017-04-05	知好乐	教育信息化	2888.44 万元	32.45
凹凸教育（SQ200501）	K-12	2017-02-10	学通教育	K-12	3800 万元	100.00
亿瑞互动	国际教育	2017-09-28	娃与娃教育	国际教育		4.23
留成网（836400）	国际教育	2017-06-20	UKEAS China Limited	国际教育	560 万元	20.00
环球艺盟（870639）	国际教育	2017-03-07	环球留学	国际教育	80 万元	80.00
枫叶教育（01317）	国际教育	2017-02-06	海南国科园实验学校	K-12	8541.4 万元	52.40
世纪明德（839264）	游学	2017-04-21	海星之韵	文化	0 元	10.00
中幼教育（430255）	幼教		罗湖佳佳幼儿园	幼教	730 万元	100.00
嘉达早教（430518）	幼儿教育	2017-01-05	储君教育	幼儿教育	5000 万元	49.00
中鹏教育（870813）	职业教育	2017-07-03	云晰科技	信息化	1 元	85.00
正保育才（837730）	职业教育	2017-09-25	万霆科技	职业教育	1038.40 万元	20.72
		2017-03-29	网中网	职业教育	2.21 亿元	80.00
正保远程（DL.NYSE）	职业教育	2017-07-10	瑞达成泰	职业教育	1.92 亿元	40.00

（续表）

并购方		日期	被并购方		并购金额	并购后股份占比（%）
名称（股票代码）	主业		名称	主业		
中国高科（600730）	职业教育	2017-06-30	英腾教育	职业教育	1.14亿元	51.00
中锐教育（836622）	职业教育	2017-03-03	Wayman	航空	578万美元	85.00
佳发安泰（300559）	教育信息化	2017-09-29	环博软件	教育信息化	800万元	51.00
		2017-09-27	上海好学		4836万元	62.00
华腾教育（834845）	教育信息化	2017-09-28	广州育蓓	教育信息化	1512万元	100.00
		2017-07-06	创和科技	教育信息化	884万元	65.00
		2017-05-03	深圳创炬	信息技术	3932万元	100.00
决胜教育（836544）	教育信息化	2017-09-01	腾优时代	国际教育	260万元	56.00
爱云校	教育信息化	2017-08-29	易全解教育	教育信息化		100.00
方直科技（300235）	教育信息化	2017-01-18	千峰互联	职业教育	1.01亿元	12.00
文都教育（838380）	教育集团	2017-09-14	敏行法硕	职业教育		100.00
			中律司考	职业教育		100.00
五益教育	教育集团	2017-01-03	上海傲蕴教育	教育机构服务		
蓝色未来（835474）	高等教育	2017-09-27	北京市通州区年年幼儿园	早幼教	1000万元	100.00

资料来源：工行投行部研究中心。

K-12阶段是教育行业投资重心

据不完全统计，截至2017年9月底，教育行业当年共发生股权融资173起，其中涉及K-12领域的融资有94起，占比超过一半。

K-12领域成为教育行业投资布局最重的领域有三大主因：一是K-12年龄阶段是中国家庭最重视的教育年龄段；二是K-12教育领域是政府最重视的教育领域；三是K-12年龄阶段对教育机构来说是一个连续性最长的业务机会。

表8–3　2017年前三季度K-12领域的股权融资

领域	公司	轮次	金额	投资方
语文教育	考拉阅读	Pre-A[①]	千万元	清科领投，爱佑慈善基金跟投，此前的天使投资方真格基金、伽利略资本增持
社区教育	融聚邻里	A	千万元	海捷投资
全科培训	元良教育	天使	200万元	广东正收投资有限公司
全科培训	高思教育		5.5亿元	华人文化产业投资基金和沸点资本领投，创新工场、中金公司、正心谷创新资本、汉能投资等参与跟投
全科培训	新舟教育	A	千万元	鑫鼎国瑞资产管理有限公司
全科培训	作业帮	C	1.5亿美元	H Capital投资机构领投，老虎基金跟投，红杉、君联、GGV、襄禾等早期投资者全部跟投
全科培训	嗨课堂	A	5 000万元	头头是道领投，创新工场、桃李资本跟投
全科培训	海风教育	B	千万元	零一创投、涌铧投资、奇成投资、雍时投资等共同投资
全科培训	泰学教育	A	千万元	兴旺投资
全科培训	掌门1对1	C+		StarVC
全科培训	明师教育		6900万元	摩根士丹利所管理的第三方基金杭州长潘股权投资合伙企业
全科培训	猿辅导	E	1.2亿美元	华平投资领投，腾讯跟投

---

① Pre-A介于天使轮和A轮之间。

（续表）

领域	公司	轮次	金额	投资方
全科培训	学霸君	C	1亿美元	招商局资本、远翼投资领投，皖新传媒、挚信资本、启明创投、祥峰投资等跟投
	理优1对1	A	数千万元	中金资本
	义学教育	天使	1.2亿元	景林资本、国科嘉和和新东方共同领投
	优读书院	战略		研途宝
	一米辅导		3000万元	德晖资本主投，精锐教育跟投
数学培训	洋葱数学	B	9700万元	StarVC和青松基金领投，峰瑞资本跟投
艺术高考	杭州君岭	B	亿元	远宁投资领投，有成创投跟投
		A	数千万元	有成创投领投
	湃乐思教育	天使	数百万元	沪江投资
托管教育	袋鼠麻麻	Pre-A	千万元	双湖资本、量创资本
	书香源教育	战略	数千万元	冬冬投资
	私塾家	B		精锐国际教育领投，某著名上市地产公司联合创始人及其他战略投资者跟投
英语培训	郎播网	B	6000万元	广发信德、慕华金誉
	云外教	天使	千万元	广东凯天基金管理有限公司
	阿卡索	B	亿元	IDG资本领投，深创投、深圳市人才基金、红土创投等十数家机构跟投
	魔力耳朵		4000万元	真格教育基金、猿辅导
	VIPKID	D	2亿美元	红杉资本领投，腾讯战略投资，跟投方包括云峰基金、经纬中国、真格基金和ZTwo Capital
	读伴儿	Pre-A	2400万元	鼎晖投资领投，瑞天投资跟投
	abc360	B+	数亿元	沪江领投，清科辰光、头头是道、合鲸资本、喜马拉雅跟投

(续表)

领域	公司	轮次	金额	投资方
英语培训	金沃斯	A	超亿元	东软集团领投
	顶上英语	A	数千万元	华创资本领投，创新工场跟投
	CC英语	A	数千万元	阿里巴巴
	魔力耳朵	天使	1000万元	猿辅导
语言培训	手韩	天使		韩国当地教育机构Chinada和Ridibooks
国际教育	柳橙国际	A	550万美元	达泰资本和大众点评网联合创始人张波旗下的Yingfei Investment
	ACG	战略	1亿元	长方集团
	知外	战略	百万元	微影时代CEO林宁和千聊直播创始团队
	NIESL	天使	千万元	头头是道基金主投、澎湃资本跟投
	贝拉国际教育	A	千万元	中文在线文化教育产业基金领投
	棕榈大道	A	百万美元	北极光创投
	中科致知	战略	8000万元	亚信基金
	SIA国际艺术教育	A	5000万元	涌铧投资领投
	光华教育集团	C		凯辉基金领投
	三立教育	A+		金浦创新消费基金
	卓识成就	A+	数千万元	成为资本
	北京新府学	A	数千万元	拼图资本
研学旅行	知鸟游学		数千万元	
	小马学院	战略		洪泰创新空间
	麦淘亲子	B	7000万元	复星同浩资本领投，森马投资、晨晖创投跟投
	青青部落			几何投资、好未来、亿润投资
信息化	魔力科技	种子		深圳汇杰投资和成瑞投资
	十牛校园	Pre-A	1500万元	创胜未来基金

（续表）

领域	公司	轮次	金额	投资方
信息化	微视酷	A	3000万元	
	晓羊教育	A+	千万元	云启资本领投，阿米巴等机构跟投
	校谱网	天使	100万元	
	翼鸥教育	A+	近亿元	新东方在线领投，好未来和ATA跟投
	学邦技术	A	3000万元	明师教育领投
	蓝帕科技	A	5400万元	中根玖号
	创而新	A	数千万元	深圳大富华、深圳三诺集团、正勤资本投资
	格如灵	Pre-A	数千万元	中路资本领投、优格资本及奋毅资本跟投
	布卡互动	Pre-A	1000万元	中文基金、德同资本
	慕华尚测（ATA）	战略	3000余万元	慕华投资
平台	校长邦	Pre-A	近千万元	好未来
	精智教育	天使		文都教育
人工智能	德麟科技	Pre-A	数千万元	好未来
	先声教育	Pre-A	数千万元	
艺术	音乐而聚	天使	80万美元	香港孵化器Cocoon与台湾Birch Venture Capital
	画啦啦	A	千万元	好未来和真格教育基金联合投资
	优贝甜	天使	180万元	蓝象资本
	七视野文化	天使		
	夏加儿美术	A+	数千万元	上海骅伟股权投资基金
	皮影客	A	1700万元	正保教育，蓝象资本为联合投资方
	小音咖	Pre-A	数百万元	沪江投资
	小熊吉他	天使	数百万元	洪晟观通基金

(续表)

领域	公司	轮次	金额	投资方
体育	动因体育		5亿元	曜为资本领投
	围棋道场	战略	2000万元	襄阳东证和同探路者体育基金
	YBDL	A	千万元	达泰资本
	梦想之巅	A	数千万元	探路者领投，老鹰基金跟投
	巨石达阵	A	数千万元	凯兴资本和九合创投
STEM	魔力石科技	种子		洪泰基金和洪泰智造
	极客晨星	Pre-A	百万元	北京协同创新京福投资基金领投
	乐智机器人	Pre-A	千万元	拼图资本领投，国是经纬跟投
	盛思	A	千万元	上海荣正旗下基金上海利保华辰投资中心领投，港粤资本旗下基金广州赋泽投资合伙企业跟投
	小码王	A	千万元	涌铧投资
	小牛顿	D	6000万元	领汇资本领投，蒙牛乳业联合创始人孙先红、开元仪器联合创始人罗华东、天使百人汇会长乔迁、中大英才创始人赵君、学通在线创始人范士闯、先行公司合伙人王立炜等共同投资
	Makeblock	B	2亿元	EMC（Evolution Media China）基金和深圳市创新投资集团有限公司领投
	编程猫	B	1500万元	盛通股份
	寓乐湾	B	数千万元	华和资本
	火星人俱乐部	A	2000万元	顺为资本领投，和才资本跟投
	编玩边学	天使	1000万元	深圳本地机构领投
	百造	天使	数百万元	华创资本和锤子投资人MR.Six联合领投

资料来源：工行投行部研究中心。

K-12领域的投融资，总结起来有两个关键词："培训"和"技术"。

就培训来说，首先，这是一个清晰成熟的商业模式，能够看到现金流入，有利于教育机构的生存发展。其次，培训契合的是，在中国当前经济和教育发展阶段背景下，每个家庭在各自选择的竞争环境和赛场上的差异化需求、脱颖而出的需求。K-12阶段广义的培训项目占了近2/3，包括针对应试教育相关学科的培训、针对综合素质培养的各类培训、针对出国需求的语言和其他才能培训。培训形式不仅是专门的培训机构，而且正在升级的托管教育和社区教育领域中也嵌入了培训元素。

就技术来说，从更广的视角来看，它是推动任何教育领域横向扩张和纵向升级的关键力量，它很可能代表了趋势。这一优势，由于K-12领域旺盛的教育需求而表现得更为突出。例如，在2017年，获得新东方教育科技集团、好未来集团和ATA三大教育机构近亿元A+轮投资的翼鸥教育，其最初打造的旗舰产品ClassIn支持PC（台式电脑）端1对6的在线直播教学，规划中的产品TeacherIn希望用UGC或PUGC的方式，为平台上的老师提供教学资源、课件、视频等，不久前发布的开源LMS产品SchoolIn则可以帮助一家新起步的机构在一天内部署一套功能完整的在线网校系统；在2017年获好未来投资并引入技术的德麟科技，将与好未来合力研发"注意力+AI+教育"的技术产品，该产品将基于面部表情识别技术对孩子的上课表情进行实时采集，利用对表情的精确分析技术判断孩子在听课过程中的状态，全程记录孩子上课时的注意力集中情况，帮助老师根据孩子的听课状态调整课程，优化教学内容，帮助家长及时了解自己孩子的知识获取情况，从而做出对孩子有益的个性培优计划。尽管同是K-12领域的重点，但培训领域由于变现模式清晰，投资人能够较为清楚地看到未来的发展路径，因此，融资的规模较大、发展较快。2017年，猿辅导拿下了1.2亿美元的E轮融资，VIPKID拿下了2亿美元的D轮融资，先后进入了美国著名创投研究机构CB Insights最新评选的全球科技创业公司"独角兽"榜单；而从技术路线出发的公司则由于在技术和变现上的双重探索，2017年的投资轮数还停留在A轮或更早，且融资规模还控制在千万级的水平或更少。

K-12领域之外，早幼教和职业教育领域都有超过25起以上的投融资，是资本关注的重点领域。但实际上，在不针对某个特别行业的成人终身学习领域，超过半数以上的成人选择某个学习项目，很大程度上也是为了通过提升自身素质而间接提升自己在职场上的发展空间。所以，从这个角度来看，终身学习领域也可以归入广义的职业教育范畴，或者可以统称为成人教育。这样来看，成人教育领域还是比早幼教领域涌现出了更多的投资机会。并且，相对早幼教，成人教育领域的机构成长速度比较快，融资规模较大，也有轮次靠后的项目出现。一个比较可能的原因是，成人教育的消费者和体验者是同一人，尽管没有K-12领域那么长的延续性，但有比较清晰或者说比较现实的消费目的。因此，一旦对接需求，消费决策迅速果断，这使得投资者较容易判断项目的成长性。而早幼教领域，消费者是父母，体验者往往是孩子，而且还是幼儿，既没有明确的自身需求，离升学的压力也比较远，家长在这个时候的教育理念和目的在低压力下呈发散状和多样性。因此，尽管市场容量巨大，但高度分散，且很多项目的商业模式仍在探索阶段，融资的轮次基本都在B轮之前。

表 8-4 2017 年前三季度 K-12 以外教育领域的股权融资

领域		公司	轮次	金额	投资方
早幼教	体育培训	华蒙星	种子	100 万元	视源股份
	亲子教育	叮当派	Pre-A	千万元	深圳汇杰投资和成瑞投资
		咿啦看书	A	5000 万元	
		成长保	A	千万元	
			Pre-A	5000 万元	黑马基金、昆仲资本与达晨创投
		贝贝帮	战略	300 万元	精锐教育
	早幼教中心	优家宝贝	Pre-A	千万元	众晖资本
		东方爱婴	战略		
	幼儿园	诺博教育	A	4290 万元	国家中小企业发展基金（清控银杏）领投，德同资本与中文在线共同管理的中文教育产业基金跟投
	平台	都市鼎点	战略	2000 万元	和晶科技
		妈妈帮	B	亿元	好未来
		企鹅童话	Pre-A	千万元	一方投资领投，苏宁青创、魔量资本、腾讯跟投
		辣妈帮	D		苏宁集团
		育儿问一问	A	数千万元	浙江清华长三角研究院杭州分院的产业投资基金"水木泽华基金"领投
	硬件	智童时刻	B	1 亿元	长方集团
		进化者机器人	A+	亿元	私募机构索道资本和水木资本
		慧昱科技	Pre-A	3550 万元	富士康、北京运胜基金、宜华资本、英诺基金、愿景资本
		寒武纪智能	战略	千万元	悦达集团
		丫哥	Pre-A	千万元	武汉市东湖合众天使投资、武汉创亿祥投资服务中心（有限合伙）等合投

（续表）

领域		公司	轮次	金额	投资方
早幼教	信息化	掌通家园	C+	亿元	赛伯乐华创、亿润资本、新东方
		东电微校		1500万元	中泰银河基金
	幼教IP	咔哒故事	A		好未来领投，元璟资本、华睿投资跟投
		天雷动漫	A	千万元	信达资产管理公司旗下私募股权基金首泰金信领投，天使湾创投和老股东水木泽华跟投
		婷婷姐姐	天使	2200万元	北极光与洪泰联合领投
		凯叔讲故事	B	9000万元	新东方领投，挚信资本、浙数文化（原浙报传媒）、艾瑞资本跟投
		方块熊乐园	天使轮	数百万元	五岳天下创投
家庭教育		有养成长	Pre-A	数千万元	真格基金
		家长慕课	天使轮	200万元	
职业教育	法律培训	方圆合众	A	3000万元	沪江旗下互桂基金领投，涌铧投资跟投
	IT培训	快学教育	A	4150万元	达晨创投领投
		图灵直播		6000万元	顺融资本、乾堃资本和有成创投三方联合完成
		你的课	天使	千万元	北京锦潞信息技术有限责任公司
		小象学院	Pre-A	千万元	创新工场和头头是道文化基金联合领投
		猿圈	战略	千万元	达内教育和日本Recruit
		起点学院	A	2250万元	达内教育
		翡翠教育	C+	3亿元	

(续表)

领域		公司	轮次	金额	投资方
职业教育	IT培训	超神互动	A	3亿元	新加坡华璞毅恒资本
		瘦课网	A	1 500万元	北京华安盛泰资本管理有限公司
		触控未来	天使	1 000万元	UCCVR、乾然资本和东方汇富
		东方标准X	战略	数百万元	口袋兼职、极豆资本
		小象学院		750万元	创新工场
	体育培训	维宁体育	A		卓越教育、智美体育集团、达晨创业投资和世纪金源集团
	医学培训	百通世纪	Pre-A	数千万元	TPG（德太）投资集团执行合伙人黄辉，正和岛联席总裁胡龙雅
	公务员考试培训	腰果公考		数千万元	中文在线文化教育产业基金
	求职服务	拉勾网	战略	1.2亿美元	前程无忧
		互联派	Pre-A	百万元	梅花天使
		offer先生	天使	百万元	慧科资本
		UniCareer	B	5000万元	新东方与昆仲资本联合领投
		职业蛙	B	数千万元	华图资本
		实习僧	A	1000万元	翊翎资本领投
	教育信息化	蓝墨科技	A	千万元	北京几何投资管理有限公司（中国教育投资基金）领投，新道科技股份有限公司、北京天演融智软件有限公司跟投
		西普教育		6000万元	华图资本领投，几何投资、中创红星、汇冠股份跟投
		职行力	A	千万元	创合汇资本领投
		云学堂	B	2200万美元	SIG领投

（续表）

领域		公司	轮次	金额	投资方
终身学习	艺术培训	圣杰天下	天使	5 000万元	
	语言培训	流利说	C	1亿美元	华人文化产业投资基金（CMC）、双湖资本领投，挚信资本、IDG、GGV、心元资本、赫斯特资本等早期机构投资者全部跟投
		轻课	A	3300万元	经纬中国领投，腾讯众创空间跟投
	知识分享	蜻蜓FM		10亿元	微影资本和百度领投，中民投资本、中小企业发展基金、智度股份等共同出资完成
		知乎	D	1亿美元	投资方为今日资本，包括腾讯、搜狗、赛富、启明、创新工场等在内的原有董事股东也全部跟投
		千聊	A+	近千万元	分享投资的"享投就投"平台领投，九宇资本等跟投
		十点读书	A	6000万元	由清科华盖管理的清科岭协基金领投，微影资本、赛富投资基金跟投
		荔枝微课	A	千万美元	由高榕资本领投，金沙江创投跟投
		GitChat	天使	数百万元	真格基金
		量子学派	天使	500万元	英诺天使基金、中科创星
		学两招	天使	数百万元	创客100基金
	平台	彬彬有理	A		拉卡拉旗下考拉基金
		艺师汇	天使	数百万元	华创资本
教育机构服务	信息系统	好课多	天使	1000万元	
		拓课云	Pre-A	千万元	英诺天使基金、臻云基金、水木基金
	营销平台	迅牛科技	A	千万元	坚果资本

（续表）

领域		公司	轮次	金额	投资方
教育机构服务	STEM	萝卜屯	天使	1000万元	前联想副总裁刘军以及合聚变基金等
	IP开发	见教传媒	天使	数百万元	沪江投资
	语言培训	飞博教育	C	2000万元	宽带资本
		微语言	A+	3000万元	微影资本
			A	5000万元	
		有教未来	Pre-A	数千万元	中文在线文化教育产业基金
	空间设计	嗨课	Pre-A	1500万元	险峰长青领投，治平资本跟投
其他		韦林文化	Pre-A	千万元	
	智能测评	玛蒲儿教育	A	1000万元	瑞丰资本和智友汇传媒集团
	校园营销	掌上大学		数千万元	赛伯乐

资料来源：工行投行部研究中心。

二、三大因素影响教育行业进化之路

教育对于国家中长期发展的重要意义决定了这个行业具有很强的政策敏感性。2017年，经修订后的新版《中华人民共和国民办教育促进法》（简称"新民促法"）的生效翻开了教育行业新的一页。在这新的一页，学前教育的普惠、义务教育的均衡和高考制度改革是政府这只"有形的手"首先重点雕刻的领域。同时，以信息技术、人工智能为代表的各类技术将从教育广度和教学深度等多个维度升级行业的运行模式和效率水平。最终，无论是哪个细分领域的教育机构，都必然回归对教育本质的理解和教学内容的打磨，教育的"慢"必然赢得快资本的尊重。

政策主导行业格局演变

除了抗周期性，教育行业另一大特点就是很强的政策敏感性。2017年出台的不少政策将影响未来至少3~5年内教育行业的格局变动。

（1）营利性和非营利性双重格局正式开启

2017年教育行业影响最长远的政策变化就是，新民促法于9月正式生效。除义务教育阶段，各类教育机构都有权选择"营利性"的经营方式，整个教育行业将逐步开启一页新的篇章。尽管由于地方政府各地细则出台的滞后，2017年的教育行业仍然波澜不惊，但中央层面针对教育行业的改革力度在持续不断地推进。

8月，国务院同意建立民办教育工作部际联席会议制度，该联席会议由教育部、中央编办、国家发改委、公安部、民政部、财政部、人力资源和社会保障部、国土资源部、住房和城乡建设部、中国人民银行、税务总局、工商总局、银监会、证监会等部门组成，教育部为牵头部门。当月，这十多个部门就制定了《中央有关部门贯彻实施〈国务院关于鼓励社会力量兴办教育促进民办教育健康发展的若干意见〉任务分工方案》（简称"分工方案"），主要是针对教育行业引入营利性概念后各项管理制度面临的相应调整，同时也是为了制度转型过程中不要打击到社会力量兴办教育的积极性。在坚持党的领导的根本原则前提下，分工方案从政府职能、资金支持、学生和教师待遇等各个角度罗列了对民办教育的支持政策，特别在诸多方面强调了民办学校和公立学校的无差别性，对民办教育机构的日常运营、招生、教学和吸引师资等各方面起到了实质性的支持作用。当然，分工方案也就非营利性机构和营利性机构提出了差别化的政策方向，非营利性方向毫无疑问是政府鼓励支持的主要方向,包括经济政策上的支持、等同公办学校的待遇和行业地位上的肯定;营利性机构所能享受的政策支持除了之前提到的针对所有民办教育的支持政策外,其他更多地取决于各地经济和教育的差别情况,由地方政府因地制宜地制定相关政策。分工方案中格外值得关注的是政府引入金融元素来支持民办教育发展的态度,未来,经营收入、知识产权质押贷款业务、普通贷款、信托、融资租赁、PPP模式、混合所有制、股权激励等概念都被鼓励积极探索尝试。

9月,2017学年的第一个月,新民促法生效的第一个月,中共中央办公厅、国务院办公厅印发了《关于深化教育体制机制改革的意见》(简称"机制改革意见"),列出了改革的四项基本原则:一是坚持扎根中国与融通中外相结合;二是坚持目标导向与问题导向相结合;三是坚持放管服相结合;四是坚持顶层设计与基层探索相结合。针对这四项基本原则,有三点趋势值得注意。第一,对中国传统文化的强调。这一点将在不同的教育阶段体现为不同的形式,既有通过义务教育新教材强调的第一主题传统文化教育,也有高等教育阶段对"留学中国"品牌的打造。第二,简政放权的进一步落实。这一点应该会格外体现在对各类民办教育机构的支持性政策中。第三,对基层探索、基层首创的鼓励。这一点既是为了鼓励社会对教育体制机制改革的参与,也能利好各项改革政策的落地性和可行性。

(2)改革难点聚焦未成年人教育

2017年10月召开的党的十九大会议期间,教育部党组书记、部长陈宝生在答记者提问环节点明了教育改革面临的三块"硬骨头"——学前教育、义务教育阶段控辍保学和到2020年建立中国特色的高考招生制度体系,实际上也就点明了在未来3~5年教育行业政府工作的重心。

学前教育尽管并未列入义务教育阶段,但这个阶段是一个人成长发展的关键阶段,也是下一个阶段即义务教育阶段的铺垫和基础,这是政府工作把学前教育列为第一块硬骨头的主要原因。机制改革意见中要求"创新学前教育普惠健康发展的机制体制"。这正是2017年5月教育部、国家发改委、财政部、人力资源和社会保障部联合发布的《关于实施第三期学前教育行动计划的意见》(简称"学前教育三期计划")所遵循的改革方向。根据学前教育三期计划,可以判断:

• 未来三年,发展普惠性幼儿园是重点,意味着高端幼儿园政策有可能收紧。尽管幼儿园不受非营利性限制,但民办幼教机构仍需要在靠高端园增加盈利能力和靠普惠园获取政策资源之间寻求平衡。

• 幼儿园的监管会加强。由于所有的幼儿园都要被纳入质量评估体系中,跨界进入幼儿园市场的企业公司至少需要在政策风险上加强管理,很多快速扩张的幼儿园特别是加盟园更要加强对质量的把控和对声誉风险的管理,而对于整个幼儿园产业来说,监管的制度化和规范化会利好这个产业的长远发展。

• "小学化"现象基本消除是未来三年的政策目标,这或许会带来两种变化:一是幼儿园会通过所谓综合能力的培养来增加自身吸引力,这可能会给很多校外培训机构开拓面向企业的业务创造机遇;二是社会竞争大环境会推升"园内不学园外学"的现象,这可能是很多幼教培训机构的机遇。

• 政府在幼师培养上的重视和在待遇上的实质改善,一方面会增加幼师行业的吸引力，另一方面也会逐步带动社会资本进入幼师培训这个领域，但幼师缺口问题需要更久的时间。

义务教育阶段，机制改革意见中要求"完善义务教育均衡优质发展的体制机制"。尽管如此，中国仍有25个省级单位尚未全面完成义务教育基本均衡发展的任务，即便在已达标的县中，有相当一部分仍然存在许多薄弱环节。因此，目前基本均衡和优质均衡的推进是同时进行的。2017年5月教育部印发的《县域义务教育优质均衡发展督导评估办法》结合之前的督导评估经验，从学生、教师、教学、软硬件配置、社会评估等各个维度给出了更为细化也更为具体的评估标准。优质均衡态势的实现，必须依靠政府和各类民办教育机构的合作，探索出双赢的合作方式，既有助于政府积累政绩，更有助于民办教育机构开辟县域教育市场。短期来看，提供教学教具等硬件的民间企业会首先受益；中长期来看，能够帮助县域义务教育实现师资和教学等软件提升的民间教育企业会获得更长久的收益。

同时，针对优质均衡的推进，机制改革意见针对学校管理模式提出了"试行学区化管理，探索集团化办学，采取委托管理、强校带弱校、学校联盟、九年一贯制等灵活多样的办学形式"；针对课后服务，意见提出"探索实行弹性离校时间，提供丰富多样的课后服务"；针对校外培训，意见则要求"严格办学资质审查，规范培训范围和内容"。预计下午3点半后的托管教育市场将在政策的鼓励和支持下成为新兴赛道，这尤其利好各类偏素质教育培训类的校外培训机构探索进校途径。就这一细分市场，教育部2017年3月就印发了《关于做好中小学生课后服务工作的指导意见》(简称"课后服务工作意见")，希望将校内托管打造成放学后市场的主要模式。对低层次的校外托管机构来说，这必然挤压其生存空间，但对不断进化中的校外托管机构来说，政府对托管市场的关注和逐步规范，更能促进整体市场的发展，这对计划在这个领域长期发展的机构来说是件好事。相较于校内托管，校外托管机构的竞争优势在于其服务的特色化和专业化，更能针对学生提供个性化的培养内容。校外托管机构可以考虑的领域包括但不限于课后服务工作意见中提到的"作业、阅读、体育、娱乐游戏、拓展训练和影片等"。较优的服务输出渠道是校内托管渠道和社区教育渠道。

新的高考招生制度体系的逐步推进则希望通过制度改革来扭转基础教育唯分数论的偏颇观念，破除一考定终身的弊端，进而带动与之相关的一系列制度改革。2014年出台的《关于深化考试招生制度改革的实施意见》提出了高考制度改革的10项举措：

1. 2015年起增加使用全国统一命题试卷的省份。

2. 2015年起取消体育、艺术等特长生加分项目。

3. 2015年起推行自主招生安排在全国统一高考后进行。

4. 2015年起由校长签发录取通知书，对录取结果负责。

5. 推行高考成绩公布后填报志愿方式，创造条件逐步取消高校招生录取批次，推进并完善平行志愿投档方式。

6. 2015年研究出台学分互认和转换的意见。

7. 高考总成绩由统一高考的语文、数学、外语三个科目成绩和高中学业水平考试三个科目成绩组成，语数外分值不变，不分文理科，外语科目提供两次考试机会。

8. 高职院校考试招生与普通高校相对分开，实行"文化素质+职业技能"评价方式，2017年分类考试录取成为高职院校招生录取主渠道。

9. 高中学业水平考试科目将由学生在思想政治、历史、地理、物理、化学、生物等科目中自主选择。

10. 2014年，上海、浙江分别出台高考综合改革试点方案。2017年，上海和浙江试点落地，经评估取得成功，接下来，2017学年，北京、天津、山东和海南开始高考改革试点；2018年，10个省市启动高考改革；2019年，7个省市启动高考改革。

（3）校外教育和学校教育变化进行时

新民促法元年，教育行业安静的表面下，各种政策带来的变化已经在逐步重塑市场格局。尽管市场普遍认为，教育行业引入营利性概念对校外培训机构来说是一大利好，但目前观察到的现实情况反而是不少地方政府在针对营利性和非营利性的分类管理出台相应政策之前，首先是对当地培训市场进行摸底整治。6月初，上海市政协就整顿规范教育培训市场秩序开展重点提案协商办理，通过三个月对近7000家教育培训机构进行分类整治规范，首先查处取缔了1300多家无照经营机构，其次，对3200多家有执照、无资质的机构勒令限期整改，整改期间不得招生，对2000多家证照齐全的机构也开展了专项执法检查。10月，宁夏成为继上海之后第二个以省级行政区域为单位进行教育培训行业整治的省份。整治范围包括经教育部门审批的民办教育培训机构和未按规定在教育行政部门审批、违法违规开展自学考试助学及其他文化教育的民办教育培训机构，整治内容将涉及消防、房屋质量安全、餐饮卫生、招生宣传广告、收费相关项、教师资格等。除了这两个地区，兰州、西安、扬州、荣成、秦皇岛、成都等地都在陆续开展培训市场的治理工作。整个培训市场面临的监管环境正在趋严。中央的机制改革意见中，针对校外培训，要求"严格办学资质审查，规范培训范围和内容"。中央和各地方政府对培训市场的整治，将推动培训机构升级其培训模式和内容。同时，政府对培训市场的态度也预示了培训机构在境内上市的探索之路并不会走得太顺利。

政府在教育领域对未成年人的保护，一方面体现在控制校外培训机构对未成年人过度的"拔高"，另一方面则体现在努力提升学前教育和中小学教育的覆盖面，幼儿园和中小学都在探索多样化的办学形式。

以上海为例。在学前教育领域，2017学年上海市共新开办幼儿园33所，占新增中小幼学校总量的54.10%，新开幼儿园每个园所平均15个班，每班学生规模平均为30人。其中，31所位于城郊接合地区和郊区集镇，6所幼儿园将引进或共享优质教育资源，9所幼儿园为原有学校开办的分校（分园）。上海正通过探索学前教育的办学机制和教学方式，在现有资源条件下，尽可能地提高优化孩子在学前教育阶段的身心发展。以黄浦区为例，2017年6月初，黄浦区学前教育高位发展共同体——荷花池艺术教育集团成立。该艺术教育集团是由荷花池幼儿园示范引领，采用"一校牵头，并举发展"的运作模式，突破园际壁垒，纵向衔接，优势互补，发挥荷花池幼儿园"孵化剂"的作用；8月底，黄浦区"思优"个别化教育集团正式成立，首批成员包括：黄浦区思南新天地幼儿园、黄浦区城市花园幼儿园、黄浦区海粟幼儿园、黄浦区威海路幼儿园、黄浦区民办长颈鹿幼儿园、上海市东滩思南路幼儿园。作为上海市拥有诸多优质教育资源的区域，黄浦区学前教育集团以"项目引领、同质研究、协同发展"为思路，正在探索集团化办学、多法人管理的模式。在中小学领域，

2017学年新增28所中小学,其中,7所小学、10所初中、7所一贯制学校和1所位于城郊接合地区和郊区集镇的高中,同时,2所小学、7所一贯制学校和8所初中引进或共享优质教育资源。例如:

• 嘉定区与中科院上海分院在菊园新区合作开办中科院上海实验学校。该校是一所九年一贯制公办学校,未来将成为嘉定区学习化、集团化办学方案"两圈四区"中"中科优质教育圈"的关键成员。

• 闵行区人民政府引进上海中医药大学的优质教育资源,在基础教育领域合作办学:2017年,闵行区3所学校挂牌成为上海中医药大学附属学校,其中上海中医药大学附属晶城中学为2017年新开办的公办初级中学,致力于为闵行区公办初中打造新品牌。

• 崇明区重点加强了城桥镇、陈家镇、长兴岛等三个重点发展地区的教育规划和建设:上海市实验学校附属东滩学校是陈家镇地区新开办的学校,学校采用名校加新校的模式,引进市区优质教育资源,联手打造崇明的高品质学校。

• 普陀区与上海理工大学联手打造公办九年一贯制学校"上理工附属普陀实验学校",该校将充分挖掘上海理工大学的优势资源和专家教授指导团队,打造具有科创教育特色、文理相长的家门口好学校。

K-12领域正在推进的,一方面是深化教育公平的办学机制的探索,另一方面则是针对高考改革的各项布局。以北京为例,"落实高考综合改革任务"是北京《2018年度教育部门预算重点投入方向与项目指南》的重中之重。该指南明确提出"积极推广走班制"、"完善考试招生技术设备配备，做好命题中心和标准化考点建设"。这几项工作首先会涉及教育信息化相关基础设施工程的建设。例如，走班制最直接面临的挑战就是学生的排课，但更重要的是对学生的学情分析，这是一些信息化企业选择的切入点，而如何从学校改革角度而不是单纯的信息化角度去设计系统，也需要信息化企业和学校一起摸索。

当然，高考改革影响的绝不仅是信息化基础设施搭建，还包括课程、教学、师资等各方面的调整，契合中高考改革新模式下的课程管理支撑平台和学生综合素质评价平台、高中教育教学资源库与师资动态编制管理调配体系必然是2018年财政支持的重点。

技术推动行业模式演变

政策是主导教育行业大格局演变的重要因素，而和大多数产业一样，技术的演变和渗透则是推动教育行业升级的魔幻力量。这里的技术，首先是以互联网为代表的信息技术。2014年年初，美股上市公司欢聚时代（YY）推出的在线教育品牌"100教育"曾经掀起一阵波浪，但最终没有撼动教育行业大佬新东方的地位，也降低了市场对在线教育的兴趣。然而，短短一两年后，线上教育的方式重新受到行业内部机构和外部投资者的追捧，教育行业的两大巨头新东方和好未来都在利用信息技术帮助其拓宽业务边界，一个最热的现象就是"双师课堂"的出现。双师课堂最初起源于达内科技2006年大力发展的O2O（线上到线下）远程教学模式，老师远程授课，助教现场答疑辅助上课。目前，双师课堂模式还在热闹的尝试期。双师课堂利用的是三四线城市的名师缺口，对应试性的培训或能实现名师效应的线上传递，配以现场助教，在成本收益上还能实现大班制和小班化之间的一种平衡。新东方在 30 个已有教学点的城市试验了双师模式，并利用该模式拓展了 7 个新的城市，在中山市推出了一所双师模范学校，2018 财年计划开辟 5~10 个新的城市。好未来旗下的学而思在全国已经有 500 多间双师教室，仅南京双师课堂的学生数就在 1 万人次以上，双师课堂的收入已经超过 2 亿元，还在河南嵩县思源实验学校利用双师课堂打造智慧教育示范学校，预计到 2018 年暑期，会在十几个城市陆续铺开双师课堂。

如果说双师课堂探索的是利用信息技术令现有的教学资源突破物理的局限，针对的是规模化，那么，"自适应学习"概念则希望通过计算机技术的介入来提升个性化教学的可能。根据培生集团（Pearson）给出的定义，自适应学习是一种教育科技手段，它通过自主提供适合每位学生的个性化的帮助，在现实中与学生产生实时互动。2008 年在纽约成立的 Knewton 是自适应学习领域的知名企业，它主要通过三项核心服务优化学习过程：为学生提供内容推荐服务，为老师提供学情分析服务，为内容提供商提供内容洞察和分析服务。好未来在 2016 年年初宣布战略投资 Knewton，并签署了全方位的业务合作协议。在国内，专注做自适应学习系统的乂学教育在 2017 年拿到了 1.2 亿元的天使轮融资，领投方包括景林资本、国科嘉和以及新东方。自适应学习系统已成为不少教育机构在突破教学瓶颈上希望借助的技术力量，尤其是一些本身就从线上教育起家的机构，例如关注英语培训的沪江网、智课网和朗播网等，以及关注 K-12 全科培训的一起作业网和猿题库等。

技术对教育行业的改变已不仅是信息技术，AI 将成为下一阶段升级教育行业的前沿技术，尽管信息技术之于教育行业的应用仍有很大的探索空间，尽管AI本身的发展还有很长的路要走，但"AI+教育"的探索之旅已经开启。政府层面，2017年7月，国务院印发了《新一代人工智能发展规划》（简称"AI规划"），对全阶段教学都提出了AI教育方面的建议：在K-12阶段，AI规划建议设置人工智能相关课程，逐步推广编程教育，鼓励社会力量参与寓教于乐的编程教学软件、游戏的开发和推广，这一建议再一次表明了政策对STEM类教育的态度，将利好该类培训机构的发展，尤其是编程教育的发展；在高等教育和职业教育阶段，AI规划鼓励高校在原有基础上拓宽人工智能专业教育内容，形成"AI+X"复合专业培养新模式。这一政策态度将影响高校内各类专业的课程设置和培养模式，从"IT+"进化到"AI+"，显示了政府层面对技术人才培养的高要求。在这类应用人才的培养上，高等教育和职业教育的实际进展略显落后，预计未来政策仍将大力推动这一方向的发展。企业层面，校内外各类教育机构都在探索AI嫁接的可能性和寻找相关的技术伙伴。例如，科大讯飞股份有限公司作为中国智能语音与人工智能产业领导者，已形成"1+N"教育产品体系，即通过底层统一的服务能力，实现向N个教育应用场景（智课、智学、智考、智校等）提供统一用户服务、统一资源服务、统一数据服务和统一桌面服务。例如，其智慧考试产品在全国包含北京、上海、广东、江苏等在内的十多个省市参与了中高考英语听说考试，支持了北京、上海、西藏等6个地区大学英语四六级考试中的英语口语考试；智能评分和智能质检系统在24个地区中高考项目中正式应用；包括学生生涯规划、高考选科、走班排课等在内的新高考解决方案已在人大附中、101中学等知名中学应用，学生志愿满足率100%，排课规则满足率高达95%。

内容锻造坚守行业灵魂

无论是"IT+"还是"AI+",都给教育行业的升级增添了很多的精彩和光芒。然而,教育行业的特殊性决定了这两者增强的只是教育行业的"形",无论这些"形"如何变幻,教育行业最重要的"魂"仍是内容,是踏实到可以升级至"匠人精神"的技能,是深刻到可以启迪灵魂的身教。因此,尽管几乎所有的教育机构都在引入技术的力量,然而,在横向上丰富教学内容、在纵向上打磨教学品质,是每一个立志在教育行业深耕的机构都不敢放松的竞争力的积累。最后,任何机构发展到一定程度,必然进入内容竞争领域。

以目前大热的青少年在线英语培训领域为例,尽管在线模式是领域内教育机构不同于传统机构的独特优势,然而,从行业龙头VIPKID到陆续入场的各大机构,通过内容锻造来打造自身的教学优势,在这一点上,聚焦在线教育的机构和传统线下机构并没有太大区别。以VIPKID为例,2017年,其在丰富课程和教材内容体系、加强师资力量的培养以及开发新的语培种类等方面均有新的部署。其中,在课程内容的丰富上,VIPKID考虑了不同年龄阶段的需求特点,兼顾了应试教育和素质教育,即:

• 1月,发布"玩转全球"4~5岁宝贝英文启蒙课;与知名慕课平台Coursera达成战略合作,将为VIPKID北美外教提供超过5万小时的在线培训课程。

• 3月,联合北美教育研究院发布全球首个在线教育北美外教成长体系。

• 4月,与马云公益基金会达成深度合作,共同推出"北美外教进课堂"公益行动。

- 6月，宣布上线为小学托福考试打造的备考课程，推出暑期夏令营课程"营队在美国"。
- 7月，与美国国家地理学习达成战略合作，获得其教材Our World全系列内容。
- 8月，发布了面向海外儿童的中文学习课程Lingo Bus。
- 9月，宣布上线新版"学习中心"，推出"学习成长伙伴"服务体系，同时，VIPKID成为美国教育考试中心中国大陆地区唯一钻石级在线合作伙伴。

表8-5　2017年前三季度各教育机构在青少儿语培市场的业务动向

机构	日期	业务动向
iTutorGroup	2017.01	推出全新的青少年在线教育品牌"vipJr"，面向5~18岁青少儿，包含英语、数学和托福、雅思等课程服务
	2017.04	vipJr宣布成立美国学术委员会
	2017.05	vipJr宣布与牛津大学出版社达成战略合作，针对中国5~15岁青少儿推出一套全新的课程
		宣布将其在中国大陆运营的在线外教英语品牌vipabc更名为"tutorabc"，致力于公益在线教育平台
	2017.08	vipJr推出针对中国5~15岁青少儿的在线牛津课程
		升级了适合1~7年级学生的可定制数学产品，并推出"十节课学通有理数/整式"新初一数学课程
51Talk	2017.02	与小米直播达成合作，推出英语学习直播
	2017.03	与外研社签订协议，双方将共同审核认证学员英语等级
	2017.06	对外公布其新的高端在线少儿英语品牌"哈沃美国小学"
	2017.08	与Highlights出版社、Teacher Created Materials出版社分别签署了全球战略合作协议

(续表)

机构	日期	业务动向
哒哒英语	2017.02	宣布推出针对12~18岁中学生的托福、雅思口语课程
	2017.03	国际学术英语考试PTE官方正式邀请哒哒英语成为旗下少儿英语考试体系成员之一，并成为其全国在线教育的首个考点
		iPad（苹果平板电脑系列）端和手机端同时上线语音练习功能，搭载语音识别技术，成为在线少儿英语培训机构首家推出该功能的企业
	2017.05	推出"暑期思维导图夏令营"
	2017.07	与Highlights出版社达成战略合作关系
		宣布与培生、圣智等知名教育出版商合作
		公布了"D3"发展战略
		正式开设法语和西班牙语培训课程
	2017.08	与外研社、企鹅兰登达成合作
	2017.09	宣布与培生集团联手成立触想工作坊（Brain Spark），在教研、师训等领域展开深度合作
好未来	2017.03	乐加乐英语和剑桥大学出版社合作推出号称国内首套针对小学1~6年级的国际化教材 Hello learner's English
	2017.08	励步英语推出"励步高阶"子品牌，将面向10~15岁青少年打造全新国际教育体系，首个励步高阶校区在北京望京开放
新东方	2017.04	酷学多纳与ROOBO公司达成深度合作，双方联合开发适用于儿童智能硬件的英语启蒙学习系统，并将其首先试用于ROOBO旗下新品智能机器人"布丁豆豆"的英语启蒙板块
	2017.06	决定筹备成立名为"比邻东方教育科技公司"的子公司，全面负责新东方外教口语项目的业务拓展
		新东方在线、21世纪出版社和剑桥大学出版社联合宣布，三方就《剑桥彩虹少儿英语分级阅读》在中国的开发和推广达成了合作
	2017.08	剑桥大学出版社授权酷学多纳设立国内首家《剑桥彩虹少儿英语分级阅读》示范中心
		公布了其新的课程产品"国际英语实验班"
	2017.09	正式邀请尚雯婕出任"新东方在线首席法语明星老师"

（续表）

机构	日期	业务动向
英语趣配音	2017.02	发布了"趣学英语进课堂"计划，把外教直播课程推入公立中小学
沪江网校	2017.03	与传统英语内容出版机构《英语周报》达成战略合作
沪江网校	2017.08	旗下实时互动在线教育平台CCtalk在上海举办"职业教育网师大会"，正式宣布进军职业教育领域
沪江网校	2017.09	推出3.0版本迭代的Uni智能课程
沪江网校	2017.09	推出以"新学期学习智有一套"为主题的首档自制综艺节目，通过"明星+名师+专家"的直播互动方式，带来平台上以Uni智能课程系列为主的在线课程
英孚教育	2017.03	全球助学计划与甘肃省教育厅签订了千名乡村英语教师公益培训合作计划
Reading Pro	2017.04	校园版正式发布，致力于为10~18岁英语学习者提供专业的英文阅读解决方案
飞博教育	2017.04	宣布推出线上线下相结合的联教计划，外教负责线上一对一授课和练习输出，中教负责质量管理和线下知识讲解
Fast School	2017.06	面向国内推出少儿口语段位测评服务，仅针对其正式学员开放
爱贝国际少儿英语	2017.07	与培生一同发布了第五代幼儿旗舰课程 *My Little World*
盒子鱼英语	2017.08	公布了以"线上国际学校"为主题的新版本，并上线了针对幼儿园阶段用户的低龄板块
新航道	2017.08	发布青少英语品牌"优加"
北外	2017.08	北外、英萃教育、崇佳信息科技三方合作推出WayPal在线英语

资料来源：工行投部研究中心。

不只是未成年人教育领域，在成年人教育领域，目前正在兴起的知识付费类产品同样印证了唯有内容才能推动嫁接在技术上的教育产品逐步赢得市场认可的道理。2017年，知乎和蜻蜓FM的融资都达到了亿元级别。2017年1月，知乎宣布完成D轮1亿美元融资，投资方为今日资本，包括腾讯、搜狗、赛富、启明、创新工场等在内的原有董事股东也全部跟投。此前，知乎于2011年1月获得由创新工场投资的数百万元人民币天使轮融资；2012年1月获得启明创投投资的数百万美元A轮；2014年6月获得赛富基金和启明创投的2200万美元B轮融资；2015年9月获得C轮融资，投资方包括腾讯和搜狗。知乎的目标是要为新兴中产、知识阶层提供最佳的讨论体验，为知识工作者提供工具和舞台，为知识消费者搭建足够好的消费网络。截至2017年1月，知乎已拥有超过6500万注册用户，平均每天有1850万活跃用户访问和使用。2017年9月，蜻蜓FM的10亿元融资刷新了互联网音频行业单轮融资的纪录。蜻蜓FM目前拥有3亿用户，日活跃用户量1200万人，收录全国3000多家电台广播、1000家高校电台资源，聚合超过1200万小时的有声节目，内容覆盖音乐、科技、新闻、财经、商业、小说等各种类型，每天累计收听时长超过2600万小时。蜻蜓FM 2013年获得创新工场200万美元的A轮融资，2016年获得中宣部、财政部发起的中国文化产业投资基金领投的D轮融资，目前公司股东包括创新工场、成为资本、中国文化产业投资基金、优酷土豆、东方证券、浙报传媒等相关机构。知识付费领域的商业模式正在成熟，而全民补课式的焦虑是背后的重要推手。

优质内容的生产过程必然是慢的，在教育行业一定是供不应求的，因此，拥有优质内容生产优势的教育机构更可能拥有长远的发展潜力和较高的行业壁垒，也更可能受到资本的青睐。

第九章

医药：供给侧改革助力大健康中国战略

一、行业发展概览

医药工业及流通业增速上扬

2016年，医药工业收入28062.9亿元，同比增长9.7%；利润总额3002.9亿元，同比增长13.9%。2017年，医药工业效益增速较2016年有明显改善，1—8月份，医药制造业实现营业收入19448.7亿元，同比增长11.7%，增速较上年同期增加1.7个百分点；实现利润总额2127.6亿元，同比增长18.3%，增速较上年同期增加4.4个百分点；销售利润率略降，至10.94%，毛利率基本稳定，为29.98%。

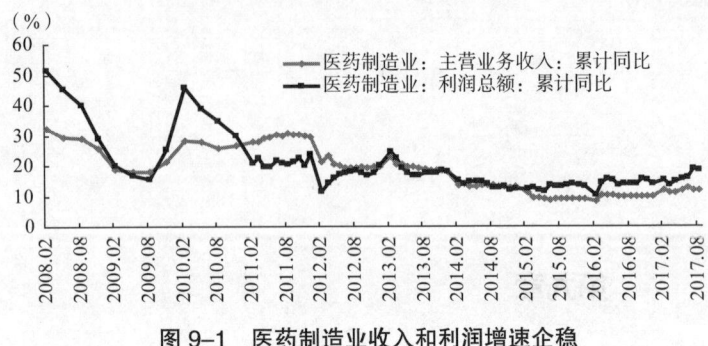

图 9-1 医药制造业收入和利润增速企稳

资料来源：Wind，工行投行研究中心

医药流通方面，根据商务部发布的数据，2016 年药品流通市场销售规模稳步增长，增速略有回升。全国七大类医药商品销售总额 18393 亿元，同比增长 10.4%，增速较 2015 年上升 0.2 个百分点。

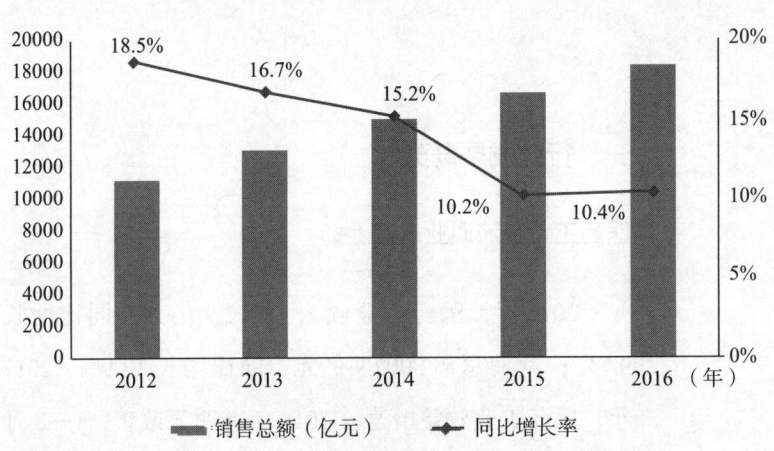

图 9-2 医药流通市场规模稳步增长

资料来源：商务部，工行投行研究中心

三大终端增速放缓

三大终端是指公立医院终端、零售药店终端和基层医疗机构终端。公立医院终端包括城市和县级公立医院，零售药店终端包括实体药店和网上药店，基层医疗机构终端包括城市社区卫生中心和乡镇卫生院。自2010年以来，三大终端增速均有不同程度放缓，总体上由2010年的21.9%下降到2016年的8.3%。根据最新数据，2017年上半年，三大终端销售额总计8037亿元，其中零售药店终端销售额达到1813亿元，同比增长8.0%，增速继续放缓。2017年上半年，实体药店市场销售额为1778亿元，同步增长7.5%；网上药店市场销售额为35亿元，由于基数小，同比增长高达45.8%。

表9-1 医药终端销售额及增长情况

时间（年）	公立医院终端 销售额（亿元）	同比增长（%）	零售药店终端 销售额（亿元）	同比增长（%）	基层医疗机构终端 销售额（亿元）	同比增长（%）	合计 销售额（亿元）	同比增长（%）
2010					441	34.00	6750	21.90
2011	5562		2000	15.00	535	21.30	8097	20.00
2012	6584	18.37	2268	13.40	703	31.40	9555	18.00
2013	7559	14.81	2558	12.80	868	23.50	10985	15.00
2014	8598	13.75	2826	10.60	1033	19.00	12457	13.40
2015	9517	10.69	3111	10.00	1201	16.30	13829	11.00
2016	10241	7.61	3375	8.50	1359	13.20	14975	8.30
2017上半年	5479	7.20	1813	8.00	745	11.3	8037	7.80

资料来源：商务部，Wind，工行投行研究中心。

二、政策出台密集，供给侧改革力度不断加大

2016年，国务院、国家食药监总局、人社部等部门陆续出台了

药品审评审批改革、仿制药一致性评价、国家医保目录调整等政策，进一步改革和规范我国医药市场，推动医药行业健康有序发展。2017年上半年，各项政策的细化措施继续发布。粗略统计，2017年以来，医药及医疗卫生行业出台的政策多达50多项，上至规划、下至各项指导意见的征求意见稿，涉及行业全链条各个环节。

2017年2月初，国务院办公厅印发《关于进一步改革完善药品生产流通使用政策的若干意见》，业内称之为"13号文"。13号文明确指出，加快推进已上市仿制药质量和疗效一致性评价，推行药品购销"两票制"，强化药物使用监管，涉及药品生产、流通、使用各个环节，在药品改革领域"全链条、全流程"发力。

13号文的核心内容包括：研发端要求与国际接轨；生产端持续推进一致性评价、药品上市许可持有人制度并加强监管；流通端通过"两票制"政策规范行业发展；使用端取消药品加成；医保端继续执行医保控费。

随后，国务院办公厅、卫计委、国家食药监总局等先后发布多项指导意见以及征求意见稿，执行上述意见，例如国家食药监总局在2017年3月和5月分别出台了《关于调整进口药品注册管理有关事项的决定（征求意见稿）》《关于鼓励药品医疗器械创新加快新药医疗器械上市审评审批的相关政策》《关于鼓励药品医疗器械创新改革临床试验管理的相关政策》《关于鼓励药品医疗器械创新实施药品医疗器械全生命周期管理的相关政策》等，鼓励研发和创新。

10月8日，中共中央办公厅和国务院办公厅联合印发《关于深化审评审批制度改革鼓励药品医疗器械创新的意见》（以下简称《意见》）。《意见》涉及六大方面的改革内容：改革临床试验管理，确保临床试验科学、规范、真实;加快临床急需药品和医疗器械的上市审评速度,解决公众用药需求;鼓励创新,推动中国医药产业健康发展;全面实施上市许可持有人制度,加强药械全生命周期管理;提升技术支撑能力,全力为创新服务;加强组织领导,以法治思维和法治方式推动改革真正落地。自2015年8月国务院出台《关于改革药品医疗器械审评审批制度的意见》,药品医疗器械审评审批改革大幕正式拉开,两年来,一系列改革政策相继出台,审评审批标准和透明度不断提高,研发注册生态环境有效净化,一批创新药和医疗器械优先获准上市,药品审评积压得到基本解决,仿制药质量和疗效一致性评价工作不断推进,医疗器械分类基础工作得以夯实,药品上市许可持有人制度试点工作进展顺利,药品医疗器械审评审批制度改革取得阶段性成效。

下面是对涉及医药及医疗健康主要链条环节的政策进行的梳理和分析。

仿制药质量和疗效一致性评价有序推进

——2015年11月,国家食药监总局发布了《关于开展仿制药质量和疗效一致性评价的意见(征求意见稿)》,2016年3月,国务院办公厅发文正式公布《关于开展仿制药质量和疗效一致性评价的意见》,仿制药一致性评价政策正式出台。关于仿制药一致性评价的程序、流程逐渐明朗。

——2016年5月,国家食药监总局发布关于落实《国务院办公厅关于开展仿制药质量和疗效一致性评价的意见》有关事项的公告(2016年第106号),明确了一致性评价的时间表:凡2007年10月

1日前批准上市的列入国家基本药品目录（2012版）的化学药品仿制药口服固体制剂（共289个），原则上应在2018年底前完成一致性评价。其中，需要开展临床有效性试验和存在特殊情形的品种，应在2021年底前完成。其余品种限定在首家完成的三年内完成。对289个品种以外的化学药品仿制口服制剂，自第一家通过一致性评价后，三年后不再受理其他药品生产企业的同品种一致性评价申请。

通过仿制药一致性评价的品种，国务院要求医保和采购给予一定扶持：社保部门在医保支付方面予以适当支持；通过一致性评价的品种，医疗机构优先采购并在临床中优先选用；同一品种达到3家以上通过一致性评价的，在集中采购方面不再选用未通过评选的品种。

——2017年6月9日，国家食药监总局发布《关于仿制药质量和疗效一致性评价工作有关事项的公告（征求意见稿）》《仿制药质量和疗效一致性评价受理审查指南（境内共线生产并在欧美日上市品种）（征求意见稿）》。此次发布的相关细则，进一步明确并细化了企业后续申报的具体要求，并明确了审评审查要点，使得企业申报过程更为顺畅，提高了审评效率。文件中同时提出，国家食药监总局受理后120天内须完成审评，文件也明确了各部门的职责和审评的时间进度。

——2017年8月25日，国家食药监总局发布《关于仿制药质量和疗效一致性评价工作有关事项的公告》（2017年第100号），就一致性评价的关键事宜、后续申报及审评工作流程进行了说明。自2015年11月国家食药监总局正式启动一致性评价工作以来，第100号文是到目前为止的第四份纲领性文件。迄今为止，一致性评价工作开展已有近两年的时间，第100号文对评价工作过程中出现的关键问题给予了明确的答复，并确认了后续的申报和审评流程。

在参比制剂选择上，第100号文建议企业按以下顺序选择其一作为参比制剂备案：(1)原研药品：进口原研药品、经审核确定的原研企业在中国境内生产上市的药品、未进口原研药品；(2)在原研企业停止生产的情况下，可选择美国、日本或欧盟获准上市并获得参比制剂地位的药品；(3)国家食药监总局已公告参比制剂的，企业无须再备案；(4)BE试验（生物等效性试验）：机构实行备案制管理，可以在现有经认定的临床试验机构进行，也可以在其他具备条件的机构进行。支持中国境内企业生产的在欧盟、美国或日本批准上市的药品在中国上市。

第100号文指出，同品种药品通过一致性评价的生产企业达到三家以上的，在药品集中采购等方面不再选用未通过一致性评价的品种。对由于通过一致性评价的生产企业数量少而影响市场供应的国家基本药物目录品种，由国家食药监总局会同相关部委发布清单，鼓励企业研发申报仿制药。药品清单将根据品种一致性评价通过情况进行动态调整。

第100号文的发布，标志着一致性评价的报审阶段正式拉开帷幕，国内仿制药工业产业升级将加快。

——2017年9月底，国家食药监总局发布《关于仿制药质量和疗效一致性评价工作有关事项的公告》（以下简称《公告》）政策解读，内容包括参比制剂选择、生物等效性试验机构"不足"等方面。

1.关于遴选参比制剂：国家食药监总局目前已发布8批、610个品种规格的参比制剂；"289品种目录"中另有90个左右的品种为改规格、改剂型、改盐基的品种，其参比制剂选择依据也已明确。至此，已经对"289品种目录"中大多数品种的参比制剂选择给出指导。《公告》一方面对参比制剂的选择顺序进一步明确,另一方面明确国家食药监总局将继续对企业备案的参比制剂进行遴选和确认,符合参比制剂要求的发布参比制剂目录。

2. 针对生物等效性试验机构"不足"问题:《公告》提出,一是对生物等效性试验机构实行备案制管理。一致性评价中的生物等效性试验可以在现有经认定的临床试验机构进行,也可以在其他具备条件的机构进行。国家食药监总局前期已会同卫计委确定619家临床试验机构。二是科学判定《公告》第六、七、八、九条中提出的符合豁免条件或者可以免于评价的相关情况以及方式,减少不必要的生物等效性试验。

3. 对通过一致性评价的品种,在药品集中采购等方面建立鼓励政策。通过一致性评价的药品品种,在医保支付方面予以适当支持,医疗机构应优先采购并在临床中优先选用。通过一致性评价的药品生产企业的技术改造,在符合有关条件的情况下,可以申请中央基建投资、产业基金等资金支持。

——2017年10月13日,国家食药监总局和卫计委首次公布具备开展人体生物等效性试验资格的药物临床试验机构,共涉及619家医疗机构。此次药物临床试验机构名单公布距国家食药监总局发布《关于化学药生物等效性试验实行备案管理的公告》(2015年第257号)已有近两年的时间,距国务院发布《关于开展仿制药质量和疗效一致性评价的意见》(国办发〔2016〕8号)也有一年多时间。在一致性评价过程中,很多制药企业反映,在开展人体生物等效性试验时遇到过试验被医疗机构拒绝或找不到药物临床试验机构的困境。此次名单发布将进一步规范仿制药治疗和疗效一致性工作,提高其工作效率。

"两票制"规范医药流通发展

2016年4月，国务院办公厅印发《关于深化医药卫生体制改革2016年重点工作任务的通知》，明确要求医改省份全范围内推广"两票制"；2017年1月，国务院医改办等联合发布《关于在公立医疗机构药品采购中推行"两票制"的实施意见（试行）》，要求公立医疗机构在药品采购中应逐步推行"两票制"，鼓励其他医疗机构在药品采购中推行"两票制"。综合医改试点省（区、市）和公立医院改革试点城市要率先推行"两票制"，鼓励其他地区执行"两票制"，争取到2018年在全国全面推开。

"两票制"的实施压缩了销售环节中过多的流通环节，旨在规范药品流通环节，避免额外流通环节增加患者用药成本，并非针对药品研发、生产和销售环节各方参与者取得的合理经济利益。

"两票制"对医药流通行业影响很大。在其推行过程中，医药流通企业的分销业务会迅速萎缩，许多资源和业务将被国有或地方龙头配送企业兼并。很多医药流通企业若想生存，要么投靠大型企业，要么谋求转型、拓展新的销售渠道，加大对基层医疗市场的投入力度是其选择之一。

根据商务部发布的《药品流通行业运行统计分析报告（2016年）》，随着各项医改政策的逐步落实，药品批发行业整合进一步加快。从销售增速看，大型药品批发企业销售增速高于行业平均水平，但有所放缓。2016年，排在前100位的药品批发企业主营业务收入同比增长14.0%，增速下降1.6个百分点。其中，4家全国龙头企业主营业务收入同比增长12.2%，增速下降7.5个百分点；15家区域龙头企业主营业务收入同比增长17.6%，增速提高5.2个百分点。

从市场占有率来看，药品批发行业集中度进一步提高。2016年，排在前100位的药品批发企业主营业务收入占同期全国医药市场总规模的70.9%，同比上升2.0个百分点。其中，4家全国龙头企业主营业务收入占同期全国医药市场总规模的37.4%，同比上升0.5个百分点；15家区域龙头企业主营业务收入占同期全国医药市场总规模的18.4%，同比上升1.1个百分点。

数据显示，在市场上占有一定规模的药品批发企业都在积极布局，努力提高其经营能力、运营能力和管理能力，向网络化、集约化和信息化目标不断迈进，有利于推进现代药品流通体系建设。

公立医院综合改革全面推开

2017年上半年，卫计委发布《关于全面推开公立医院综合改革工作的通知》，布置了全面推开公立医院综合改革的重点任务。

1. 2017年全国公立医院医疗费用平均增长幅度控制在10%以下。国家将对各省（区、市）及兵团公立医院医疗费用增长情况进行排名和通报。

2. 2017年7月31日前，所有地市出台城市公立医院综合改革实施方案；9月30日前，全面推开公立医院综合改革，所有公立医院全部取消药品加成（中药饮片除外）。到2017年年底，前4批试点城市公立医院药占比（不含中药饮片）总体下降到30%左右；百元医疗收入（不含药品收入）中消耗的卫生材料降到20元以下；实行按病种收付费的病种不少于100个；预约转诊占公立医院门诊就诊量的比例要提高到20%以上；区域内所有二级及以上公立医院和80%以上的基层医疗卫生机构与区域人口健康信息平台对接；60%的基层医疗卫生机构与上级医院建立远程医疗信息系统。

3. 积极推进县域医疗服务共同体建设。到2017年年底，全面实行以按病种付费为主，按人头付费、按床日付费为辅等复合型付费方式，探索符合中医药特点的支付方式，鼓励中医药服务提供和使用；县级公立医院门诊、住院患者人均费用和总收入增幅下降，医疗服务收入（不含药品、耗材、检查、化验收入）占业务收入比重提升，自付医疗费用占总医疗费用比例下降。

4. 扩大公立医院综合改革示范。各省（区）分别确定一个城市作为省级公立医院综合改革示范城市；各直辖市分别确定一个区（县）开展省级示范工作。除安徽、福建、江苏、青海4省外，各省（区）及兵团分别推荐一个县（市、师）作为第二批国家级示范候选县（市、师）。

通过公立医院改革，期望达到优化医疗资源配置、控制医疗费用不合理增长的目的。其中的核心词汇包括：降低药占比、取消药品加成；推进分级诊疗；推进付费方式改革。

《"十三五"深化医药卫生体制改革规划》提出了"十三五"期间的重点任务，其中对分级诊疗有着明确的时间表：到2017年，分级诊疗政策体系逐步完善，85%以上的地市开展试点；到2020年，分级诊疗模式逐步形成，基本建立符合国情的分级诊疗制度。

在《"十三五"卫生与健康规划》与《"十三五"深化医药卫生体制改革规划》中，分级诊疗都被提到了很重要的位置，着墨颇多。我国医疗资源分布不均衡且供给与需求极为不匹配，为缓解供方资源短缺、最大限度满足需方需求，分级诊疗成为医改的重要任务之一。通过提高基层医疗机构的医疗服务能力，使其逐步承担公立医院普通门诊、稳定期和恢复期康复及慢病护理等功能，最终达到缓解医疗资源供需矛盾的目的。

建立分级诊疗制度的关键抓手就是家庭医生制度和医联体。根据《"十三五"深化医药卫生体制改革规划》，2017年，家庭医生全月服务覆盖率达到30%以上，重点人群签约服务覆盖率达到60%以上，2020年基本实现全覆盖。家庭医生签约服务将有效推动医疗资源下沉，形成基层首诊、双向转诊、急慢分治、上下联动的分级诊疗和就诊模式，提高医疗资源的利用效率。建立分级诊疗制度的另一重要抓手是医联体。建设多种形式的医联体，可以有效调整医疗资源布局，是完善医疗服务体系、进行医疗服务供给侧结构性改革的重要举措。在分级诊疗深入推进过程中，为提升基层医疗机构的服务能力，基层医疗市场的扩容是大势所趋，该市场也将成为制药企业和医疗器械企业以及第三方医疗服务机构布局的必不可少的领域。

总体来看，公立医院综合改革正全面推开，它以取消药品加成为主要抓手，目的是控制医疗费用的不合理增长。改革过程中，医疗机构的收入结构被改变的同时，相关业态和市场格局也将发生变化，比如，药品流通企业将面临更大的市场和更为激烈的竞争，医保支付改革也将同步推进，按病种和按人头付费等模式逐步得到推广，医保控费力度进一步加大。在如此政策力度下，高临床价值的创新药、仿制药以及不纳入药占比考核的中药饮片将在此轮改革中受益。

新版医保目录出台，将建立动态调整机制

2017年上半年，人社部印发了《关于印发〈国家基本医疗保险、工伤保险和生育保险药品目录（2017年版）〉的通知》（人社部发〔2017〕15号）（以下简称"药品目录"），正式公布了2017年版国家基本医疗保险、工伤保险和生育保险药品目录。

2017年版药品目录由凡例、西药、中成药和中药饮片四部分组成。西药和中成药部分共收录药品2535个，较2009年版目录增加了339个，增幅约15.4%，其中儿童用药增加了91个。中药饮片部分未做调整，仍沿用2009年版的药品目录。药品目录对工伤保险用药、儿童药、创新药、重大疾病治疗用药和民族药予以重点考虑和支持，明显扩大了基本医疗保险用药保障范围，提高了用药保障水平。

7月中旬，第二批药品谈判结果公布，36个品种进入医保目录，均为临床价值较高但价格相对较贵的专利、独家药品，谈判成功的药品统一纳入药品目录乙类范围。谈判确定的支付标准与2016年平均零售价相比，平均降幅达到44%，降幅最高的达到70%。36个品种中包括了31个西药品种和5个中成药品种。31个西药品种中有15个是肿瘤治疗药，涉及肺癌、胃癌、乳腺癌、结/直肠癌、淋巴瘤、骨髓瘤等常见癌种，包括曲妥珠单抗、利妥昔单抗、硼替佐米、来那度胺等；还有5个是心血管病用药，如治疗急性冠脉综合征的替格瑞洛，治疗急性心梗的重组人尿激酶原等；其他药品分别是肾病、眼科、精神病、抗感染、糖尿病以及罕见病用药。5个中药品种中3个是肿瘤药，还有2个是心脑血管用药。本次谈判对创新药和罕见病药给予了高度重视，列入"十二五"以来国家重大新药创制专项的西达本胺、康柏西普、阿帕替尼等全部谈判成功，治疗血友病的重组人凝血因子Ⅶa和治疗多发性硬化症的重组人干扰素β-1b也都成功纳入药品目录。

进入药品目录,对制药企业来说就是有了销量保障,虽然药品价格出现大幅度下降,但进入药品目录意味着销售将大幅度放量,以价换量成为越来越多药企的选择。

在此之前,人社部发布《关于公开征求建立完善基本医疗保险、工伤保险和生育保险药品目录动态调整机制有关意见建议的通知》。征求意见包括:一是动态调整医保药品目录时如何平衡兼顾临床需求、支持创新与医保基金承受能力;二是医保药品目录动态调整的范围,新批准的药品、专利药、非独家品种、目录外已上市品种应分别采取怎样的办法和规则;三是医保药品目录动态调整中如何实现各方诉求充分表达,如何充分运用药物经济学等评价手段,怎样运用客观数据支持专家评审机制;四是医保药品目录的谈判准入机制怎样建立,谈判结果的有效周期如何确定,如何与支付标准相衔接;五是如何实现药品注册审批、生产流通、临床应用、医保支付等环节的有效衔接;六是如何建立医保药品目录内药品的退出机制。

此次征求意见重点在动态调整,即如何科学合理地动态调整,能够在医保基金可以承受的前提下,满足临床需求,实现各方诉求,最终要建立一个目录内药品的退出机制。之前医保药品目录一经敲定,在下一版医保药品目录出台之前,目录内的药品会一直在其中,享受政策红利。如果医保药品目录实现动态调整,加上前文所述的谈判机制,创新药将享受政策红利,而临床价值不大的药物将面临退出的命运,辅助类药物受影响或将最大。

医保支付方式改革推进

国务院办公厅印发《关于进一步深化基本医疗保险支付方式改

革的指导意见》(以下简称《意见》),对下一步全面推进医保支付方式改革做出部署。《意见》要求,2017年起,进一步加强医保基金预算管理,全面推行以按病种付费为主的多元复合式医保支付方式。到2020年,医保支付方式改革覆盖所有医疗机构及医疗服务,按项目付费占比明显下降。

医保费用支付方式改革是"三医联动"改革的重要举措。《意见》里明确我国医保支付方式是以按病种付费为主的多元复合式。这种支付方式的含义是针对不同医疗服务特点,推进医保支付方式分类改革。对住院医疗服务,主要按病种、按疾病诊断相关分组付费,长期、慢性病住院医疗服务可按床日付费;对基层医疗服务,可按人头付费,积极探索将按人头付费与慢性病管理相结合;对不宜打包付费的复杂病例和门诊费用,可按项目付费。探索符合中医药服务特点的支付方式,鼓励提供和使用适宜的中医药服务。简单讲,就是重点推行按病种付费;开展按疾病诊断相关分组付费试点;完善按人头付费、按床日付费等支付方式。目前,卫计委已经启动按疾病诊断相关分组收付费改革试点,广东深圳、新疆克拉玛依、福建三明被列为三个试点城市。医保支付方式改革的主要目的是控制医疗费用的不合理增长,引导医疗资源合理流动和分配。根据《意见》,要完善医保支付政策措施,基本医保要重点保障符合"临床必需、安全有效、价格合理"原则的药品、医疗服务和基本服务设施的相关费用。我们预计,随着医保支付方式改革的推进,临床价值高的药品将拥有更多的市场,而一些辅助用药的市场会相对萎缩。

三、行业热点

社会资本关注领域增加

（1）独立设置医疗机构

国家卫计委提出，将制定独立设置的康复医疗中心、护理中心、消毒供应中心、健康体检中心、中小型眼科医院等机构的基本标准及管理规范，拓展社会投资领域，推动健康服务业新业态的发展。上述这些独立设置的医疗机构，将在已有的医学影像诊断中心、病理诊断中心、血液透析中心、医学检验实验室、安宁疗护中心五类独立设置机构基本标准及管理规范的基础上建设，目前正在起草制定相关标准。

已经设立的第三方诊断中心、医学检验实验室等，在医疗资源分布不均衡的情况下发挥了很重要的作用。我国基层医疗卫生机构数量庞大，如果要求基层医疗卫生机构都开设检验、影像、病理科室，专业人员短缺且质量无法保证，因此整合相关资源，集中设置第三方或者二级以上医院的相应资源，并面向基层医疗机构开放，有利于集中有限医疗资源，实现区域资源共享，提高基层医疗卫生机构服务水平。即将新增的消毒供应中心也是出于这样的考虑来设置的，在建设过程中也将比照检验中心和影像中心的思路和原则。现在国家推进医养结合，医疗需求是老年人养老的最大需求，已经设置的安宁疗护中心主要是针对中晚期疾病的患者，比如晚期肿瘤患者。康复医疗中心和护理中心也是基于养老需求考虑设置的，主要针对机构养老、居家养老和社区养老等长期的慢性病需求，护理中心可以实现日间护理和照护，康复医疗中心致力于应对康复需求。

上述这些领域，社会资本关注度高且非常活跃。截至2017年年底,全国共有区域医学影像中心342个,区域医学检验实验室689个,区域病理诊断中心185个,血液透析中心147个,安宁疗护中心13个。除了一部分属于二级以上医院向基层医疗卫生机构开放,大部分是由社会力量举办的。社会力量在这些领域投资的意愿强烈,举办连锁化、集团化机构将是这些机构下一步发展的主要模式。

(2)多业态融合领域

2017年的《政府工作报告》提及消费升级时明确:"开展新一轮服务业综合改革试点,支持社会力量提供教育、养老、医疗等服务。推动服务业模式创新和跨界融合,发展医养结合、文化创意等新兴消费。"医药及医疗卫生领域的多业态融合,包括医养结合、医疗旅游、"互联网+健康"、"体育+医疗"等。

5月,多部委联合发布《关于促进健康旅游发展的指导意见》,提出要加快发展健康产业,促进健康服务与旅游深度融合。健康旅游是健康服务和旅游融合发展的新业态,依托各地自然、人文、生态、区位等特色资源和重要旅游目的地,以医疗机构、健康管理机构、康复护理机构和休闲疗养机构等为载体,重点开发高端医疗、特色专科、中医保健、康复疗养、医养结合等系列产品,打造健康旅游产业链。健康管理、康复疗养、养老是健康旅游产业链上最受欢迎,也是最容易多业态融合的领域,与其他医疗领域相比,社会资本进入这三个领域将更为便捷,盈利模式也更为清晰。因此,我们可以关注第三方医疗检验行业和体检行业。另外,将中医药与旅游资源结合,打造各种中医药旅游观光路线、中医药文化体验产品等,可使中医药得到大众更全面、更深入的了解,有利于中医药文化的宣传和普及,夯实中医药的群众基础,让中医药更好地发挥其医疗价值。

"互联网+健康"领域更为宽广,移动医疗是其典型应用,但盈利模式一直处于探索之中。其中应用较多的当属医药电商领域。在互联网技术的推动下,药品流通企业正在不断摸索适合自己的转型方向:(1)大部分药品流通企业由传统配送商向供应链服务商转型,提供增值服务成为企业获得先发优势的关键因素之一;(2)部分药品流通企业发展以C端需求为导向的C2B2M(消费者到经销商再到生产商)模式;(3)部分企业与医药O2O平台(如叮当快药、快方送药、好药师等)合作,利用平台流量资源实现互联网化转型。对药品零售企业而言,"处方药+电子处方+医保在线支付"的三方信息共享模式或将成为下一个药品零售业务的增长点。未来,优秀的医药电商企业将整合供应链上下游资源,借助互联网、大数据信息技术的优势,建立基于B2B(企业对企业电商模式)、B2C(企业对消费者电商模式)、O2O的电子商务平台的线下实体药店网络和药品配送网络,完善药品供应保障和患者健康服务体系,实现"网订店取""网订店送"等线上线下联动目标,加快线上线下融合进程。

(3)心血管产业备受资本关注

根据国家心血管病中心发布的《中国心血管病报告2016》,我国心血管病患病率处于上升阶段,现有心血管病患病人数约2.9亿,超过总人口数的1/5。心血管疾病的持续升高加大了临床需求,相关医疗费用每年以两位数增长。技术创新是驱动心血管产业快速发展的重要引擎,其中心血管介入、心脏瓣膜介入、心衰、外周血管介入、神经介入等细分领域是资本关注的重点领域。在国际市场上,这些领域增速在4%左右,而国内增速均在10%以上。其中,2016年冠心病的介入手术增长17.4%,起搏器植入增长11%,ICD(埋藏式心律转复除颤器）植入增长18%，治疗心律失常的导管消融手术增长30%，CRT（使用阴极射线管的显示器）增长15%。未来，这些领域都将受益于技术创新并迎来高速发展。面对心血管产业在中国非常大的增长潜力，各路资本纷纷从心血管疾病用药、医疗器械及服务领域切入，不断完善心血管产业链布局。

（4）政策支持社会资本进入大健康领域

相关政策鼓励金融机构按照风险可控、商业可持续原则，创新适合多业态融合特点的金融产品和服务方式，加大金融支持力度。支持保险机构运用股权投资、战略合作等方式参与产业链整合。鼓励各类创业投资机构和融资担保机构对该领域创新性业态、小微企业开展业务。国务院办公厅印发《关于支持社会力量提供多层次多样化医疗服务的意见》（以下简称《意见》），提出要进一步激发医疗领域社会投资活力，调动社会办医积极性，支持社会力量提供多层次多样化医疗服务。

《意见》明确了今后一个时期发展社会办医的主要任务和政策措施。一是支持社会办医拓展多层次多样化服务。鼓励发展全科医疗服务，加快发展专业化服务，全面发展中医药服务，有序发展前沿医疗服务，积极发展个性化就医服务，推动发展多业态融合服务，探索发展特色健康服务产业集聚区。二是进一步扩大市场开放。放宽市场准入，简化优化审批服务，促进投资与合作，提升对外开放水平。三是强化对社会办医的政策支持。加强人力资源保障，落实完善保险支持政策，推进医药新技术新产品应用，加强财税和投融资支持，合理加强用地保障。四是严格行业监管和行业自律。完善管理制度和标准，加强全行业监管，提高诚信经营水平。《意见》明确2020年的目标：

打造一大批有较强服务竞争力的社会办医疗机构，形成若干具有影响力的特色健康服务产业集聚区，服务供给基本满足国内需求，逐步形成多层次多样化医疗服务新格局。

在资金支持方面，支持社会办医疗机构引入战略投资者与合作方，加强资本与品牌、管理的协同，探索委托知名品牌医疗实体、医院管理公司、医生集团开展经营管理等模式。预计今后类似特许经营等方式会越来越多。《意见》同时鼓励发展医疗服务领域专业投资机构、并购基金等，加强各类资源整合，支持社会办医疗机构强强联合、优势互补，培育水平高、规模化的医疗集团。鼓励各类资本以股票、债券、信托投资、保险资管产品等形式支持社会办医疗机构融资。积极发挥企业债券对健康产业的支持作用。加快探索社会办医疗机构以其收益权、知识产权等无形资产作为质押开展融资活动的政策，待条件成熟时推广。在充分保障患者权益、不影响医疗机构持续健康运行的前提下，探索扩大营利性医疗机构有偿取得的财产抵押范围。

血液制品供给行业将持续高景气运行

2016年，全国共签发血液制品12个品种、4025批次，共计5927.8020万瓶（按10克/瓶折算），其中，2批不合格制品为奥地利Baxter AG生产的人血白蛋白，不合格项目为可见异物。2016年，共签发国产血液制品2564批次，共计3878.8277万瓶，其中，人血白蛋白1187批次，共计1593.5542万瓶；签发进口血液制品均为人血白蛋白，共1457批次，共计2048.9743万瓶。

2016年，共39家血液制品生产企业申报批签发。国内血液制品企业共28家，但新疆德源生物工程有限公司因未取得GMP（药品生产质量管理规范）证书而未有产品签发，因此当年参与签发的国内企业是27家、境外企业12家。上述28家国内血液制品生产企业拥有218个血浆站，全年投浆约6212吨，该投浆量远不能满足国内临床的需求，差额约8000吨。2016年，国产人血白蛋白1593.64万瓶，进口人血白蛋白2048.97万瓶，两者占比分别为43.75%和56.25%；其中，进口人血白蛋白的数量大概需要用7988吨血浆生产，刚好弥足了国内临床的不足。

另外一个重点品种即人凝血因子VIII，该产品用于血友病患者治疗。目前国产人凝血因子VIII按照批签发管理，进口人凝血因子VIII未纳入批签发系统，按照常规进口制品检验。国内有5家企业生产人凝血因子VIII，2016年签发国产制品98.86万瓶，较2015年（79.26万瓶）增加19.6万瓶，增长24.7%。2016年进口68.59万瓶，占比41.0%，且进口数量呈逐年增加趋势，主要进口企业为拜耳公司、百特公司和惠氏公司。

虽然"十二五"期间，我国原料血浆采集量有较大提升，血液制品产量也出现较大幅度增长，但仍然供不应求。如前所述，进口人血白蛋白比例仍接近60%；血友病患者的救命药人凝血因子VIII更是处于短缺状态。从产品利用率看，我国血液制品企业能够生产人纤维蛋白原、三种特免球蛋白、人凝血酶原复合物、人凝血因子VIII的企业不足10家。如何进一步提升采浆量、扩大各制品生产规模、提高资源利用率、缓解供需紧张状况仍是我国血液制品行业面临的最大问题。

人工智能在医疗健康领域应用起步

2017年7月初，国务院印发《新一代人工智能发展规划》，其中提到了智能医疗、智能健康和养老。

智能医疗。推广应用人工智能治疗新模式新手段，建立快速精准的智能医疗体系。探索智慧医院建设，开发人机协同的手术机器人、智能诊疗助手，研发柔性可穿戴、生物兼容的生理监测系统，研发人机协同临床智能诊疗方案，实现智能影像识别、病理分型和智能多学科会诊。基于人工智能开展大规模基因组识别、蛋白组学、代谢组学等研究和新药研发，推进医药监管智能化。加强流行病智能监测和防控。

智能健康和养老。加强群体智能健康管理，突破健康大数据分析、物联网等关键技术，研发健康管理可穿戴设备和家庭智能健康检测监测设备，推动健康管理实现从点状监测向连续监测、从短流程管理向长流程管理转变。建设智能养老社区和机构，构建安全便捷的智能化养老基础设施体系。加强老年人产品智能化和智能产品适老化，开发视听辅助设备、物理辅助设备等智能家居养老设备，拓展老年人活动空间。开发面向老年人的移动社交和服务平台、情感陪护助手，提升老年人生活质量。

人工智能领域的投融资速度有大幅度的增长，从2011年的2.82亿美元上升到2015年的24亿美元，交易数量从67次增长到了397次。在应用层面上，医疗健康领域的人工智能创业公司所受的关注度和融资量最高。目前，人工智能在医疗健康领域的典型案例包括：

- 阿里健康推出医疗诊断人工智能系统"Doctor You"，它包括临床医学科研诊断平台、医疗辅助检测引擎、医师能力培训系统等。

• 谷歌大脑与Verily（前谷歌生命科学公司）开发出诊断乳腺癌的人工智能系统，其诊断准确率达到88.5%。

• IBM Waston（IBM开发的认知技术平台）以肿瘤为中心，在慢性病管理、精准医疗、体外检测等九大医疗领域中实现突破，并开始服务于医患。IBM Waston于2016年8月进入中国。

• 葛兰素史克、赛诺菲、默克、强生、诺华、辉瑞等国际制药巨头都开始与不同的人工智能公司合作，利用人工智能系统进行新药筛选，聚焦新药开发业务。

与国外将人工智能用于药物挖掘不同，国内企业较多选择进入壁垒低、投资收回周期短的领域，其中辅助诊疗融资金额最高，其次是语音交互、医学影像和健康管理。目前，国内医疗人工智能相关企业共有139家，主要分布在北京、广州、长三角地区。"健康中国"上升为国家战略后，大数据和人工智能在医药领域应用的前景非常广阔。

第四部分

新技术与先进制造

第十章

信息技术：
5G 推进超预期，中国有望引领产业发展

移动通信技术自 20 世纪 80 年代诞生以来，经过三十多年快速发展，深刻改变了人们的生活方式，成为连接人类社会的基础信息网络和提升国民经济的重要推动力。进入 21 世纪以来，随着社会信息化水平的不断提高，移动通信需求出现多样化、爆炸性增长，不断涌现的各类大流量、广连接的新兴业态和应用场景，需要更高效、更全面的新一代移动通信技术。

一、5G需求多向增长,技术性能全面提升

移动通信技术发展历程

5G(5th Generation)即第五代移动通信技术,此前已经历四代技术演进:第一代移动通信(1G)是已经淘汰的模拟通信技术,由美国摩托罗拉垄断;第二代数字移动通信(2G)主要使用欧盟主导的GSM制式,少部分使用美国高通的CDMA(IS-95)制式;第三代移动通信(3G)有WCDMA、CDMA2000和TD-SCDMA三种制式,最主流的标准制式是WCDMA,中国主导开发的TD-SCDMA制式仅有中国移动等少部分运营商使用;目前已经进入规模商用阶段的第四代移动通信(4G),主要是欧美通信公司主导的FDD-LTE(A)标准和中国主导开发的TD-LTE(A)标准;国际电信联盟(ITU)计划将于2020年完成第五代移动通信全球统一标准的制定并逐步投入商用,5G已经成为全球业界研发的焦点和各通信大国竞争的主战场。

5G移动通信技术的总体愿景是"信息随心至,万物触手及",通过高接入速率、低使用时延、海量连接能力、超高流量密度,实现人与物的智能互联、信息的高速传输,从而渗透到未来社会的各个领域,构建以用户为中心的全方位信息生态系统。

5G需求及应用场景

2010年以后,我国移动数据流量出现爆炸式增长,中国信息通信研究院预计我国移动数据流量增速到2020年将达到300倍以上,到2030年将超4万倍,尤其是北京、上海等发达城市及热点地区增

速更快。移动通信的终端连接数也将出现大幅度增长，其中，目前对流量贡献最大的智能手机、平板电脑等移动终端数量在 2030 年将接近 180 亿，中国超过 30 亿；而新兴的物联网将实现从无到有并逐渐规模化的发展过程，预计 2030 年全球物联网连接数将接近 1000 亿。

除了在数据流量及终端连接方面的需求，未来多样化应用场景下的差异化性能指标要求也对 5G 带来了新的挑战。随着移动通信渗透到社会各个领域并与行业产生深度融合，5G 所提供的移动通信网络要满足各个垂直行业提出的多样化业务需求，面对不同应用场景在用户体验速率、流量密度、时延、能效和连接数方面不同的性能挑战。根据国际电信联盟定义，未来移动通信网络的主要技术应用场景包括增强型移动宽带（eMBB）、超高可靠低时延通信（uRLLC）、海量机器通信（mMTC），1G 到 4G 移动通信网络基本上只满足了增强型移

驱动因素	ITU定义	IMT-2020（5G）定义	应用场景
移动互联网	增强型移动宽带（eMBB）	连续广域覆盖场景 热点高容量场景	
移动物联网	超高可靠低时延通信（uRLLC）	低时延高可靠场景	
	海量机器通信（mMTC）	低功耗大连接场景	

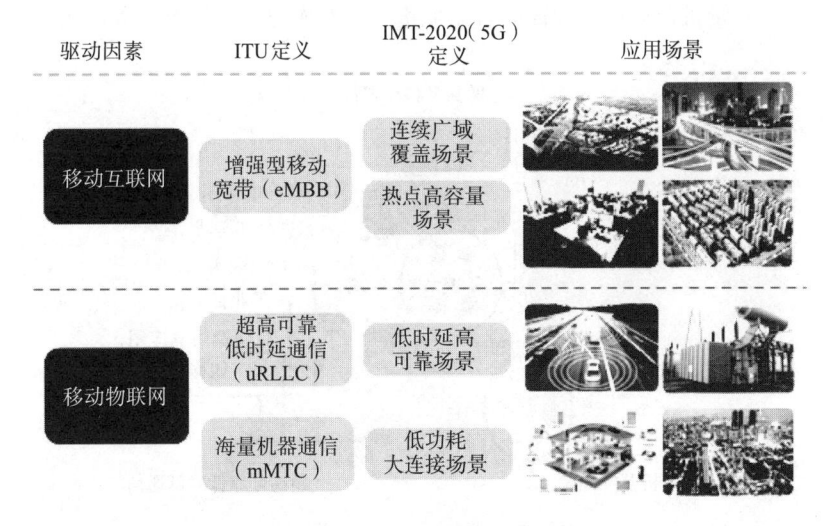

图 10-1　5G 主要驱动与应用场景

资料来源：IMT-2020（5G）推进组，工行投行研究中心。

宽带的需求，而未来移动物联网（包括车联网、工业物联网）建设所需的uRLLC和mMTC将成为5G发展的重要驱动力和技术突破点。

增强型移动宽带是传统移动通信技术的主要应用场景，但5G在前代的基础上在热点地区和连续广域覆盖方面有更高的标准：一是保证用户在高速移动（如车载、高铁）或大范围覆盖边缘（隧道、山区、林区、水域）的业务连续性和移动性，保持100Mbps（兆位/秒）以上的用户体验速度；二是在局部人群集中的热点地区（如每平方米6人以上超高用户密度的地铁、超高连接数的体育场和集会、大流量密度的办公室）提供足够的移动通信体验速率。超高可靠低时延通信主要面向车联网、工业控制等物联网及垂直行业的特殊应用需求，为用户提供毫秒级的端到端时延和接近100%的业务可靠性保证，保证物联网终端能够在统一、标准的通信网络实现即时、准确的信息传输。海量机器通信主要面向智慧城市、智慧农业、环境监测等以传感

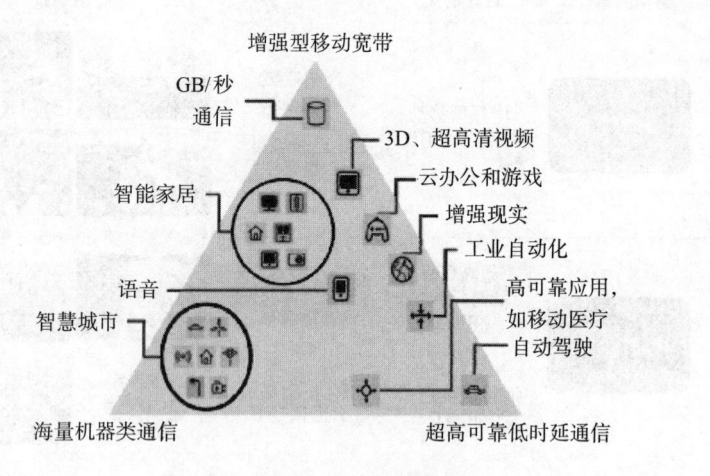

图 10-2　5G多样化应用需求

资料来源：IMT-2020（5G）推进组，工行投行研究中心。

和数据采集为目标的应用场景,具有传输数据小、连接数量多、终端功耗低、建设成本低的需求特点。因此,5G具备更强的灵活性和可扩展性,以实现差异化性能指标、满足多样化用户需求。

5G性能指标及关键技术

(1)性能指标

由于未来应用需求对新一代移动通信技术提出了更高的要求,5G的关键能力比前几代移动通信有更加丰富、全面的提升,主要体现在用户体验速率、峰值速率、流量密度、空口时延、端到端时延、移动性、连接数、能效等八大关键性能指标上。面对多样化场景下不同的性能需求,5G需要形成差异化、个性化的通信网络解决方案,

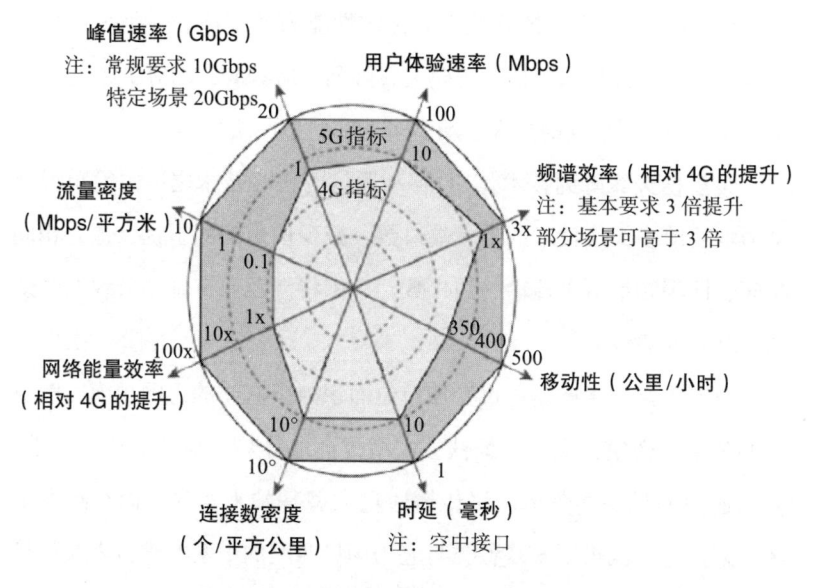

图 10-3 5G性能指标与4G参考值对比

资料来源:IMT-2020(5G)推进组,工行投行研究中心。

因此5G在性能方面有全面的提升——支持0.1~1Gbps（千兆位/秒）的用户体验速率，每平方公里100万的连接数密度，毫秒级的端到端时延，每平方公里数十Tbps（字节/秒）的流量密度。此外，5G还大幅提高了网络部署和运营效率，频谱效率提高5~15倍，能源效率（每焦耳能量所能传输的比特数）和成本效率（每单位成本所能传输的比特数）均有百倍以上的提高。

与以往几代移动通信强调峰值速率不同，5G更偏重在各技术场景的应用能力，用户体验速率是检验5G最重要的性能指标，它代表了真实网络环境下用户可获得的最低传输速率，是与用户感受最密切的性能指标。

（2）关键技术

5G概念由以用户体验速率为标志性能力的指标和一组关键技术构成，其中关键技术包括大规模天线阵列（Massive MIMO）、超密集组网（UDN）、全频谱接入、新型多址和新型网络架构。

大规模天线阵列技术是5G移动通信的核心技术之一，简单说就是增加目前多天线技术的最大端口数，减少信号间的干扰，提升相同时间、同等频谱下可传输的用户数，未来将涉及原有基站天线的改造和新基站的建设。

超密集组网主要是通过增加单位面积内小基站的组网规模，解决在办公室、密集住宅区、地铁、大型集会地等热点地区的通信需求。移动通信的长距离骨干网络传播通过大型基站来实现，而在热点地区、复杂地形区需要安装各类与应用场景匹配的小基站进行末端信号传输和终端接入，未来将涉及各类差异化、适应性小基站的研发设计和布局建设。

频谱是运营商建设通信基础设施的"土地",是不可再生的基础性资源,广播、军用通信、卫星通信、民用移动通信都需要在一定频谱范围内分配空间。根据工信部目前公布的若干频谱规划,目前我国为 5G 规划了 687MHz(兆赫)的总频率,仍存在约 800MHz 的频谱缺口,因此 5G 将会根据不同场景在 6GHz(吉赫)以下低频段和以上高频段混用,以满足频谱需求。全频谱接入技术主要是解决高、低频段下数据传输的统一性和准确性问题,在网络侧会影响毫米波技术、高频传输基站,在终端侧会影响滤波器等信号接收器件。

多址作为基础性技术,是每代移动通信技术的核心。1G 采用频分多址(FDMA),2G 主要采用时分多址(TDMA),3G 以码分多址(CDMA)为技术特征,4G 使用正交频分多址(OFDMA)技术,5G 新型多址技术的研发将是决定全球 5G 标准制定的关键环节,是目前各大电信巨头竞争的主战场,最终拥有新型多址核心技术的厂商和国家将可能成为 5G 时代的最大赢家。

5G 网络架构设计分为上层针对功能的系统设计和下层面向部署的组网设计,并最终呈现功能按需重构、平面合理划分、资源弹性供给和组网灵活部署的全新架构特征,典型服务能力包括:网络切片(软件定义型网络、网络功能虚拟化、云化等)、移动边缘计算(MEC)、网络能力开放、按需重构的移动网络和以用户为中心的无线接入网。

二、我国推进 5G 意愿强烈,全球发展均超预期

自 20 世纪 80 年代以来,移动通信每 10 年就会出现新一代革命

性技术，推动信息通信技术、产业的革新，为经济社会发展注入强劲动力。4G影响生活，5G改变社会。第五代移动通信以全新的网络架构、关键技术，提供超高传输速率、毫米级传输时延和千亿级连接能力，开启万物广泛互联、人机深度交互的新时代，对社会的影响力将远超前几代移动通信技术。

国家重视5G建设，产业进步助推经济转型

对于国家而言，5G作为通用性、基础性技术，是全面构筑经济社会数字化转型的关键基础设施、推动国家经济发展的新动力。在5G研发建设期占据领先位置的国家，将在全球新经济发展中取得竞争优势。对于通信厂商而言，掌握5G技术等于拿到了未来通信市场竞争的入场券，行业技术壁垒的提高将加深研发驱动型厂商的护城河，大厂商的市场地位将越发稳固，5G研发建设期的技术竞争将在很大程度上决定未来通信行业的市场格局。因此，各国政府及通信厂商均在目前5G研发关键窗口期表现出巨大的热情和动力，具体体现在5G的政策支持、资金投入等方面。我国在通信技术领域经历了1G空白、2G跟随、3G突破、4G同步的历程，有望在5G的研发建设上引领世界。

（1）国际通信标准竞争

移动通信行业最显著的特征就是技术标准与产业发展息息相关，在标准制定上有话语权的国家必然会带动本国产业发展。回顾前几代移动通信的发展历程，欧美等信息技术大国之间通信标准的竞争异常激烈。

1G模拟信号时代，美国摩托罗拉基本垄断了所有技术标准，在移动通信前期占据了全球绝大多数市场份额，成为1G时代最大赢家。

2G进入数字通信时代，欧盟建立统一通信标准研究组推出GSM制式，美国推出TDMA和CDMA制式的时间较晚。1991年，欧洲通信厂商爱立信和诺基亚率先架设GSM网络，在数年内建立国际漫游标准和全球覆盖基站，在标准竞争中取得领先。欧洲在2G通信标准中的胜利直接导致以摩托罗拉为代表的美国通信产业整体衰落，爱立信和诺基亚等欧洲通信厂商兴起。这一时期中国的通信技术较弱，还处在简单模仿阶段，无法提供一套完整的通信解决方案，主要依靠欧美厂商提供技术支持。

3G时代来临之前，美国高通就提前布局了具备明显技术优势的CDMA2000，并构建起一个以CDMA技术为核心的专利防火墙。欧洲主导研发的WCDMA和中国主导的TD-CDMA都因使用高通CDMA底层技术而缴纳了巨额的专利费。美国的通信标准优势使得美国通信相关产业在4G时代全面崛起，以高通、英特尔为代表的芯片厂商，以苹果、谷歌为代表的终端厂商都在全球范围内获取了巨额利润。中国移动使用的自主研发的TD技术较为落后，从产业链到市场都遇到了重重困难，但TD技术的应用为我国通信技术提供了宝贵的经验积累。由于美国高通在3G标准中巨额的专利费用，欧洲通信标准组织3GPP（第三代合作伙伴计划）联合其他电信巨头研制了LTE-Advanced技术作为4G核心标准，成为现在最常用的4G制式之一。同时，中国通信技术在4G时代取得长足的发展，我国主导的TD-LTE技术与欧美FDD-LTE技术并驾齐驱，甚至存在一定的技术优势，但由于建设起步较晚，在网络使用覆盖面上落后于FDD。但TD-LTE核心的长码和短码编码中大部分仍使用国外技术，核心技术领域仍存在国产困境。

总体而言,通信标准之争的背后是国与国、联盟之间综合国力、行业实力的竞争。一个国家在通信标准中的话语权意味着在全球通信行业中的话语权和在产业链中具有先发优势,失败者不仅要缴纳巨额的专利费,也会丧失整个通信产业发展的主动权。通信产业作为国家战略产业,辐射范围极广,能影响整个国家的经济发展态势。

(2)建设通信产业强国

目前,我国通信产业在总量上已经成为全球第一,通信厂商营业收入位居全球第一梯队,手机终端出货量达全球第一,但距通信强国还有一定距离,通信技术专利刚有所突破,逐渐追上欧美国家水平,手机终端生产仍需支付巨额专利费,利润被高通等欧美厂商分走大半。

全球性通信主设备集成商在经历多次重组、并购和转型后,目前缩减至4家:中国的华为、中兴和欧洲的爱立信、诺基亚。自2013年华为成为全球第一大设备商后逐渐与其他三家拉开收入差距,2016年华为收入700多亿美元,中兴在2017年上半年保持13%的增长率达到150亿美元,爱立信和诺基亚都出现营业收入的持续负增长,仅有不到300亿美元。虽然中国设备商在市场份额和整体收入上已经领先欧美厂商,但在技术领域仍存在一定差距。1G、2G、3G时代的重要专利技术几乎被美国高通和欧洲爱立信垄断,中国处于落后和跟随的状态,中国厂商海外业务多次遭到侵权控告或禁运制裁。4G阶段我国通信厂商逐渐达到欧美水平,华为、中兴、大唐的LTE专利总数分列全球第三、第七和第十位,但在与通信标准有关的核心技术领域仍处于劣势。

由于我国在通信技术方面的落后,尤其是通信标准的巨大劣势,每年我国销售的手机终端需要向专利所有者支付巨额专利费。2017年第二季度,我国手机品牌终端出货量已占全球的48%,但其中大部分利润都贡献给了欧美通信标准所有者。例如按照高通的专利授权许可协议,以设备整机销售净价的65%为基础,收取3.5%或5%的专利费。据估算,2016年,高通在中国仅专利费收入就达到了46亿美元,占高通全球收入的60%以上。

我国的通信行业在1G、2G、3G、4G经历了空白、落后、跟随、同步的发展路径后,逐步成为通信大国,有望在5G时代实现赶超,成为通信强国。我国在2013年2月由工信部、发改委、科技部牵头,组织通信厂商成立IMT-2020(5G)推进组,以推动5G技术产学研用链条化研究与发展。国务院的"十三五"战略性新兴产业发展规划中,信息通信产业规划产值最高,有望在未来成为拉动国家经济发展的主导产业,推进5G研发、试验成为信息通信产业升级发展的主要抓手。在国家"一带一路"倡议中,以5G为核心的通信产业是除高铁、核电以外另一个有望代表国家"走出去"的支柱性产业。在海外市场竞争中拥有自己的核心专利技术才能不受制于人。

(3)推动我国数字经济转型

当前,世界经济正向以网络信息技术产业为核心的经济活动加速转变,数字经济将成为继农业经济、工业经济后新的经济社会发展形态,日益成为全球经济发展的新动能。数字经济以数字化的知识和信息作为关键生产要素、以现代信息网络作为重要载体、以信息通信技术作为效率提升和经济结构优化的重要推动力。习近平总书记多次强调数字经济的重要性,指出,我国应当把握全球经济转型的历史契机,以信息化培育新动能,用新动能推动新发展,加大投入,加强信息基础设施建设，推动互联网和实体经济深度融合，加快传统产业数字化、智能化，做大做强数字经济，拓展经济发展新空间。

数字经济中，数据信息是核心生产要素，数字基础设施将成为经济活动的重要载体。5G作为未来移动通信网络的核心技术，是数字基础设施的重要组成部分，是推动我国数字经济发展进步的关键因素。据中国信息通信研究院测算，到2030年，在直接贡献方面，5G将带动总产出6.3万亿元、经济增加值2.9万亿元和新增就业800万个；在间接贡献方面，5G将带动的总产出、经济增加值、就业机会分别为10.6万亿元、3.6万亿元和1150万个。

目前，数字经济的主要驱动力是移动互联网、大数据、云计算、物联网、人工智能等信息技术的突破和融合，而5G移动通信网络的建设是以上各项技术成熟、进入实用阶段的基础性条件。5G正处于技术标准形成和产业化培育的关键时期，世界各国在国家数字化战略中均把5G作为优先发展领域。在历史性的重要机遇期，我国应加大统筹推进力度，加快5G产业化进程，营造产业生态环境，深化各领域融合应用，塑造5G竞争新优势，从而带动我国向数字经济转型，为经济社会发展注入新动力。

中国5G有望引领世界，全球进入商用倒计时

移动通信技术需要在全球范围使用，因此移动通信网络要形成全球性的通信标准。3G时代三个通信标准竞争的局面对全球移动通信网络建设造成极为不利的影响，目前业界普遍认为5G应该在全球范围内制定一个统一的标准，以减少不必要的竞争和重复性建设。目前，5G网络的标准制定工作由国际电信联盟进行全球组织和协调，并最后确定全球5G通信标准。按照国际电信联盟的规划，2019年6月将完成5G标准的初步技术文档，2020年10月完成最终技术规范，5G网络具备商用能力。

3GPP是全球权威的无线通信技术规范机构，集合了美国、日本、韩国等全球最重要的通信组织及企业，负责5G标准技术层面的具体研发、推进工作。3GPP根据国际电信联盟规划制定了自身技术时间表，初步规划于2018年6月完成第一版5G标准，2019年12月完成5G最终标准。为了满足美、日、韩等运营商的需求，3GPP的第一版标准已提前半年至2017年12月完成。根据全球移动供应商协会发布的数据，全球有41个国家或地区的81家运营商正在对潜在的5G关键技术进行试验、测试与展示。

（1）中国5G规划按期展开，华为、中兴引领行业标准

2013年2月，我国由工信部、发改委、科技部联合建立了IMT-2020（5G）推进组，负责5G标准的研究与制定。IMT-2020（5G）推进组陆续提出了5G技术指标、无线技术路线、空口技术架构等方案，得到国际电信联盟及全球业界的广泛认同，成为全球5G推进的主要力量。

根据3GPP总体规划，IMT-2020（5G）推进组提出我国5G试验的时间表，主要分两步实施：第一步，技术研发试验（2015—2018年）由中国信息通信研究院牵头组织，运营商、设备商及科研机构共同参与；第二步，产品研发试验（2018—2020年）由国内运营商牵头组织，设备商及科研机构共同参与。技术研发试验分为三个阶段：一是关键技术验证（2015.09—2016.09），进行单点关键技术样机性能测试；二是技术方案验证（2016.06—2017.09），融合多种关键技

术,开展单基站性能测试;三是系统验证(2017.06—2018.10),开展5G系统的组网技术性能测试和5G典型业务演示。目前,我国已完成前两个阶段的试验,正式进入5G系统验证阶段。

在第一阶段关键技术验证中,华为和中兴的测试完成程度最高,具备较强的技术实力。在2016年11月3GPP会议中,华为主推的极化码(Polar码)方案,在美国主推的LDPC(低密度奇偶校验码)方案和法国主推的Turbo 2.0方案的竞争下脱颖而出,成为5G三大场景之一的增强型移动宽带场景短码控制信道编码方案。编码与调制是无线通信技术中最核心的部分,被誉为通信技术的皇冠,华为Polar码的胜出标志着我国在5G标准制定上进入一线梯队,可与欧美进行直接竞争。2017年4月,中兴通讯作为5G全球技术和标准研究活动的主要参与者和贡献者,被选为3GPP 5G新空口协议标准主编,说明我国厂商在5G通信标准领域已拥有一定的技术实力。

2017年9月,IMT-2020(5G)推进组公布了第二阶段技术方案验证测试的结果。这一阶段测试主要在北京怀柔区进行外场测验,建设30个基站用以完成面向解决方案(单站测试)的测试工作。华为、中兴、大唐、爱立信、诺基亚贝尔5家系统厂家,联发科技、展讯、英特尔3家芯片厂家,以及是德科技、罗德与施瓦茨、大唐联仪3家仪表厂家参与。目前尚未公布测试中各个厂商的具体表现情况,但华为、中兴在测试进度中领先其他系统厂商。第二阶段技术测试结果表明,利用现有5G新空口的关键技术和方案设计,可全面满足国际电信联盟所确定的5G性能指标需求,增强了业界对于5G按期商用的信心。第三阶段的组网测试将以3GPP第一版标准为依据,测试面向预商用和商用的设备系统,验证组网性能,构建一体化室内外测试环境和5G典型场景下的业务演示环境。预计2018年第一季度完成测试规范制定，第二季度至年底完成测试。

在通信主设备商方面，华为与中兴是全球5G推进计划中的重要开发力量，均积累了较强的技术实力。未来预计华为将继续稳固自己世界第一大通信主设备商的地位，而中兴作为全球5G研发先行者，有望在5G时代实现突破，提高自身的市场地位。

在电信运营商方面，目前处在5G技术标准制定和技术研发的窗口期的开发投入、经营规划将直接决定下一代通信技术时代的运营商市场格局。在我国三大运营商中，中国移动的投入力度较大，领先于其他两家，较为深入地参加了北京怀柔外场组网测试。2017年5月，中国移动确定了首批5G试验网城市（广州、上海、苏州、宁波），计划于2018年在多个城市试用，建设20个站点，实现预商用，而中国电信、中国联通的预商用网络建设时点均为2019年。由于雄厚的资金实力和明确的发展规划，预计中国移动于2018年进行的5G预商用网络试点建设会作为2020年正式商用建设的提前布局，建设规模将超过计划预期，大概率成为我国最早建成5G全网覆盖的运营商。中国电信在5G重要应用物联网领域发力较早，现已建成全国NB-IoT（窄带物联网）网络，在武汉、鹰潭等地已经开展了物联网技术的落地应用，于2017年10月开启被业内称为"宇宙第一标"的50万台NB-IoT模组招标，在物联网领域具有明显的先发优势。中国联通在5G推进方面表现较弱，目前大多数5G核心技术还处在规划和初步研发阶段，在三大运营商中处于劣势。但中国联通通过混改引入了数百亿元资金，并有腾讯、百度、阿里巴巴等互联网公司作为战略投资者，有助于缓解5G投资压力、增强技术实力。中国联通在

5G时代还存在后来居上的机会。

（2）欧美通信技术实力雄厚，国际赛事推动日韩发展

全球主要通信强国都在积极推动5G技术研发，以期在5G标准竞争中取得优势。其中，美国和欧洲作为传统通信强国和地区，在技术积累和实用经验方面具备显著优势；2018年韩国平昌冬奥会、2020年日本东京奥运会，两大国际赛事对高速无线连接的需求极大地推动了日韩两国的5G发展速度。

美国是最早进行5G规划的国家，2016年7月，美国联邦通信委员会就为5G网络分配了频谱资源。美国第一大运营商威瑞森（Verizon）在2016年6月在全球率先发布了5G空口的物理层标准规范，2017年上半年已经在8个城市启动5G固定无线宽带试商用，这一速度远远领先全行业。美国电话电报公司（AT&T）计划于2019年实现5G商用，现已推出首例基于毫米波技术的高频5G商用客户试验服务，其5G战略集中于移动视频娱乐及物联网领域。T-Mobile（一家跨国移动电话运营商）计划在2019年推出5G，在2020年完成全国构架。在3GPP会议上，高通主导的LDPC码获得了增强型移动宽带场景的长码全部信道和短码数据信道，中国华为Polar码仅获得短码控制信道。因此，美国对于5G通信标准的重视程度和所拥有的雄厚技术实力，将成为中国在5G通信标准竞争中最主要的对手。

欧盟在2016年9月公布5G行动计划，决定发展使用694~790Mhz频率区段的5G技术，2018年开始预商用测试，每个成员国至少确定一个主要城市在2020年可以实现5G商用，2025年完成5G无缝覆盖。与其他国家不同，欧洲5G聚焦于以车联网、物联

网为代表的垂直行业，对连接时延、准确率的要求更高，因此欧洲5G商用略微落后于其他国家。欧洲有较强的5G技术积累，但由于国家之间的合作问题，未来通信标准竞争中将落后于中国和美国。

日本计划在2020年东京奥运会前部署4.4~4.9GHz的5G商用系统，提供热点覆盖，2023年将5G商用范围扩大至全国，5G总投资规模达457亿美元。日本电信运营商KDDI研究部总裁在新加坡5G Asia峰会上透露，日本将于2018年年底发放5G频率牌照。韩国拥有全球最高的LTE普及率，早在2014年就确定了5G发展总体规划，目标是让韩国成为引领世界的5G通信强国。以韩国电信公司（KT）为首的通信厂商与爱立信开展合作，从2016年起在多个冬奥会场馆进行了5G网络测试，2017年4月已进入5G试验网的最后测试阶段，2018年2月将正式提供5G服务。日韩两国虽然推动5G的意愿强烈，且发展速度较快，但限于技术实力、投资规模、市场体量等问题，在通信标准竞争中的参与度较低。

三、通信产业链需求转移，新技术助推行业发展

5G作为真正意义上的移动融合网络，与前几代移动通信技术有本质的不同，用户对于差异化、多场景通信需求的增加，使5G成为由多项差异化技术构成的系统级移动通信解决方案，而不是前几代以高速率单一技术为基础的移动网络。因此，未来5G网络的开发与建设对整体产业链带来的影响将与前几代有明显的不同。传统通信产业链上下游企业的大部分投资增量都来自运营商的资本开支，5G建设中来自国家支持的更大规模的投资增量将有力支撑通信产业链更长期

的持续发展，新应用的核心技术将通过影响运营商建网需求来改变产业链发展的重心。

表10-1 通信产业链总览

网络规划	无线主设备	传输/网络	终端设备	下游应用
	核心网/BBU/RRU	光纤 光缆	终端制造（消费电子终端）	物联网、工业物联网、车联网（模块、平台、系统集成）
	光模块/光器件	系统集成	芯片	虚拟现实（内容应用、交互系统）
	射频器件	IT支持（SDN/NPV、网络优化）	射频模块（滤波器、信号屏蔽）	高清视频
	基站天线	增值服务	材料（外壳、屏蔽）	云计算/数据库
	小基站			
运营商				

资料来源：工行投行研究中心。

5G网络建设中，传统的基础传输网产业光纤光缆、光模块等将在5G启动前受到需求拉动，在建设初期呈现持续性发展。但相对来说，传统市场竞争较为充分、市场格局稳定、利润空间有限，整体产业弹性较小，产业发展轨迹与前几代移动通信网络建设过程类似。而基站侧和终端侧受5G新技术影响，产业格局存在较大不确定性，整体市场前景和企业发展空间存在诸多看点。此外，更具备网络属性、能适应不同场景的5G网络的建成，将从根本上推动以车联网、工业物联网为代表的物联网产业，以虚拟现实、高清视频为代表的下游内容产业将获得迅速发展。

5G总投资规模远超4G，呈渐进式投资节奏

  5G技术与前几代移动通信技术所应用的关键技术有明显区别，很难单纯通过现有网络的改造实现技术升级。以目前技术方向及国家、业界意愿来看，我国大概率会在保留现有2G~4G移动通信网络的基础上，重新建设适用于5G的通信基础设施。5G核心技术中大规模阵列天线和小基站与4G完全不同，需要投入大量资金进行建设布局。3G自2007年试验网至今10年间累计投资5685亿元，4G自2012年试验网至今5年间累计投资7155亿元，增长25.85%。5G在技术层面需要应用大量新技术、在产业层面受到国家大力支持，预计总投资规模会有更大幅度的增加。

  移动通信技术更迭的特点决定了新技术应用比旧技术更加迅速。全球4G从2012年进入快速发展期，4G用户超过1亿人仅用了三年，是2G和3G发展时间的一半，用户渗透速度明显加快。新技术的普及加速一方面是因为社会信息化水平提高，社会对移动通信新技术的需求提高，大众对新技术的接受能力也有所提升；另一方面是移动通信用户渗透率大幅提高，原有用户的需求升级为新技术普及提供了便利。这使得新一代移动通信网络能够在建成后迅速取得盈利，提高运营商在短期内快速投资建网的积极性。而新技术在原有移动用户中的迅速渗透，也增加了运营商尽快建成通信网络的紧迫性，否则将在市场竞争中处于劣势。3G运营商年均投资569亿元，4G运营商年均投资1193亿元，增长近2倍，移动通信投资集中度明显加强，投资高峰的周期明显缩短。

  我们判断运营商开始建设5G商用网络后，总投资规模将有大幅

度增加，投资周期也比较集中，年均投资将明显高于4G。目前，规模商用的4G网络已经满足了人们的基本通信需求，5G的主要替代优势体现在，低时延、高可靠网络满足车联网、工业物联网的需求，而二者实际应用的成熟落地需要一定时间，5G投资整体上将出现前松后紧的渐进式节奏。因此，通信产业链相关企业业绩兑现时间相对后延，但整体高峰期较为集中，业绩会出现较大幅度上扬，核心技术企业利润大概率长期维持高位。

基站侧：基站天线持续性增长，小基站需求迎来爆发

广义的基站是指在移动通信交换中心和移动终端之间进行信息传递的无线电收发信电台，主要包括狭义基站台的基带处理单元、射频处理单元、天馈系统，以及用于信号传输尾端进行区域补盲的小基站。

天馈系统的主要组成部分是基站天线，作为基站设备与终端用户之间的信息能量转换器，基站天线的性能好坏将直接影响移动通信的质量。2G~4G基站天线都具有各自特定的工作频段，一般最多覆盖三个工作制式，因此5G网络建设过程中基站天线一定会新建。未来5G网络覆盖广度和深度要求更高，应用场景更细分，基站天线将会向智能化、定制化方向发展。5G多频谱接入和大规模天线阵列技术的发展，也对基站天线设计提出更复杂、更系统的要求。业界普遍认为，基站天线在5G系统上的信号处理问题将成为5G发展的瓶颈之一。天线技术要求的大幅度提高会引发市场竞争格局的变动，拥有核心技术的基站天线企业将占据有利位置；而天线设计难度的提高也将赋予基站天线更高的附加值，提升天线企业利润。由于基站天线建设周期长的行业特点，基站天线产业未来不会出现爆发式增长，但能够在较长周期内保持持续性增长，技术型企业能够在激烈的市场竞争中脱颖而出，获取超出行业平均水平的利润。

小基站是产品形态、发射功率和覆盖范围都小于传统宏基站的基站设备，一般覆盖范围在10~200米。由于5G高频段基站的单站覆盖范围半径更短、信号穿墙效果更差，未来5G网络的无缝深度覆盖将更依赖小基站的部署，以填补无线信号盲区。多样化的小基站外形能够根据使用场所灵活布设，相对功耗低、成本低的特点也更适应5G多场景应用的特点。3G、4G网络生命周期较短，缺乏小基站建设的时间窗口期，需要在5G时代进行大量新增建设。在5G骨干网络建设的中后期，小基站产业有可能迎来较长时期的大幅度增长。

终端侧：消费电子受益5G发展，全产业面临创新挑战

通信产业链中终端侧是相对不依赖于运营商资本开支的环节，尤其在消费电子领域，庞大的全球消费市场和较短的创新周期容易诞生独角兽企业。在3G至4G的迭代过程中，移动通信性能的增强产生了以苹果为代表的消费电子终端巨头，也带动了上游电子产业出现了一大批优秀企业。5G对消费电子终端产品的影响，主要是高频段信号传输提高了对终端信号处理系统的要求，射频前端模组（如天线、滤波器）、配套原材料及器件（如外壳、信号屏蔽处理器）是其中的关键环节。目前大多数核心器件技术由日本、欧美厂商掌握，国内厂商技术实力相对薄弱，5G发展对国内消费电子市场的刺激有可能带动国内相关厂商的技术研发。

射频前端模组中核心配件滤波器主要作用是将发射和接收信号相

隔离，保证信号收发的正常工作，4G手机中安装的滤波器数量达30余个，5G手机可能会需要更多数量的滤波器元件。目前滤波器生产主要由日本和欧美垄断，日本厂商生产较低端的SAW器件，较高端的BAW器件技术掌握在欧美厂商手中。国内厂商在短时间内实现技术突破的可能性不大，可能实现部分小品牌国产手机中SAW器件的替代。

目前超过90%的手机采用金属外壳，但5G高频通信的毫米波受金属干扰严重，终端天线需要与金属保持一定净空以保证信号传输，未来5G手机设计将逐渐放弃金属外壳。现阶段金属外壳替代品是陶瓷和玻璃，但二者还存在一定技术问题，难以大规模应用。陶瓷外壳的加工成本高、散热性差，玻璃外壳易碎、不耐磨损，能够解决以上应用难题的企业将在未来市场竞争中占据主动。

新兴产业：物联网时代即将到来，内容行业奠定发展基础

5G移动通信网络在增强型移动宽带、超高可靠低时延通信、海量机器通信三大技术场景的应用，相对前一代4G网络有本质的提高，5G网络的建成将推动一批新兴产业的诞生与进步。

在物联网产业方面，5G能够满足低速物联网对于功耗、连接数的要求，也能达到车联网和工业物联网等高速物联网在传输时延、准确性方面的标准，从而对物联网产业产生实质性的促进和推动。信息技术下游的文化内容产业，如VR、AR应用，面临实时画面传输、移动中提供高清成像、传输时延等问题，高清视频娱乐内容直播也需要高速率无线传输网络的支持，5G网络的建设将是下游内容产业进一步发展的重要基础。同时，物联网、内容行业发展带来的数据流量爆发式增长也会促进5G网络的升级建设。

第十一章

先进制造：全球机器人迎来快速发展期

一、全球工业机器人增速屡创新高

工业机器人增速超预期，亚洲领跑全球

根据国际标准化组织（ISO）的定义，机器人是指具有一定程度的自主能力，可在其环境内运动以执行预期任务的可编程执行机构。国际上一般把机器人分为工业机器人和服务机器人，工业机器人指的是自动控制的、可重复编程、多用途的操作机，可对三个或三个以上轴进行编程，它可以是固定式，也可以是移动式，并在工业自动化中使用。服务机器人定义为除工业自动化应用外，能为人类或设备完成有用任务的机器人，进一步划分为特种机器人、公共服务机器人以及个人或家用服务机器人三类。本文主要介绍工业机器人。

随着工业自动化需求的持续增长，各个国家和地区对工业机器人的需求一直保持高速增长，这个趋势也预示着全球自动化水平逐年提高。根据国际机器人联合会（IFR）的统计，2011—2016年，工业机器人销量年均增速为12%。2016年，机器人销量增速为16%，总销量为29.4万台，大幅度超越市场预期。其中汽车行业工业机器人销量增加6%，约占全球工业机器人总销量的35%；电子行业占比达31%，主要客户集中在中国、日本、韩国等亚洲地区。值得注意的是，亚洲地区为工业机器人主要销售目的地，2016年，全球销往亚洲地区的工业机器人超过19万台，增长19%；欧洲地区排名第二，为5.6万台，增长12%；美国位列第三，总计为4.13万台，增长8%。从国别来看，中国、韩国、日本、美国和德国为工业机器人五大主要市场，自2013年以来，中国已经成为全球最大的工业机器人消费市场，2016年，中国工业机器人的市场份额达30%，同比增长3%。国际机器人联合会预测，2017年，美国机器人销量增速达16%，欧洲为8%，亚洲地区则高达21%。

除2009年和2012年出现小幅下降以外，全球工业机器人销量保持稳定增长。2016年全球工业机器人销量增速为15.7%，预计2017年销量增长率为17.7%。同时，2018—2020年将迎来工业机器人高速增长的时代。这种高增长趋势主要归因于全球自动化浪潮的持续推进。以自动化需求最高的汽车行业为例，自2009年以后，汽车行业迎来了快速发展时期，与汽车相关的工业机器人应用迎来发展高潮。据不完全统计，工业机器人在汽车行业中的应用占比为：弧焊占

16%、点焊占15%、物料搬运占13%、装配占22%、喷漆占3%、铸造占3%、冲压占3%、上料卸料占15%，码垛、检测、研磨抛光和激光加工等复杂作业占14%。此外，电子行业近年来发展迅速，对工业机器人需求较大。同时，综合人力成本、安全性等因素，工业机器人在钢铁、矿山等传统劳动密集型行业中的布局明显加快。

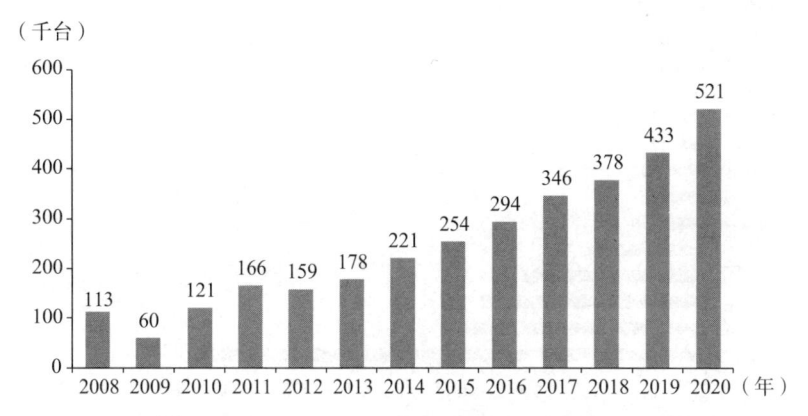

图11-1 2008—2020年全球工业机器人销量汇总及预测

资料来源：IFR，工行投行研究中心。

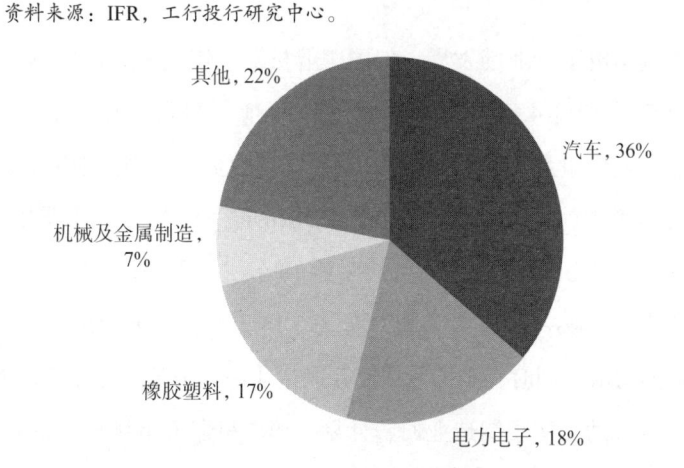

图11-2 工业机器人应用领域分布

资料来源：工行投行研究中心。

据统计，2016年，中国、韩国、日本、美国和德国5个国家的工业机器人销售量占全球工业机器人总销量的74%，其中，中国表现较为突出，机器人销量保持领先地位，在全球工业机器人总销量中占比30%，数量达8.7万台，接近欧洲和美国的销量总和（9.73万台）。

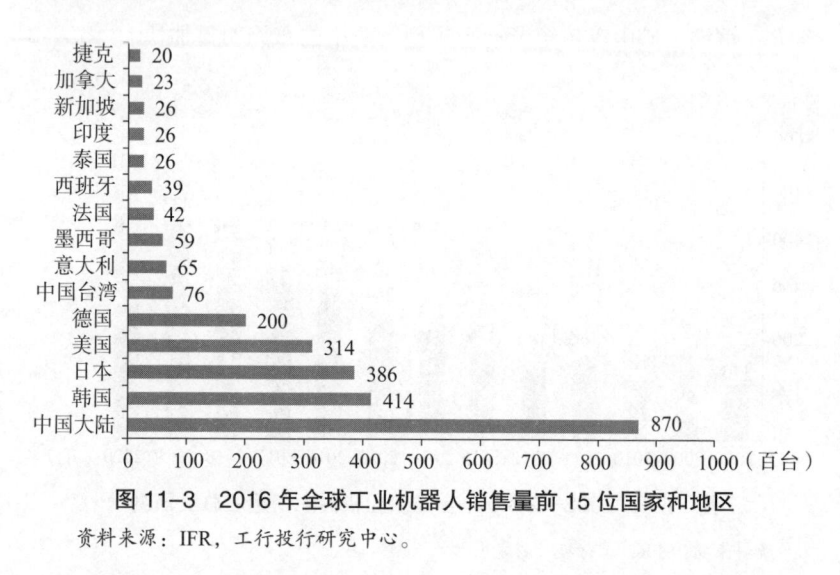

国家/地区	销量（百台）
捷克	20
加拿大	23
新加坡	26
印度	26
泰国	26
西班牙	39
法国	42
墨西哥	59
意大利	65
中国台湾	76
德国	200
美国	314
日本	386
韩国	414
中国大陆	870

图11-3 2016年全球工业机器人销售量前15位国家和地区

资料来源：IFR，工行投行研究中心。

得益于电子产业的发展，韩国工业机器人销量位居世界第二位，2016年销量达到4.14万台，年增长率为8%。值得注意的是，韩国的机器人密度世界最高，根据2016年统计数据，就制造业而言，每万名劳动者中就拥有630台机器人。2016年，日本工业机器人销量创造新高，达3.86万台，年增长率为10%。美国工业机器人装机量年增长率为14%，2016年装机总量为3.14万台，主要原因同样是对自动化的需求，同时，美国希望能让制造业回归美国，工业机器人的高速发展有助于实现制造业回归计划。德国机器人市场排名第五位，目前也是欧洲最大的机器人市场。在欧洲，德国工业机器人2016年的供应量和库存量分别占比36%和41%，2016年销量小幅上升至

2万台，2015年销量为1.9万台。

从全球范围来看，工业机器人知名企业主要分布在日本、欧洲和美国，具体见表11-1。

表11-1 细分领域项目下工业机器人知名企业

细分领域		全球知名企业
零部件	控制系统	ABB、库卡、发那科、安川、松下、那智不二越、三菱、贝加莱、KEBA、倍福等
	伺服电机	博世力士乐、发那科、安川、松下、三菱、三洋、西门子、贝加莱、施耐德等
	减速器	哈默纳科、纳博特斯克、住友、赛劲、SPINEA等
机器人整机		ABB、库卡、发那科、安川、欧地希、松下、神钢、川崎重工、那智不二越、现代重工、徕斯、柯马、爱德普、爱普生等
系统集成		ABB、库卡、发那科、安川、松下、神钢、柯马、杜尔、REIS、克鲁斯、德玛泰克、埃森曼、IGM、欧地希、优尼、爱德普、爱普生等

资料来源：Wind，工行投行研究中心。

发达国家已步入协作机器人发展快轨

近年来，欧、美、日等发达国家和地区都在协作机器人产业上重点布局，相关产业政策也重点放在"协作"上。与传统单一操作机器人不同，协作机器人强调人机交互、机机交互，能够最大限度发挥人类和机器人的优势、提高生产效率并减少生产环节，但对工业机器人软硬件水平都提出了较高挑战。

近几年，美国工业机器人销量均保持两位数的增长，尤其是从2010年金融危机之后发展速度不断上升。2016年，美国工业机器人销售量达到了3.14万台，比2015年增加了14%，预计2017年销量将超过4万台，销售总额或突破10亿美元。美国是自动化程度较高的国家，自动化也是工业机器人发展的主要驱动力量，约70%的工业机器人应用于自动化生产车间，同时在金属、塑料、橡胶、喷涂等领域的应用持续上升。美国工业机器人的迅猛发展离不开政策的大力支持。2011年，美国政府推出了"国家机器人计划"（National Robotics Initiative，NRI），重点是如何让协作型机器人与人类伙伴建立共生关系；2016年年底，在基本完成国家机器人计划设立的目标后，美国政府启动了"国家机器人计划（NRI-2.0）"，美国国家科学基金会（NSF）计划每年向NRI-2.0投入3000万~4500万美元。与2011年计划不同的是，NRI-2.0的目标侧重于协作机器人协作、交互、可扩展性、实际体现、降低准入门槛等，希望在更复杂的系统应用中仍然具备可靠性。因此，协作机器人是美国机器人未来发展的方向。

欧盟也是工业机器人发展的重地，根据Technavio（国际知名咨询公司）预测，到2020年，欧盟工业机器人市场复合年增长率将稳定在8%，欧盟已经在多个场合应用工业机器人，主要应用于执行重复和危险性工作。按用途导向进行分类，到2020年，物料搬运将占欧洲工业机器人的最大市场份额，达到47%，其余为装卸、焊接、上漆等；按用户导向进行分类，作为欧盟最大的产业支柱，汽车行业工业机器人市场份额占比达到37%，其余为食品饮料、工业机械、电工电子等。同时，预计到2018年，200家全球领先的电子商务公司将会有超过45%的企业在订单执行、仓储和运送业务中使用机器人系统。近年来，欧盟提出了多项促进制造业发展的国家战略，"地平线2020"（Horizon 2020）是欧盟的第8个科研框架计划，总预算达770亿欧元。与美国协作机器人出发点相同，欧盟提出了合作机器人系统，并明确合作机器人是为在特定协作空间内能与人进行直接交互而设计，并要在人机协作方面取得重大突破。

日本代表着工业机器人发展的制高点。随着近年来日本社会出生率下降、人口老龄化加重、育龄人口减缩等社会问题对经济发展的负面影响越来越显著，机器人技术受到了普遍关注。在全球工业机器人四大家族中，日本发那科、安川占有两席，除此之外，日本还拥有川崎重工、那智不二越等众多知名工业机器人企业。2015年1月，日本经济产业省编制了《日本机器人战略：愿景、战略、行动计划》（即《机器人新战略》），该战略指出，基于机器人的全球趋势与日本所处现状，只有创新机器人技术、推广机器人应用，才是日本解决社会问题的一个有效手段。该战略提出三大核心目标：世界机器人创新基地，世界第一的机器人应用国家，迈向世界领先的机器人新时代。到2020年，日本要最大限度应用各种政策，扩大机器人研发投资，推进1000亿日元规模的机器人扶持项目，并将机器人应用领域分为制造业、服务业、医疗护理、公共建设四大部分，机器人在服务业与医疗护理中的应用将占较大市场份额。

二、我国工业机器人近五年保持约20%增速

我国工业机器人产业规模和销量双增长

据统计，2016年，我国机器人产业规模首次突破50亿美元，预计2017年将达到62.8亿美元，近五年规模增速基本保持在20%以上。在工业机器人领域，2017年上半年生产5.9万台，同比增长

52%，占全球工业机器人市场比例将从25%提升到30%以上。以我国现有的工业体量计算，目前我国工业机器人的发展水平与我国未来制造业发展高度不相容，但可以预计的是，未来几年，制造业自动化水平将会迅速提高，甚至钢铁、能源等传统制造业会出现高度自动化的生产线，按照现在的发展水平，预计5年后我国工业机器人质和量都将会回到应有的地位，机器人密度也会大幅度提升。以北京市为例，2020年，北京市机器人产业收入预计达到120亿~150亿元；2025年，北京机器人产业收入将达600亿元左右。再比如，在珠三角地区，使用工业机器人的年均增长速度已达到30%。我国自主品牌机器人生产企业主要分布在：以上海、苏州、南京等为中心的长三角经济圈，以广州、深圳、东莞为中心的珠三角经济圈，以北京、天津、青岛为中心的环渤海经济圈，以沈阳、哈尔滨为中心的东北地区，以及重庆、长沙、武汉、芜湖等为代表的中西部地区。

表11-2 我国主要机器人制造企业地区分布

地区	城市	主要企业名称
东北地区	沈阳	智能机器人国家研究院、新松、沈阳自动化所等
	哈尔滨	哈工大机器人、哈尔滨博实自动化等
环渤海地区	北京	时代科技、华巍中兴电气、大富配天（北京）研究院、拓博尔、康力优蓝、纳恩博（北京）、华航唯实、兰光创新等
	青岛	科捷、宝佳、华东工程机械、诺力达、海山海洋装备、创想等
	大连	智云自动化等
	唐山	唐山开元等
	天津	辰星自动化、纳恩博（天津）、天瑞博科技、深之蓝（水下机器人）等

（续表）

地区	城市	主要企业名称
长三角地区	上海	明匠智能、沃迪、新时达、欢颜自动化、未来伙伴、好小子、至臻等
	常州	铭赛、远量、汉迪、纳恩博（常州）等
	南京	埃斯顿等
	南通	振康等
	苏州	汇川、汇博、科沃斯、绿的、华恒、展华、穿山甲、瑞泰智能等
	杭州	浙江中控、浙江国自、双环传动等
	湖州	诺力股份等
珠三角地区	广州	广州数控、国机智能科技、启帆、明珞、瑞松、粤研等
	深圳	联得自动化、优必选、固高、大疆、繁兴科技、汇川技术等
	佛山	利迅达、嘉腾、鼎峰等
	东莞	拓斯达科技等
中西部地区	重庆	重庆机器人、华数等
	长沙	长泰等
	长葛	黄河旋风等
	武汉	华中数控等
	芜湖	瑞祥、埃夫特、哈特等
	合肥	雄鹰自动化、巨一、科大讯飞、泰禾光电、科大智能等

资料来源：Wind，工行投行研究中心。

核心零部件成为我国工业机器人发展的最大制约

近年来，在市场需求和国内外产业竞争的带动下，我国自主品牌工业机器人发展迅速，在技术攻关和设计水平上有了长足的进步，我国语音识别、图像识别等技术已达到国际先进水平，机器人本体优化设计及性能评估、高速高精度控制等技术取得积极进展，控制器已接近国际水平，伺服电机已配套约五成的自主品牌机器人，但同国外先进水平相比，仍存在一定差距。

在工业机器人成本平均构成中，RV减速器占比36%左右，伺服电机占比20%左右，控制器占比15%左右，应用及本体加工占比30%左右。而减速器、伺服电机、控制器三大工业机器人核心部件均被国外厂商垄断，国内厂商承担的价格成本较高，这部分价格最终转嫁到企业用户和消费者身上。预计在核心零部件方面，国内企业还有5年左右的追赶期，这个时间段也是吸引投资的关键期。

表 11-3　国内外工业机器人发展对比

细分产业链	细分环节	国外发展状况	我国发展现状
机器人整机	整机	龙头企业年销量：万台计算	龙头企业年销量：千台计算；技术差距：可靠性、一致性较差，批量小
核心零部件	减速器	国外RV减速器制造商在设计与制造方面有较强优势，在满足RV减速器各项性能指标的基础上，已开始重点攻克产品微小化和降低成本的技术难题	RV减速器：精度、寿命、质量稳定性等方面有差距，较难批量生产；谐波减速器：输入转速、扭矩高度、传动精度、效率、使用寿命等方面有一定差距，但苏州绿的谐波减速机目前已攻破国外垄断，2017年年底将实现量产
核心零部件	伺服电机、驱动器	欧美产品：过载能力高、动态响应好、驱动器开放性好，有总线接口，但价格昂贵；日本产品：质量较可靠，价格相对较低，但动态响应能力差、开放性差	已经具备一定的研发生产能力，但产品的体积偏大，输出功率偏小，运动精度较低；动态性能、开放性、可靠性尚需验证
核心零部件	控制器	目前国外主流机器人厂商的控制器均在通用的多轴运动控制器平台基础上进行自主研发，各品牌机器人均有自己的控制系统相匹配	总体差距相对较小，但缺乏拳头产品，品牌效应欠佳

（续表）

细分产业链	细分环节	国外发展状况	我国发展现状
系统集成		在汽车等机器人高端应用领域占有优势	多在汽车以外的行业寻找机会，在工艺特点、响应速度等方面具有一定的本土比较优势
检测平台		各大公司大多建有专门检测机构，具备全套的机器人检测能力	第三方检测机构刚刚建立，如电子五所，检测项目不完整，较难对工业机器人整机进行全面的检测试验

资料来源：Wind，工行投行研究中心。

根据国家统计局的数据，2017年1—9月，我国工业机器人产量达到95351台（套），同比增长69.4%。从各大国产机器人厂商的销售情况来看，2017年均实现了大幅的增长，并且出现了供不应求的局面，订单排期均在3个月左右。埃斯顿预计全年销量将达到2000台，同比增幅也达100%。2017年，工业机器人出现供不应求的局面，一方面是由于需求端发力，提前优化产业布局，提高工厂车间自动化水平，另一方面是核心零部件企业出现了供货间断，比如日本纳博的RV减速器连续出现断货，导致国内工业机器人出货量锐减。2017年前三季度，虽然我国工业机器人产量创新高，但也受制于国外核心零部件供货量的影响，应该引起足够的重视。沈阳新松机器人自动化股份公司总裁曲道奎曾指出，从市场角度看，中国工业机器人发展的"软肋"有三个：一是技术复杂的六轴以上多关节机器人，国外公司占据约90%的份额；二是作业难度大、应用广泛的焊接领域，国外机器人占据84%的份额；三是高端应用集中的汽车行业，国外公司占据90%的份额，我国企业生产的大多是搬运、码垛机器人，应用也大多集中在家电、金属制造等领域。

据统计，目前我国机器人产业约75%的精密减速器来自日本的哈默纳科、纳博特斯克和住友公司，约80%的伺服电机和驱动器来自日本、欧美等国家和地区。随着我国工业机器人企业的壮大，进口数量逐年升高，企业大部分资本流向国外，最终获得的利润与机器人的销量不成正比。同时，企业成本升高导致对研发的投入不升反降，技术实力无法同工业机器人的发展要求相匹配，从而开始了恶性循环，这对我国工业机器人产业的负面影响较大。

作为工业机器人核心零部件中成本最高的零部件，RV减速器是目前最先进的核心部件。与齿轮减速器相比，RV减速器精度高、稳定性好，尺寸也较小，但设计和制作都比较复杂，全球范围内能够规模化生产RV减速器的企业不超过10家，并且75%的减速器成品均来自纳博特斯克等日本企业。市场预计，到2020年，中国工业机器人减速器市场需求将超过40亿元，其中有30亿元来自RV减速器。目前，国内企业已经开始布局RV减速器，加速国产化，较具代表性的当属南通振康焊接机电有限公司。该公司生产的RV减速器已经批量供应欢颜自动化设备(上海)有限公司相关产品，使六轴工业机器人价格从每台10万元大幅降至约每台7万元。

伺服电机是在伺服系统中控制机械元件运转的发动机，主要用于补助马达间接变速装置。伺服电机对位置精度要求极高，可以将电压信号转化为转矩和转速以驱动控制对象，相当于工业机器人的"神经系统"。国内伺服电机市场前三名长期被松下、三菱、安川等品牌占据，日系产品整体市场份额一直在45%左右徘徊，博世力士乐、施耐德等欧系产品整体市场份额在30%左右，国内企业整体市场份额被压缩至10%。近几年，我国企业在伺服电机领域紧追日本企业，南京埃斯顿自动化股份有限公司、广州数控设备有限公司、深圳市汇川技术股份有限公司与日系产品的差距逐渐缩小。

控制器是工业机器人控制系统的核心部分，主导着传递动作指令，相当于工业机器人的"大脑"。控制器技术门槛低于伺服电机，尤其在软件算法方面我国企业有一定优势，武汉华中数控股份有限公司、沈阳新松机器人自动化股份有限公司、上海新时达电气股份有限公司等企业技术相对成熟，但国外市场中发那科、安川、ABB等依然占据半壁江山，我国企业面临的主要问题是控制器的稳定性、响应速度和易用性等。

在我国机器人快速发展的过程中，除了核心零部件的瓶颈，还应该引起注意的是全球工业机器人厂商兼并重组速度加快，ABB、库卡等国外龙头也在我国建立研发中心或工厂，全球人工智能相关企业（含机器人、无人驾驶、智慧工厂等）平均融资规模超过5000万美元，产业基金和政府补贴规模均呈上升趋势，大量机器人企业已经或即将通过上市寻求资本，但也要注意投资过热导致的盲目投资和企业骗补等现象。

同时，我国机器人产业发展还面临新问题，工信部副部长辛国斌指出，机器人产业存在的问题主要包括：一是机器人关键零部件虽然有所突破，但是高端产品还较缺乏，工业机器人70%的关键部件仍依赖跨国公司；二是部分产品接近世界先进水平，但是创新能力亟待加强；三是各地机器人产业发展迅速，但是低水平重复建设的隐患逐步显现；四是龙头企业正在崛起，但是小、散、弱等问题仍然没有得到根本的改变；五是第三方检测机构虽然已经建立，但是机器人的标准、检测认证体系还需要进一步健全。

三、我国工业机器人的发展机遇

根据国际机器人联合会的统计，中国是全球第一大工业机器人消费市场，将引领亚洲成为全球工业机器人发展最快的区域。中国电子学会发布的《中国机器人产业发展报告（2017年）》（简称《报告》）显示，2016年，我国工业机器人保持高速增长，销量同比增长31.3%。按照应用类型分，2016年国内市场的搬运上下料机器人占比最高，达61%；其次为装配机器人，占比15%，高于焊接机器人6个百分点。按产品类型来看，2016年，关节型机器人销量占比超60%，是国内市场最主要的产品类型；其次是直角坐标型机器人和SCARA机器人，且近年来两者销量占比幅度在逐渐扩大，上升速度高于其他类型机器人产品。《报告》认为，我国生产制造智能化改造升级的需求日益凸显，工业机器人的市场需求依然旺盛，预计2017年我国工业机器人销量将首次超过11万台，市场规模达到42.2亿美元。到2020年，国内市场规模将进一步扩大到58.9亿美元。近年来，我国工业机器人发展呈现出高增长态势，企业数量和产品数量与历史同期相比均出现了两位数增长，这得益于政策、人口以及高端制造业快速发展带来的机遇。

政策机遇

近年来，我国工业机器人产业迎来了政策的集中爆发期。2014年6月，习近平总书记在两院院士大会上发表的重要讲话中指出，"我国将成为机器人的最大市场"，要求"我们不仅要把我国机器人水平提高上去，而且要尽可能多地占领市场"。2015年5月，国务院正式印发《中国制造 2025》，部署全面推进实施制造强国战略，将高档数控机床和机器人作为大力推动的重点领域之一。2016 年，工信部等部委接连发布《机器人产业发展规划（2016—2020 年）》《关于促进机器人产业健康发展的通知》《工业机器人行业规范条件》等。《机器人产业发展规划（2016—2020 年）》明确提出，到 2020 年，我国自主品牌工业机器人年产量达到 10 万台，机器人密度达到 150 以上。2017 年 11 月，工信部等十六部门印发《关于发挥民间投资作用推进实施制造强国战略的指导意见》，对于民营资本给予重点关注。尤其值得注意的是，习近平总书记在十九大报告中强调："加快建设制造强国，加快发展先进制造业，推动互联网、大数据、人工智能和实体经济深度融合，在中高端消费、创新引领、绿色低碳、共享经济、现代供应链、人力资本服务等领域培育新增长点、形成新动能。"这为我国智能制造的未来制定了发展方向，可以预计的是，人工智能相关领域市场空间广阔，是工业发展的制高点，也是吸引资金流入的风向标。

表 11-4　2006—2017 年国家工业机器人相关战略或规划

发布时间	名称	主要内容
2006 年 2 月	国务院《国家中长期科学和技术发展规划纲要》	明确指出将智能服务机器人列为应超前部署的前沿技术之一，并将工业机器人作为智能制造的重要组成部分
2012 年 5 月	工信部《智能制造装备产业"十二五"发展规划》	要攻克工业机器人本体、精密减速器、伺服驱动器和电机、控制器等核心部件的共性技术，自主研发工业机器人工程化产品，实现工业机器人及其核心部件的技术突破和产业化
2012 年 7 月	国务院《"十二五"国家战略性新兴产业发展规划》	要大力推进泛在感知自动控制系统、工业机器人、关键零部件等装置的开发和产业化
2015 年 5 月	国务院《中国制造 2025》	明确了 9 项战略任务和重点，其中高档数控机床和机器人作为 10 个重点领域之一

（续表）

发布时间	名称	主要内容
2016年3月	工信部等《机器人产业发展规划（2016—2020年）》	2020年，自主品牌工业机器人年产量达到10万台，六轴及以上工业机器人年产量达到5万台以上。机器人用精密减速器、伺服电机及驱动器、控制器的性能、精度、可靠性达到国外同类产品水平，在六轴及以上工业机器人中实现批量应用，市场占有率达到50%以上
2016年12月	工信部等《关于促进机器人产业健康发展的通知》	提出推动机器人产业理性发展，避免一哄而上、低水平重复；加强零部件等关键短板突破；开拓工业机器人应用市场；鼓励金融机构发展机器人融资租赁等符合机器人产业链特点的新型产品和业务
2016年12月	国务院《"十三五"国家战略性新兴产业发展规划》	提出发展人工智能创新工程等21项重大工程以及打造智能制造高端品牌
2017年3月	《政府工作报告》	全面实施战略性新兴产业发展规划，加快新材料、人工智能、集成电路、生物制药、第五代移动通信等技术研发和转化
2017年10月	十九大报告	加快建设制造强国，加快发展先进制造业，推动互联网、大数据、人工智能和实体经济深度融合
2017年11月	工信部等十六部门《关于发挥民间投资作用推进实施制造强国战略的指导意见》	引导民营企业和社会资本投入工业控制系统、工业软件、工业控制芯片、传感器、工业云与智能服务平台、工业网络等领域，围绕工业云、工业大数据、工业电子商务、信息物理系统、行业系统解决方案等开展制造业与互联网融合发展试点示范

资料来源：公开资料，工行投行研究中心。

人口机遇

现阶段，全球的人口红利期已接近尾声，老龄化现象严重，人工成本显著上升，这是各国促进工业机器人发展的内在逻辑。以一家沿海电子元器件组装企业为例，该企业起初以20~35岁年轻员工为主，主要生产方式为站立式单一重复组装劳动，2005年的人工成本为每人每天40~50元，2016年以每人每天300元的价格仍然难以招到合适人选，其原因是部分青年劳动力无法适应单一重复的工作性质，人员流动性过大导致企业生产效率不稳定，该厂在转型升级时，将工业机器人和智慧工厂生产线放在首位。正是在这个背景下，工业机器人可以替代人类从事高危、高污、高重以及高重复性工作，大幅度提质增效，从而将人类从中解放出来以创造更大的社会和经济效益。但是机器人的快速发展并不是替代人类，因为机器和人的最主要的区别是机器人没有创新能力，仅能根据算法来进行指令性操作；人类具有创造性，应将主要精力放在提高创新能力方面，而机器可以在高危、高污、高重以及高重复性工作中发挥机器的优势，比如在焊接车间，焊接机器人在焊接口、环形焊缝方面的稳定性、一致性、圆滑性方面超越了人类工艺。同时，机器也可以促进人类向更高级的生产阶段发展，那些基础性的重复工作被机器人替代后，工人并不是立即失业，他们可以通过再学习、再教育等办法进行转型升级，此时，政府、科研院所、高校以及企业应该共同发力，建立完善的学徒计划和继续教育机制。

制造业快速发展机遇

从全球范围来看，各国都提出了有关促进制造业快速发展的国家战略，如中国制造2025、德国工业4.0、美国先进制造业伙伴计划、美国国家机器人计划2.0、欧盟地平线2020计划等，几乎都明确了智能化对整个制造业发展的颠覆性意义，这对我国来说既是挑战也是机遇，但是不应该盲目学习西方国家经验，而应该结合我国实际，走出一条符合我国工业体系的制造业强国道路。目前，我国工业水平正处于工业2.0补课、工业3.0普及、工业4.0示范的并行发展阶段，整体上大而不强，而工业机器人的发展水平对我国从制造大国迈向制造强国起着关键性作用。德国工业注重硬实力，基础工业实力雄厚，质量问题通过技术进步已经逐步攻克，因此工业4.0没有将重点放在创新和质量上。而美国注重软实力和数字化，以芯片为基础的工业互联发展迅猛，但产业空心化严重，很多制造业厂商已经外移，因此美国提出制造业回归、选择美国等诸多计划，是为了弥补制造业的空缺。两国都是通过符合国情的规划达到软硬兼施的目的，最终占据制造业的巅峰。但我国很多企业尚处于2.0阶段，升级到3.0还需要一段时间，符合4.0标准的企业相对较少，硬件和软件均存在很多关键性问题，需要逐步解决，尤其是质量方面迫切需要大幅度提升，《中国制造2025》也正是围绕转型升级和提质增效展开的。因此，在未来几年内，质量和创新问题将是我国工业机器人发展的重要方向，也是快速发展的关键时期，如何能够真正做到提质增效将是检验我国工业机器人发展好坏的标尺。

四、我国工业机器人的投资机会

结合习近平总书记在十九大报告中强调的"加快发展先进制造业，推动互联网、大数据、人工智能和实体经济深度融合"等有关内容以及《中国制造2025》重大战略部署，我们认为，集先进制造、人工智能为一体的工业机器人及零部件产业，无论是发展前景还是市场需求方面均长期看好。未来几年，由于技术更新、研发投入和市场布局的原因，企业融资并购规模将进一步提升，资金需求体量较大，因此，投资方向应符合能否提质增效这个内在逻辑，一方面关注企业产品的质量和自主知识产权，综合考虑产品质量、服务质量、售后保障、性价比等关键性因素，另一方面关注产品是否具备创新性，是否能够在提高效率方面对企业发挥作用，重点关注具备核心技术、自主知识产权、核心零部件、综合性价比高、上下游客户多的工业机器人及零部件企业。

工业机器人需求端增加，但价格呈下降趋势

近几年，除去工业机器人传统使用大户汽车行业外，一般制造业企业也在大规模布局工业机器人，规模化生产的制造业企业单批订货稳定在百台左右，钢铁等传统行业也出现了对工业机器人的潜在需求。根据我们的调研情况，2016年以及2017年前三季度，工业机器人生产企业普遍表示订单数量超过投产能力，外资品牌和国产工业机器人品牌均出现不同程度的缺货情况，交货周期延长至3~6个月，六轴以上中高端工业机器人销量看好，四轴以下低端工业机器人需求较低，会逐渐被市场淘汰。这表明，我国工业机器人市场一是需求体量大，二是高质量机器人的产能及核心零部件研发跟不上市场需求，相关企业在研发和扩产能方面的资金需求量较大。

同时，整机价格问题也是投资者关注的重要方面。2017年，四大家族（发那科、安川、ABB和库卡）机器人整机报价为15万~20万元，新松、埃夫特、埃斯顿等国产机器人价格为7万~15万元，主要原因是核心零部件基本依赖进口，价格主动权掌握在日本、德国等企业手中，导致机器人整机价格居高不下。目前来看，整体报价与下游企业的接受度还有一定差距，尤其是规模较小的制造业企业出于资金压力和投资回报考虑无法批量采购，而这些企业基数庞大，是未来工业机器人的重要发展市场。预计未来随着减速机、伺服电机等零部件的国产化，进口替代效果将会增强，工业机器人均价将控制在5万~8万元水平，普及度将会大幅度提高，机器人生产企业和用户企业的现金流也随之提高，融资能力和规模将会增强。

从长期来看，一方面是需求端持续发力，另一方面是工业机器人价格呈下降趋势，根据ARK Investment公司于2017年8月发布的《全球工业机器人价格趋势报告》，到2025年，工业机器人成本预计下降约65%，成品价格约为每台1.1万美元，远低于波士顿咨询此前预测的每台2.4万美元。从价格趋势情况看，从1995年工业机器人（主要是机械手臂）初步应用开始，1996年价格下降2万美元左右，之后大幅度下降，从2008年开始，下降趋势整体稳定。此外，随着核心零部件国产化率的提高，核心零部件价格也会下降，因此，整机价格的下降也是核心零部件价格下降的结果。企业手中的现金流不断增多，加上适当的融资手段，研发和产出都会同步提高，这个趋势对整个工业机器人的行业发展十分有利。同时，工业机器人成本的下降将带来整个制造业成本的下降，但得益于自动化水平的提高，整个制造业规模将逐年上升。

图11-4　1995—2025年工业机器人价格走势及年度预测

资料来源：ARK Investment，工行投行研究中心。

机器人民营企业是未来投融资服务的重点

工业机器人是以创新性为特点的技术密集型行业，民营企业是整个制造业企业中最具活力的组成部分，对市场和前沿技术具有很高的敏感性和快速反应能力。从目前的工业机器人上下游企业来看，接近90%的企业集中于民营企业，这些企业往往是从技术团队起家，背靠大学产业园等科研机构，所以拥有较强的技术研发实力。我们认为，成功的工业机器人企业应具备以下要素：一是领先的核心技术，这种技术与竞争对手相比至少要领先半年以上，但不要求这种技术完全覆盖整个机器人本体，具备独特的技术领先单项即可；二是具备优秀的创业或管理团队，这个团队与其他行业最重要的区别是高技术人员应占有较大比例，整个团队对工业机器人研发和生产要富有极大的热情；三是有创新性的商业模式，这种商业模式能够随着技术的进步为下游或终端用户带来体验的提升或生产效率的提高；四是要有强势的战略性资源投入，包括但不限于融资渠道、市场资源、技术资源、销售渠道等。

近年来，国家一直重点关注民营企业在制造业中的贡献，这个议题也与金融机构创新和民营企业融资便利化有关。2017年11月，工信部、国家发改委、中国人民银行等十六部门印发《关于发挥民间投资作用推进实施制造强国战略的指导意见》（以下称《意见》），指出要破除制约民间投资的体制机制障碍，发挥民营企业在制造业领域主力军和突击队的作用。《意见》把民营企业放到如此高的地位，是将民营企业和民营经济的关键性地位回归本源，破除市场上有关国进民退等不正确说法，增强民间投资的信心。《意见》重点支持民营企业战略合作与兼并重组，鼓励民间资本参与国有企业混合所有制改革。在创新金融支持方式方面，《意见》提出了多项重大举措，鼓励金融机构开发支持企业"走出去"的金融产品，加强银担合作；支持符合条件的企业和金融机构在境内外市场募集资金；支持"走出去"企业以境外资产或股权、矿权为抵押获得融资；培育发展股权投资基金、创业投资基金等各类民间资本，鼓励引导服务于制造业的金融创新。同时，建立国家融资担保基金，增强省级再担保机构资本实力，推进商业银行落实小微企业授信尽职免责制度，按照收益覆盖风险的原则合理确定贷款利率，支持商业银行发行小微企业金融债，加强小微企业增信合作。《意见》扩大了民营企业财产质押范围，在风险可控的前提下推动企业以应收账款、收益权、商标权、专利权等无形资产进行抵质押贷款。在债券市场化产品创新方面，支持开展创新创业公司债券、可交换公司债券、可续期公司债券、绿色公司债券等公司信用类债券；研究发展项目收益债券，支持民营企业发行公司债券、资产支持证券等产品融资，同时推进民营企业利用多层次资本市场直接融资，建立健全创业板上市公司再融资制度。

我国政府在加强金融监管、推进金融去杠杆和资金脱虚向实方面发挥了重要作用，我国制造业强国战略也得益于资金脱虚向实。但是目前结构性问题依然突出，此时强调发展民营经济、鼓励民间投资是为了进一步释放民营经济活力，优化相关产业结构，为金融和实体经济之间的联结进一步扫清障碍，引导资金向民间制造业流动。未来，工业机器人相关的民营企业订单、研发、产品创新、产业布局等会实现大踏步前进，与此相关的投资机会将会增多。

关注与机器人相关的智慧工厂等系统解决方案厂商

在工业机器人带来的生产效率变革方面，能够提供整体解决方案的企业将获得更好的市场认可度。这些企业集中在工控企业中，可把智能化的机床、工业机器人等生产设施、生产过程进行智能化管理，在人机互联、机机互联方面高度自动化，实现信息化系统与物理系统的深度融合。如国内领先的DNC、MDC、MES数字化车间整体解决方案厂商兰光创新，在数字化车间、智慧工厂方面市场占有率较高，部分产品能够与国外巨头西门子等厂商形成竞争关系，服务客户集中在军工企业和规模较大的装备制造业企业。汇川技术在先进制造业领域可以提供伺服系统、运动控制器、PLC、机器视觉系统、高速总线等综合产品的"工艺+工控"解决方案；在机器人核心部件及综合解决方案领域，覆盖机器人控制器、伺服驱动器、伺服马达、编码器、工业视觉等，并针对特定行业需求提供定制化的工艺算法，针对不同结构的机器人提供机械、动力学优化方案。广东拓斯达科技在中央供料系统、自动化集成方面有一定优势，并于2017年10月以自有资金在香港成立全资子公司拓斯达国际有限公司，加快工业机器人及解决方案国际化布局。

机器人产业园区是热点，但应提防投资过热

近年来，围绕工业机器人建立的产业园区较多，规模较大的有沈阳机器人产业园、香河机器人产业港、上海机器人产业园、重庆两江机器人产业园、芜湖国家级机器人产业集聚区、常州机器人产业园、洛阳机器人智能装备产业园、唐山机器人产业园。近年来，还出现了

以机器人企业为主导的产业园区或项目,最具代表性的为河南新乡市政府同沈阳新松机器人合作的新乡新松机器人产业园项目、上海明匠智能系统有限公司主导的成都智能装备及机器人产业园项目等。浙江等部分地区率先建立了智能制造小镇,相关产业园区平均投资规模超过50亿元,成都产业园等项目投资额甚至超过100亿元,部分产业园区吸引了发那科、ABB、库卡、安川、川崎、那智不二越等国际著名工业机器人生产企业建厂或建立研发基地等,起到了非常显著的聚集和带动效应。

值得注意的是,上海明匠智能系统有限公司不仅在产业园区项目发力,还在国内首创IPP（Industry-Public-Private）模式,即由政府、社会资本、企业三方参与,先由政府、银行、基金公司、明匠智能成立5亿元的明匠智能制造产业基金,浙商证券资管作为优先级有限合伙人出资比例为64%,南宁投资引导基金作为中间级有限合伙人出资比例为15%,明匠作为劣后级有限合伙人出资占10%,优先级合伙人预期年化收益率为6.35%。产业基金形成后,由基金管理人负责基金的管理,向意向和达标企业注资进行智能化改造。制造企业通过租赁智能化设备进行生产,依照预定的盈利分配方式向基金分配利润,从立项到回款周期仅为3~4个月。产业基金模式能有效解决企业现金流差、初期难以做大的问题,具有很强的带动效应。预计未来几年,吸引园区企业入驻的产业投资基金、政府引导基金以及创投基金将会加快布局。

但投资同时应结合行业技术标准和企业能力,谨慎对各个园区或项目进行风险识别,避免投资过热引发的不良效应。近年来,我国机器人产业在局部地区开始出现企业成立过快但缺乏应用产品的倾向，相关企业布局分散，整体实力不强。据不完全统计，2016年，我国机器人上市公司超过50家，融资案例数达到了70起，单轮超过3000万元的融资规模较为常见，但是很难依据标准和规范来判断资金流向的健康与否，资本的盲目涌入问题显著。值得注意的是，工信部于2016年印发了《工业机器人行业规范条件》，并于2017年7月印发了《工业机器人行业规范管理实施办法》，这两个文件的发布与实施，对引导我国机器人产业健康、有序、快速发展具有里程碑意义。但是如何判断制造企业是否真正符合相关标准仍存在疑问，有些产品就是在国外零部件产品基础上的简单堆砌，有的企业技术水平尚未成熟便抢先上市，导致骗补、骗投资的现象时有发生，最终的结果是自主品牌机器人产品质量参差不齐，甚至引发资本市场秩序的混乱。其中反映出的问题是我国工业机器人基础的不牢固，国产的加速器等关键零部件无法满足工业机器人发展的质量需求，导致国内企业想用而不敢用，不惜高价进口国外产品。在工业机器人产业高速发展的同时，企业不应好高骛远，应该脚踏实地，在关键零部件领域占领制高点，解决了关键问题之后，我国工业机器人发展的障碍将彻底扫清。

第十二章

集成电路：产业崛起，打造制造业强国基础

一、全球集成电路产业

智能手机驱动因素减弱

全球集成电路市场呈现明显的周期性特征，在不同终端驱动力的带动下，经历了4次跃迁，在移动市场的带动下逐步走出低谷。随着移动市场出现下滑，未来物联网等新兴领域将起到再次激发市场热潮的重要作用。

- 20世纪80年代—90年代中期：消费类电子产品流行。
- 20世纪90年代中期—2000年：互联网热潮，

但随后破灭。

• 2000—2010年：手机是行业增长的主要驱动力，2008年金融危机冲击市场。

• 2011年至今：智能手机和平板电脑仍然是核心驱动力量，但驱动力已经开始减弱。

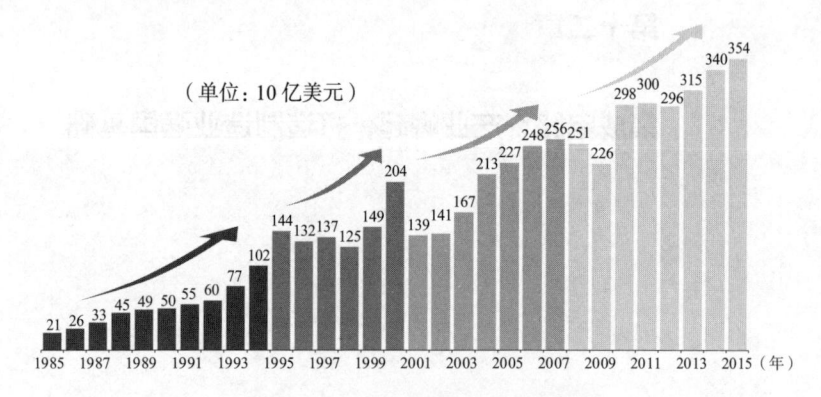

图 12-1　全球集成电路销售额

资料来源：工行投行研究中心。

产业链分析和构成

全球半导体产业有两种商业模式：一种是IDM（Integrated Device Manufacture，集成器件制造）模式，另一种是垂直分工模式。出现垂直分工模式的根本原因是半导体制造业的规模经济性。现今IDM厂商仍然占据主要地位，主要是因为IDM企业具有资源的内部整合优势、技术优势以及较高的利润率。出现垂直分工模式的主要原因有两个。首先，半导体制造业具有规模经济性特征，适合大规模生产。随着制造工艺的进步和晶圆尺寸的增大，单位面积上能够容纳的IC（集成电路）数量剧增，成品率显著提高。企业扩大生产规模会降低单位成本,提高企业竞争力。其次,半导体产业所需的投资十分巨大,沉没成本高。一般而言,一条 8 英寸生产线需要 8 亿美元投资,一条 12 英寸生产线需要 12 亿~15 亿美元的投资,而且每年的运行保养、设备更新与新技术开发等成本占总投资的 20%。这意味着除了少数实力强大的 IDM 厂商,其他厂商根本无力扩张。

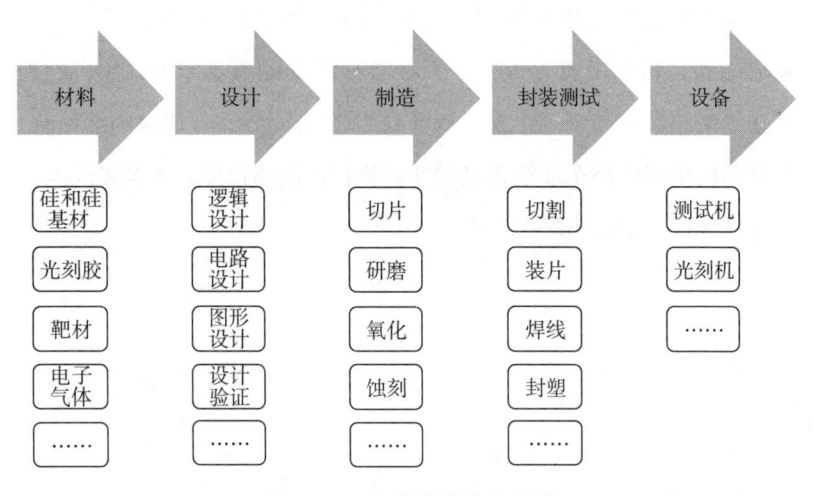

材料	设计	制造	封装测试	设备
硅和硅基材	逻辑设计	切片	切割	测试机
光刻胶	电路设计	研磨	装片	光刻机
靶材	图形设计	氧化	焊线	……
电子气体	设计验证	蚀刻	封塑	
……	……	……	……	

图 12-2 全球半导体产业链

资料来源:工行投行研究中心。

二、中国集成电路产业

中国集成电路产业高速成长

集成电路产业是信息技术产业的核心,是支撑经济社会发展和保障国家安全的战略性、基础性和先导性产业。中国集成电路产业是全球集成电路产业发展最重要的组成部分之一,是全球集成电路产业链不可分割的一部分。近年来,国家集成电路政策密集出台,受到国内

"中国制造2025""互联网+"等新世纪发展战略的带动，以及外资企业加大在华投资的影响，国内市场需求表现强劲，我国集成电路产业整体逆势增长，开始迎来加速发展期。根据中国半导体行业协会统计，2016年，中国集成电路产业销售额达到4335.5亿元，同比增长20.1%，而同期全球销售增长率仅为2%~3%。除了2009—2010年，国内集成电路企业销售额同比增速远高于全球水平。2016年，中国集成电路销售额增速为20%，全球增速仅为0.8%。未来几年，国内将陆续新建数座晶圆厂，累计投资约为2400亿元，产能将陆续释放，预计国内集成电路企业销售额增速将维持在较高速度，中国集成电路产业继续成为全球市场的亮点。

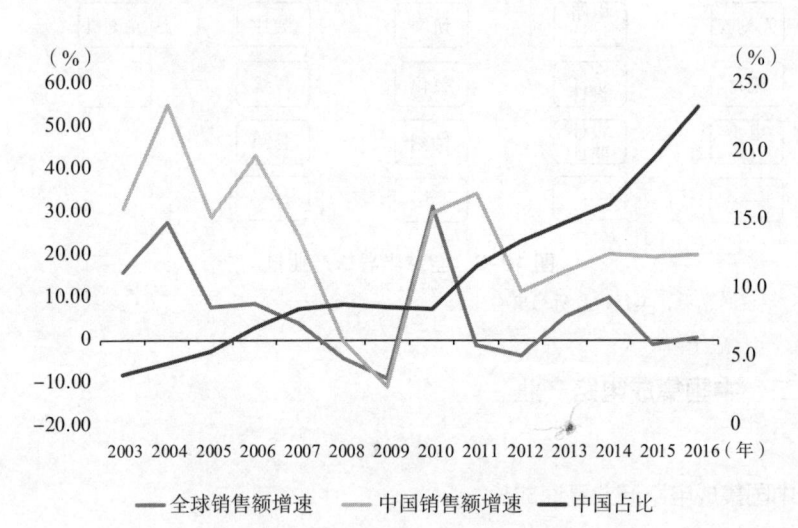

图 12-3　全球及中国集成电路销售额增速和中国占比

资料来源：工行投行研究中心。

2014年6月，《国家集成电路产业发展推进纲要》正式发布，2014年10月，工信部宣布正式设立国家集成电路产业投资基金。在国家产业投资基金、税收支持政策、金融支持等保障措施下,半导体产业链,包括材料、设备、设计、制造、封装测试等都取得很大的进步。2016年,设计、制造、封装测试实现全球三个第一次:设计业第一次成为我国第一大产业,芯片制造业增长速度第一次超过设计业,"三业"均第一次超过千亿元规模。

表 12-1 中国集成电路产业规模   (亿元)

产业分类	2012年	2013年	2014年	2015年	2016年
整体销售	2158.45	2508.50	3015.40	3609.90	4335.50
设计业	621.68	808.80	1047.40	1325	1644.30
制造业	501.10	600.90	712.10	900.80	1126.90
封装测试业	1035.67	1098.80	1255.90	1384	1564.30

资料来源:中国半导体行业协会,工行投行研究中心。

中国集成电路产业链分析

(1)设计业

2016年,中国集成电路设计业总销售收入为1644.30亿元,而2012年设计业总销售收入为621.18亿元。2016年,中国前十大设计公司总销售收入为693.10亿元,而2012年前十大设计公司总销售收入为226.35亿元。

2016年,中国设计企业有1362家,而2012年是570家。其中,销售收入过亿元的设计企业有161家,而2012年销售收入过亿元的企业只有98家。2016年,中国有两家进入全球Fabless(集成电路设计)排名前十位榜单,分别是华为海思和紫光展锐,而2012年中国没有设计企业进入前十位榜单。

表 12-2 中国设计业规模　　　　　　　　（亿元）

2012 年		2016 年	
华为海思	74.14	华为海思	303
展讯通信	434.8	紫光展锐	125
锐迪科	24.6	中星微	56
华大集团	16.11	华大半导体	47.6
士兰微	12.6	智芯微	35.6
格科微	11.8	汇顶科技	30
联芯	11.7	士兰微	27.6
国微控股	11.2	大唐半导体	24.3
中星微	11	敦泰科技	23.5
中电华大	9.4	中星微	20.5

资料来源：中国半导体行业协会，工行投行研究中心。

表 12-3　2015 年全球半导体设计行业规模　　（百万美元）

含 IDM		不含 IDM	
英特尔	50494	高通	16008
三星	42043	安华/博通	15183
SK 海力士	16649	联发科技	6699
高通	16008	英伟达	4696
安华/博通	15183	苹果	4255
美国镁光	14483	AMD 公司	3991

资料来源：中国半导体行业协会，工行投行研究中心。

分析全球半导体厂商，日本半导体产业地位和实力大幅下降，欧洲半导体产业衰退明显，美国优势地位不断巩固，韩国实力不断增强。2005年之前，全球前十大半导体厂商均为IDM；近年来，前十大厂商中已经包括两家Fabless企业和一家Foundry（生产制造芯片的厂家）企业，中国企业相对规模仍不大。

（2）制造业

2016年，中国晶圆制造业总销售收入为1126.90亿元，而2012年仅为501.10亿元。2016年，中国前十大晶圆制造公司总销售收入为827.50亿元，而2012年为525.10亿元。2012年，中芯国际最先进的工艺是40/45纳米，2016年最先进的工艺是28纳米。晶圆制造业投资快速扩张，已投产的8英寸及12英寸生产线有40条，在建、计划中的8英寸及12英寸生产线多达35条。

表12-4 中国晶圆制造业规模　　　　（亿元）

2012年		2016年	
海力士无锡	137.8	三星中国	237.5
英特尔大连	125.6	中芯国际	202.2
中芯国际	106.8	海力士无锡	122.7
华润微电子	35.2	华润微电子	56.7
台积电上海	34.2	华虹宏力	50.2
天津中环	25.4	英特尔大连	45.8
华虹NEC	23.5	台积电上海	39.6
和舰科技	13.5	华力微	30.3
宏力半导体	12.5	西安微电子	25
吉林华微	10.6	和舰科技	17.5

资料来源：中国半导体行业协会，工行投行研究中心。

表 12-5　中国 12 英寸晶圆扩张计划

公司	台积电（TSMC）	联华电子（UMC）	中芯国际（SMIC）	中芯国际（SMIC）	格罗方德（Global Foundries）	力晶半导体（Powerchip）	德科玛（DEDOMAR）	晋华（JHICC）	武汉新芯（XMC）	兆基科技（Sino King Technology）
地点	南京	厦门	北京	上海	重庆	合肥	淮安	晋江	武汉	合肥
类型	新厂	新厂	扩张	扩张	新厂	新厂	新厂（图像传感器芯片）	新厂	新厂	新厂
每月最高产能	2万片	5万片	1.5万片	2万片	6万片	4万片（初期）	2万片	—	30万片	10万片
完成（年）	2018	2016	2016	2016	2018	2017	—	2017	—	2018
技术	16纳米	55纳米，40纳米，28纳米	28纳米	28纳米	32纳米	0.15微米，0.13微米，90纳米	—	—	—	—

资料来源：中国半导体行业协会，工行投行研究中心。

（3）封装测试业

封装测试环节是集成电路产业链中投资和技术难度相对较低的环节，中国台湾和中国大陆是全球重要的封测产业基地。2016年，中国大陆封测业总销售收入为1564.30亿元，而2012年封测业总销售收入为1035.67亿元。2016年，中国大陆前十大封测公司总销售收入为697.4亿元，而2012年前十大封测公司总销售收入为543.60亿元。2016年，我国封测三强新潮集团旗下的长电科技、华天集团旗下的华天科技、南通华达旗下的通富微电都进入了全球封测榜前十位，分列第三、第七、第八位；而2012年只有长电科技进入前十位，位列第七。

表12-6　中国封测业规模　　　　　　　　　（亿元）

2012		2016	
英特尔成都	188.4	新潮集团	193
新潮集团	66.5	南通华达	135.7
飞思卡尔中国	64.9	威讯北京	83
威讯北京	45	华天集团	66.6
南通华达	41.3	恩智浦半导体	58.9
海太半导体	33.9	英特尔成都	39.7
上海松下	33.7	海太半导体	32.4
三星苏州	23.7	上海凯虹	30.4
瑞萨北京	23.2	安靠上海	30.1
英飞凌无锡	23	晨碟上海	27.6

资料来源：中国半导体行业协会，工行投行研究中心。

三、中国集成电路行业分析

政策梳理

以 2014 年 6 月 24 日国务院发布的《国家集成电路产业发展推进纲要》(以下简称《推进纲要》)和国家设立集成电路产业投资基金为标志,政府从国家战略高度进行顶层设计,以更加市场化的运作方式和前所未有的力度扶持集成电路产业的发展。

《推进纲要》提出,依托市场优势,构建"芯片—软件—整机—系统—信息服务"产业链,以企业为技术创新主体,软件硬件协同发展,利用全球资源,重点突破涉及国家安全及市场潜力大、产业基础好的关键领域。《推进纲要》提出产业的发展目标:"到 2020 年,集成电路产业与国际先进水平的差距逐步缩小,全行业销售收入年均增速超过 20%,企业可持续发展能力大幅增强。到 2030 年,集成电路产业链主要环节达到国际先进水平,一批企业进入国际第一梯队,实现跨越发展。"对于设计、制造、封装测试、装备和材料 5 个环节均有相应任务和发展重点。

《推进纲要》明确提出设立国家产业投资基金,并支持设立地方性集成电路产业投资基金,鼓励社会各类风险投资和股权投资基金进入集成电路领域。

2014 年 9 月,国家集成电路产业投资基金(大基金)正式注册成立,截至 2016 年 9 月,基金首期募集资金总规模 1387 亿元,远高于原计划 1200 亿元的规模。大基金以公司制形式设立,以股权投资的市场化机制来实现国家战略,这与以往的国家补贴模式有着本质上的不同。

截至 2016 年 10 月，大基金在集成电路制造、设计、封测、设备和材料领域的投资占比分别为 60%、27%、8%、3% 和 2%。截至 2016 年年底，国家集成电路产业投资基金两年多共决策投资 43 个项目，累计项目承诺投资额 818 亿元，实际出资超过 560 亿元。已实施项目覆盖了集成电路设计、制造、封装测试、装备、材料、生态建设等各环节，实现了在产业链上的完整布局。

此外，北京、上海、武汉、深圳、甘肃、安徽、江苏、山东、天津等地纷纷成立投资基金，支持本地集成电路产业的发展。以上海为例，2016 年 1 月上海市集成电路产业基金成立，目标规模 500 亿元；基金采用"3+1+1"模式，设立三个行业基金，即 100 亿元设计业并购基金、100 亿元装备材料业基金、300 亿元制造业基金。2016 年 12 月 7 日，上海集成电路产业投资基金股份有限公司成立，注册资本 285 亿元。

表 12-7　近年我国集成电路相关政策

时间	文件	机构	内容
2016	教育部等七部门《关于加强集成电路人才培养的意见》	教育部	扩大集成电路相关学科专业人才培养规模，加强相关学科专业和院系建设，创新人才培养机制，建设人才培养公共实践平台，建设产学合作育人服务平台，提升从业人员专业能力，优化人才引进与使用，加大对人才培养的政策支持
2015	《中国制造 2025》	国务院	着力提升集成电路设计水平，不断丰富知识产权核和设计工具，突破关系国家信息与网络安全及电子整机产业发展的核心通用芯片，提升国产芯片的应用适配能力；掌握高密度封装及三维（3D）微组装技术，提升封装产业和测试的自主发展能力；形成关键制造装备供货能力

(续表)

时间	文件	机构	内容
2014	《国家集成电路产业发展推进纲要》	国务院	到2015年,集成电路产业销售收入超过3500亿元,移动智能终端、网络通信等部分重点领域集成电路设计技术接近国际一流水平;到2020年,集成电路产业与国际先进水平的差距逐步缩小,全行业销售收入年均增速超过20%,企业可持续发展能力大幅增强;移动智能终端、网络通信、云计算、物联网、大数据等重点领域集成电路设计技术达到国际领先水平,产业生态体系初步形成
2012	《"十二五"国家战略性新兴产业发展规划》	国务院	将高性能集成电路工程列为"十二五"重大工程之一,明确提出强化国产芯片和软件的集成应用;加快提升国家级集成电路研发公共服务平台的水平和能力,力争到2015年,集成电路设计业产值国内市场比重从5%提高到15%
2011	《集成电路产业"十二五"发展规划》	工信部	作为行业2011—2015年发展的指导性文件,明确了未来发展的指导思想、基本原则和发展目标
2010	国务院《关于加快培育和发展战略性新兴产业的决定》	国务院	新一代信息技术被认为是战略性新兴产业之一,提出要着力发展集成电路、新型显示、高端软件等核心基础产业
2009	《电子信息产业调整和振兴规划》	国务院	提出要完善集成电路产业体系;完善集成电路设计支撑服务体系,促进产业集聚;引导芯片设计企业与整机制造企业加强合作,依靠整机升级扩大国内有效需求;支持设计企业间的兼并重组,培育具有国际竞争力的大企业;支持集成电路重大项目建设与科技重大专项攻关相结合,推动高端通用芯片的设计开发和产业化,实现部分专用设备的产业化应用,形成较为先进完整的集成电路产业链

资料来源:政府网站,工行投行研究中心。

中国产业发展现状

（1）规模小，市场大，潜力足

集成电路是信息技术产业的重要基础，是信息通信产业的基础和原动力，其技术水平和发展规模已成为衡量一个国家产业竞争力和综合国力的重要标志之一。我国已成为全球最大的芯片需求市场，每年消耗全球超五成的芯片，但国产芯片自给率则不足三成，市场份额不到10%，90%以上依赖进口。

近10年我国集成电路的进口稳步增长，出口金额有限，进出口逆差不断加大。集成电路连续四年进口金额超过2000亿美元。高端集成电路产品不能自给，已经成为影响产业转型升级乃至国家安全的关键因素。近几年我国集成电路进口金额超过原油，占据第一。2017年上半年，集成电路进口金额达1085亿美元，原油进口816亿美元。

（2）芯片设计规模小，较为分散

我国集成电路产业主要以技术含量低、资金门槛适中的封装测试业作为切入口，其在整体产业中的比重一度接近80%。随后，从2003年开始，随着西方国家的产能不断向我国转移，我国集成电路制造环节规模逐步扩大，占全行业比重接近1/3。经过一段时间的积累，2008年以来，技术含量高、产业带动性强的设计环节快速发展，2001—2013年年均复合增长率高达39.4%，占总体产业比重近30%。集成电路的快速发展对我国封测和制造业产业带动明显，推动形成三业良性互动的格局。设计企业主要分布在长三角、珠三角、环渤海湾地区，三地区总销售额占全国比例超过90%。截至2016年，我国集成电路设计企业超过1300家，而2013年仅有600余家。2016年设计收入为1644亿元，平均每家企业设计收入约为1.2亿元，还不及2013年平均1.3亿元的水平。另外，2016年高通实现收入236亿美元，约人民币1600亿元，与我国设计企业整体收入差不多。我国设计企业数量上有相当的规模，但多数企业的竞争力不足，产品产业化能力差，缺少专利技术和标准，不得不依靠价格战进行低层次的竞争。

（3）研发投入不足，需要国家支持

集成电路产业的特点是前期投入大，开发周期长，需要国家政策的支持。当前，半导体工艺正向纳米级演进，研发投入快速增加，半导体领域的技术与创新的门槛正在不断提高。2016年，研发支出超过10亿美元的半导体公司，其中IC设计公司有4家，分别是高通、博通、联发科和英伟达；IDM有8家，依次是英特尔、三星、东芝、镁光、恩智浦、SK海力士、德州仪器与意法半导体；而纯代工厂商只有台积电1家。集成电路企业，特别是中小型IC设计企业已很难独自承担高企的研发投入。在此形势下，在集成电路领域提供更加优质的公共产品与公共服务就显得尤为重要。

表12-8　2016年全球研发支出排名前十位的半导体企业

排名	企业名称	研发支出（百万美元）	研发支出营收占比	增长率
1	英特尔	12740	22.40%	5%
2	高通	5109	33.10%	−7%
3	博通	3188	20.50%	−4%
4	三星	2881	6.50%	11%
5	东芝	2777	27.60%	−5%
6	台积电	2215	7.50%	7%

（续表）

排名	企业名称	研发支出（百万美元）	研发支出营收占比	增长率
7	联发科	1730	20.20%	13%
8	镁光	1681	11.10%	5%
9	恩智浦	1560	16.40%	−6%
10	SK海力士	1514	10.20%	9%

资料来源：IC insights 市场调研机构，工行投行研究中心。

四、行业趋势

政策趋势

2014年6月国务院印发的《国家集成电路产业发展推进纲要》，是为了营造良好发展环境，激发企业活力和创造力，带动产业链协同可持续发展，努力实现集成电路产业跨越式发展。《推进纲要》明确：面向量大面广的重点整机和信息消费需求，提升企业的市场适应能力和有效供给水平，构建"芯片—软件—整机—系统—信息服务"产业链。

表 12-9 《国家集成电路产业发展推进纲要》分析

步骤	详细内容
2015年	体制机制创新取得明显成效，建立适应产业环境的融资平台和政策环境。销售收入超过3500亿元。 移动智能终端、网络通信等部分重点领域集成电路设计技术接近国际一流水平。 32/28纳米制造工艺实现规模量产。 中高端封装测试销售收入占封装测试业总收入比例达到30%以上。 65~45纳米关键设备和12英寸硅片等关键材料在生产线上得到应用

（续表）

步骤	详细内容
2020年	与国际先进水平的差距逐步缩小，全行业销售收入年均增速超过20%，企业可持续发展能力大幅增强。 移动智能终端、网络通信、云计算、物联网、大数据等重点领域集成电路设计技术达到国际领先水平，产业生态体系初步形成。 16/14纳米制造工艺实现规模量产，封装测试技术达到国际领先水平，关键装备和材料进入国际采购体系。 基本建成技术先进、安全可靠的集成电路产业体系
2030年	集成电路产业链主要环节达到国际先进水平，一批企业进入国际第一梯队，实现跨越发展

资料来源：工行投行研究中心。

《推进纲要》的重点是推进集成电路产业发展的四大任务。

一是着力发展集成电路设计业。近期重点聚焦移动智能终端和网络通信领域，开发移动智能终端、数字电视、网络通信、可穿戴设备等芯片及操作系统。发挥市场机制作用，引导和推动集成电路设计企业兼并重组。加快云计算、物联网、大数据等新兴领域核心关键技术研发，开发基于新业态、新应用的信息处理、传感器、新型存储等关键芯片及云操作系统等基础软件，创新商业模式。逐步突破智能卡、智能电网、智能交通、卫星导航、工业控制、金融电子、汽车电子、医疗电子等关键芯片及嵌入式软件，提高对信息化和工业化深度融合的支撑能力。

二是加速发展集成电路制造业。加快45/40纳米芯片产能扩充，加紧32/28纳米芯片生产线建设；加快立体工艺开发，推动22/20纳米、16/14纳米芯片生产线建设；大力发展模拟及数模混合电路、微机电系统、高压电路、射频电路等特色专用工艺生产线。

三是提升先进封装测试业发展水平。大力推动国内封装测试企业兼并重组，提高产业集中度；提升芯片级封装、圆片级封装、硅通孔、三维封装等先进的封装和测试技术层次，扩大生产规模。

四是突破集成电路关键装备和材料。加强集成电路装备、材料与工艺的结合，研发光刻机、刻蚀机、离子注入机等关键设备；开发光刻胶、大尺寸硅片等关键材料，增强产业配套能力。

市场趋势

（1）汽车电子是下一个千亿美元市场

2008年苹果开始流行，智能手机浪潮激发全球消费电子零部件企业快速发展，尤其是2012—2014年，智能手机进入快速渗透期。目前智能手机市场增速下降，汽车电子行业有望成为下一个千亿美元市场。2016年，全球汽车销量达9210万辆，稳步上升，预计2017年全球汽车销量将达9350万辆。统计显示，单车电子零部件的成本占比，已经从1950年约1%提升到当前的约30%，汽车电子化趋势

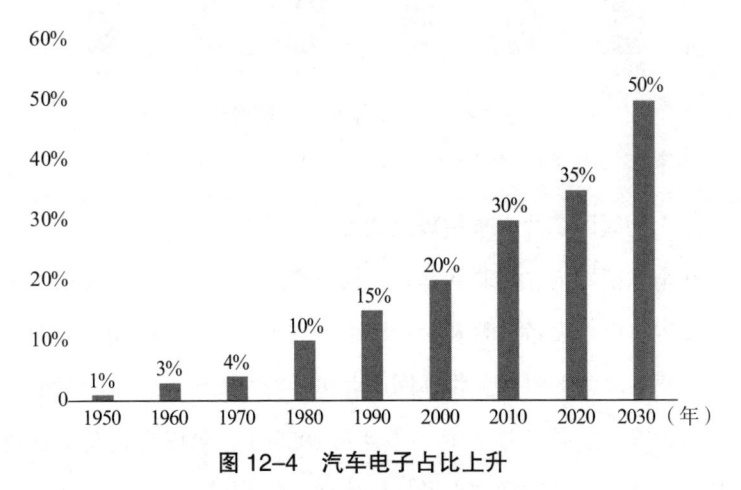

图12–4 汽车电子占比上升

资料来源：中国半导体行业协会，工行投行研究中心。

明显。主要原因是：首先，汽车自动化程度提升，ADAS（高级驾驶辅导系统）渗透率提高，全面提升了汽车电子化程度；其次，新能源汽车逐渐流行，其电子化比例约为50%，高于传统汽车；最后，高端技术逐步普及，发货量增大，提升了汽车电子化占比。2015年，全球汽车电子市场规模为1844亿美元，预计到2019年全球汽车电子市场规模将达到2800亿美元，2022年达3800亿美元，加速增长。

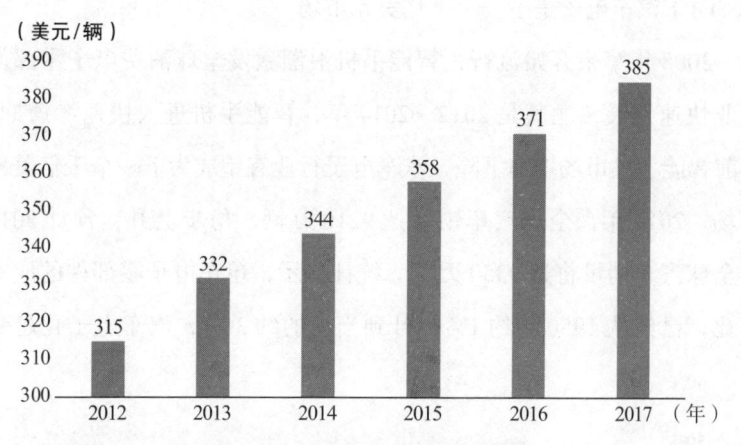

图 12-5　单车半导体金额变化

资料来源：全球半导体贸易统计组织，工行投行研究中心。

（2）物联网芯片需求指数级增长

在全球范围内，物联网是新时代信息通信技术的典型代表，正在加速发展。电子设备的普及，让网络走进千家万户，推动社会的发展进入万物互联的新时代。物联网产业包括可穿戴设备、智能家电、无人驾驶汽车、智能机器人等。预计到2020年，全球物联网设备数量将达到260亿个，物联网市场规模达到1.9万亿美元。

物联网分为 4 个层级，即感知层、网络层、平台层和应用层。感知层是物联网的底层，主要是通过传感器采集物体上的各类信息。网络层的主要功能是通过各类通信协议，将感知层中采集的信息传输至平台层。平台层则是以云计算为核心，汇总和处理传感器在物体上采集到的数据。物联网产业链中，平台层与感知层被视为物联网的核心环节。而应用层是面向客户的各类应用，例如智能家居、共享出行等实际生活中的使用场景。

物联网产业链包含 8 个环节，分别是芯片提供商、传感器供应商、无线模组（含天线）厂商、网络运营商、平台服务商、系统及软件开发商、智能硬件厂商、系统集成及应用服务提供商。

集成电路企业主要集中在芯片和传感器市场。因此物联网芯片依然由境外厂商主导。ARM[①]、英特尔、高通、德州仪器、意法半导体等国际半导体巨头均纷纷推出针对物联网应用的芯片产品。对于国内厂商，可以从特定细分领域入手，包括芯片设计、制造、封测等，并逐步缩小与国外厂商的技术差距。

传感器行业存在已久，我国传感器市场中约 70% 的份额被外资企业占据。虽然我国传感器产业从引进、仿制起步，至今已取得了长足发展，目前已基本掌握中低端传感器相关技术，但产品技术含量较低，尤其在数字化、智能化、微型化的新型传感器生产方面与国外差距较大。

物联网是互联网的外延，互联网是通过个人电脑、移动终端等设备将人联网，形成的一种全新的人与人的连接方式。而物联网是通过

---

① ARM 是一家英国公司，是全球领先的半导体知识产权提供商。——编者注

传感器、通信模组和智能芯片将物体联网。人类每一次连接方式的改变，都会催生出一批巨无霸型的企业，物联网在不同的发展阶段会有不同的问题，但产业发展中的瓶颈也将成为物联网企业新的商机。

五、专业化分工下的投资机会

设计企业将凸显价值

未来，由物联网和智能硬件产品搭建的智能化生活愿景，对芯片的需求量仍将保持快速增长，半导体生产的专业化分工将成为市场的主流。在设计领域，核心架构开发和芯片设计也将会逐步分离（例如当前移动通信终端的核心架构几乎由ARM公司垄断），通过授权方式来进行更为专业化、个性化的产品设计，未来产业将会走向"核心架构+芯片设计+代工制造+封装测试"更为细化的产业格局。

中国集成电路产业正在从封装测试快速向高投资、高技术门槛的上游延伸。制造业有着大规模投资支撑，专业化分工将逐步释放中国工程师红利，机会也将在设计业中频繁闪现，并逐步过渡到核心架构开发。

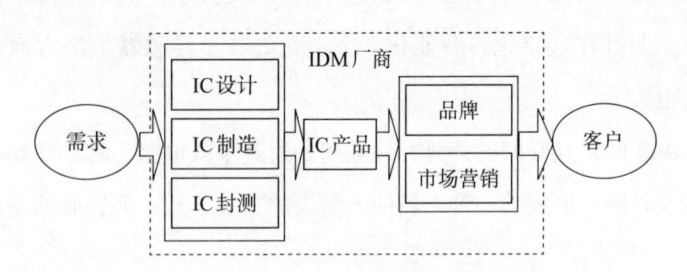

图12-6 集成电路IDM模式

资料来源：中国半导体行业协会，工行投行研究中心。

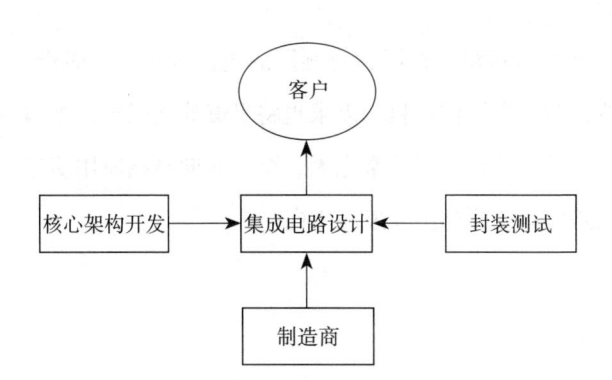

图 12-7 集成电路专业分工模式

资料来源：全球半导体贸易统计组织，工行投行研究中心。

半导体材料凸显空间

半导体材料主要包括硅片、高纯化学试剂、电子气体、光罩、靶材等。之前，国内材料企业的产品集中于低端应用环节，更多集中投资LED、面板等中低阶应用，用于集成电路生产的材料依然以进口

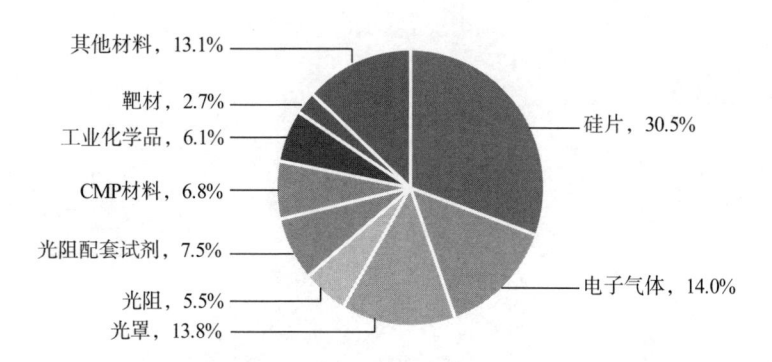

其他材料，13.1%
靶材，2.7%
工业化学品，6.1%
CMP材料，6.8%
光阻配套试剂，7.5%
光阻，5.5%
光罩，13.8%
硅片，30.5%
电子气体，14.0%

图 12-8 半导体材料构成

资料来源：Wind，工行投行研究中心。

为主。根据中国新建晶圆厂和封测厂的建设进程,产能将在 2018 年陆续释放,对于半导体材料的需求也将呈爆炸式成长,中国当地半导体材料产品进口替代空间非常庞大,全产业向高端应用演进将成为我国集成电路材料企业的主要发展方向。

第五部分

基础与传统产业

第十三章

钢铁：供改与环保风暴下的钢铁业

一、供给侧改革持续推进，大型钢铁企业受益显著

去产能进入实质性阶段

在经历持续多年的低迷后，2017年我国钢铁业终于走出严冬，迎来了产业复苏的转机。年内，国内市场钢材价格持续走强，钢铁产业大面积扭亏，钢铁企业经营状况普遍显著改善。至2017年9月，国内钢材价格综合指数为116.55点，较2016年同期暴涨55.1%，其中长材价格表现尤为强劲，涨幅高达64.5%，板材表现稍逊一筹，但涨幅也高达45.6%。受钢材价格走强的积

极影响，2017年钢铁业（重点企业）仅前9个月实现利润就高达919亿元，不仅超过了2016年全年，也创出了自2010年以来的最好盈利水平。

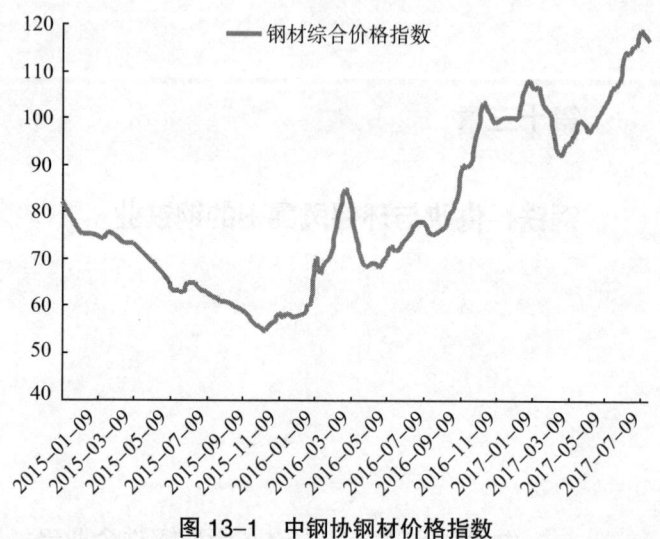

图 13-1 中钢协钢材价格指数

资料来源：Wind，工行投行研究中心。

2017年钢铁业出现的全行业回暖，主要原因在于供给侧改革的深入推进、去产能工作进入实质性阶段。长期以来，产能过剩一直是困扰我国钢铁产业发展的顽疾。据不完全统计，2016年，我国钢铁产能接近12亿吨，全球占比超过一半。同时，我国钢铁产业还有一个特殊情况，就是市场中广泛存在大量未纳入统计的灰色产能，如地条钢等。2017年以来的去产能工作与往年相比有两个特点：一是既包含对合规钢铁企业的存量产能压减，又启动了针对地条钢等灰色产能的专项打击，双管齐下使得2017年的去产能工作取得了以往历年所未曾取得的显著效果。

以地条钢为例，2017年，在中央部署下，各级地方政府启动了史无前例的针对地条钢的全面清理工作。根据各地摸查数据显示，国内中频炉、工频炉等地条钢相关冶炼设备能力高达1.4亿吨，涉及740多家企业。在2017年的地条钢打击风暴下，短期内大量工频炉、中频炉等地条钢设备被拆除、封存。地条钢属于我国明令禁止的落后钢铁产能，不仅污染严重，且质量毫无保障，市场危害严重，同时，地条钢对我国钢铁工业的声誉也有严重的负面影响。然而由于地条钢成本低廉，加之地方一些保护势力的影响，多年来屡禁不止，甚至规模还出现持续增长。据估计，我国每年流入建筑市场的地条钢可能高达8000万吨。2017年针对地条钢的打击风暴，使得大量地条钢产能迅速退出，市场中有效供给明显减少，成为推动2017年钢材价格走强和钢铁产业转好的重要因素。

除了清理地条钢，2016年，在中央部署下还启动了2020年前压减1.5亿吨钢铁产能的任务，至2017年三季度，已完成超过1亿吨钢铁产能的压减任务。包括宝钢集团在内的国有大型钢铁企业也承担了一定数量的去产能任务。如宝钢集团八一钢铁公司将其位于南疆拜城地区的约300万吨钢铁产能全部关停，山东钢铁集团济南钢铁公司则在2017年实现了济南地区600万吨产能的全退出，河北骨干民营钢铁企业纵横集团也在第三季度实现了邯郸地区200万吨产能的全压减。

可以说，2017年钢铁产业的供给侧改革力度非凡。既有对地条钢等落后产能的精准打击，也有大型国有、民营钢铁企业在政策引导下主动进行的产能削减，这其中有部分甚至是装备较为先进的产能。经过2016年以来持续不断的供给侧改革，困扰我国多年的钢铁产业产能过剩问题以及结构性问题得到初步解决,供给侧改革彰显出巨大的现实意义。

大型钢铁企业分享政策红利

2016年,我国粗钢产量超千万吨的钢铁企业有20家,500万吨以上钢铁企业大约有44家,粗钢产量前10位的钢铁企业合计占到全国总量的35.87%。可以看出,虽然经过多年努力,我国钢铁产业集中度仍远低于国际水平。但尽管如此,我国大型钢铁企业仍然在钢铁产业中居于核心地位。不仅大量的先进装备、技术、人才聚集于大型钢铁企业,各类金融资源也优先向大型钢铁企业倾斜。

从2016年启动的供给侧改革影响来看,大型钢铁企业,包括国有大型钢铁企业和民营大型钢铁企业均成为供给侧改革后市场转暖的最大受益者。根据上市钢铁公司2017年中期业绩数据显示,各大钢铁企业盈利增长强劲。宝钢、鞍钢、马钢、首钢京唐等国有大型钢铁企业均出现强劲增长,长期亏损的华菱钢铁甚至创出自1999年上市以来的最好中期业绩,在27家A股冶炼类公司中除重钢外全部实现盈利,其中6家上市公司的中期净利润超10亿元,宝钢则达到61.7亿元的近年峰值。而大型民营企业表现同样不俗,河北冶金协会的数据显示,2017年前7个月,河北民营钢铁企业实现利润298.22亿元,同比大幅增长75.06%,津西、普阳、国丰等6家企业利润超过10亿元。与之相比,中小钢铁企业2017年上半年市场份额明显出现收缩。据国家统计局数据,2017年前6个月大中型钢铁企业粗钢产量同比增速高达6.8%,而非钢协会员企业粗钢产量反而同比出现0.46%的下滑,这种情况在近年来实属罕见。我们可以看出,在此轮去产能过程中，中小钢铁企业由于拥有相当数量的中频炉、工频炉，清理地条钢行动对其产量造成实质性影响，而大型钢铁企业由于装备先进，受去产能政策的影响较小，反而从去产能政策中受益匪浅。

环保力度强化，重塑产业格局

环保问题一直是我国钢铁工业长期面临的突出问题，经过十多年的努力，我国钢铁产业的污染排放问题实际上取得了不小的改善。如2005年时我国吨钢二氧化硫、吨钢烟粉尘以及吨钢废水排放量分别为2.95千克、2.0千克、4.7立方米，但至2016年上述三项指标分别下降为0.69千克、0.75千克、0.8立方米，可以看出吨钢污染物的排放强度是有明显下降的。尽管如此，我国钢铁工业的环保问题依然十分严峻，这主要由三个方面的原因所致。

一是我国粗钢总产量规模过大，虽然我国吨钢污染物的排放强度近年来在持续下降，但我们也看到，自2005年以来，我国粗钢产量增长了两倍多，产量的增长抵消了吨钢排放水平下降的努力，使得总体污染物的排放并未减少，甚至还有所增长。我国粗钢产量已连续三年保持在8亿吨以上的超大规模，特别是河北、山西、山东等北方环境承载条件比较脆弱的地区又恰是国内钢铁生产的主产区。仅河北当前的粗钢产量就接近2亿吨，山西、山东粗钢产量合计也有1亿吨。预计未来相当长的时期内，我国粗钢产量总规模仍将保持在8亿吨左右，河北、山东等主产区的地位也不会改变，因此钢铁业污染物的排放总量依然是严峻考验和压力。

二是由于历史原因和体制原因，长期以来我国钢铁企业之间的环保水平差异很大。以宝钢、首钢京唐等为代表的先进企业，由于装备和技术先进，环保水平较高，吨钢污染物的排放已经达到国际先进水平，真正实现了"绿色钢铁"的生产理念。但国内大多数钢铁企业的吨钢污染物排放值依然偏高。以中钢协内部的90家会员企业为例，污染物排放最高的10家企业平均值相当于污染物排放最低的10家企业平均值的8~10倍。环保设施运行最好的宝钢等企业吨钢环保运营成本高达180元，而协会内环保运营成本最低的企业仅为40元，两者之间差距高达4倍多。需要特别指出的是，纳入中钢协统计的90多家大中型企业都是国内规模较大、合规手续完备、遵守法律法规较好的企业，其环保工作差距尚且如此之大，而不在协会统计范围内的其他200多家钢铁企业的环保设施开启状况如何、运营成本多高更是无从知晓，这些企业都是钢铁产业环保的盲点。值得注意的是，由于承担的环保成本差异较大，很长时期内环保工作做得较好、污染物排放低的钢铁企业承担了高昂的成本，在市场竞争中处于不利地位，而那些污染物排放超标的企业反而因降低了综合生产成本在市场竞争中处于有利地位。客观上遵守环保法规、努力减排的钢铁企业遭遇了不公平待遇，产业机制存在劣币驱逐良币的不正常现象。

第三个影响我国钢铁产业环保压力的因素则来自我国钢铁产业的模式。与西方国家相比，我国钢铁产业过度依赖高炉长流程工艺，电炉短流程占比严重偏低。根据国际钢铁工业协会的数据，2015年我国电炉钢比仅为6.1%，远低于全球25.2%的平均水平。电炉钢比过低，导致我国钢铁工业对铁矿石、焦煤资源依赖很深，而铁前的烧结、焦化以及炼铁工序都是重污染工序。因此我国这种高度依赖长流程的钢铁生产模式也是导致我国钢铁产业污染物排放偏重、环保问题突出的重要原因之一。

表 13-1 我国与全球主要钢铁生产国炼钢工艺模式对比

国家	转炉钢比	电炉钢比	其他
中国	93.9%	6.10%	–
日本	76.8%	23.2%	–
美国	37.4%	62.6%	–
印度	42.4%	57.5%	0.1%
俄罗斯	66.6%	30.6%	2.8%
韩国	66.2%	33.8%	–
德国	69.6%	30.4%	–

资料来源：IISI，工行投行研究中心。

为推动我国钢铁产业向绿色环保方向转型升级，实现可持续发展，促进企业污染物减排，并建立公平合理的环保长效约束机制，2017年，我国政府针对钢铁企业推出了排污许可证制度以及技术规范。该制度通过建立环保台账，将钢铁企业的污染物排放由过去的事后监督处罚改为更为精细化的过程监控和规范化管理，不仅将建立更为公平合理的环保长效机制，同时也将促进钢铁产业的环保工作向制度化、合理化方向发展。钢铁产业的排污许可证制度在2017年开始推广实施，2017年年底要求京津冀、长三角、珠三角地区钢铁企业完成排污许可证制度的核发，2018年年底完成全国所有钢铁企业的申请核发。随着排污许可证制度的确立，对于过去污染物超标排放的企业将意味着增加成本，但对于规范企业则意味着竞争环境更加公平合理。排污许可证制度将有利于钢铁产业格局向着更加绿色、规范化的方向发展。

除了排污许可证制度等长效机制的建立外，近年来随着从中央到地方各级政府对环保工作重视程度的不断提高以及民众对环保诉求的提升，临时性、阶段性的环保限产工作已经成为常态。特别是在北方钢铁主产区，为应对重污染天气而实施的临时性环保限产从2016年以来越来越频繁。2017年，河北唐山、邯郸、山西太原等钢铁主产区均宣布了冬季采暖季实施钢铁冶炼核心工序限产50%的严厉措施。而在实际操作中，由于重污染天气的提前到来，限产时点也被大幅提前。总体来看，未来我国环保工作的力度将不断强化，环保监管将越发严厉。这意味着一些长期通过高污染物排放获得成本竞争优势的钢铁企业将难以维持这种模式，所有的钢铁企业都将面临同样严格的环保监管。客观上看，政策的转变将使得那些遵守污染物排放、环保治理工作较好的钢铁企业从中受益，产业格局将得到优化。

二、转型升级之路艰巨而漫长

我们认为，受去产能以及环保政策的双重影响，我国钢铁产业已发生积极转变。不仅钢材价格回升，钢铁企业效益普遍显著改善，同时产业格局也向着更加合理、绿色以及可持续发展等方向转变。未来很长一段时期，国内钢铁产业景气度将有明显好转。但我们认为在这样难得的时间段，正是国内钢铁产业转型升级的窗口期。混合所有制改革、债转股、产业重组以及产业多元化是未来钢铁产业转型升级的主要方向和面临的主要任务。

混改阻力重重

混合所有制改革一直是近年来我国钢铁产业的热点,也是中央努力推动的钢铁产业改革的切入点。其目的是为传统国有钢铁企业引入新的运营资本,提高和改善国有钢铁企业的治理结构以及效率。历史上看,在20世纪90年代末期,我国也曾在钢铁领域推动了一轮大规模的混合所有制改革,一批濒临破产的地方国有钢铁企业通过管理层收购、出售国有股权等方式完成了混改。如目前我国民营钢铁企业中比较有代表性的企业河北津西钢铁、邢台钢铁等都是在上一轮混改中由国有企业改制而来。

从近年来我国钢铁产业实施混改的进程看,总体较为缓慢,但也在一些领域获得了突破。比较典型的是2017年东北特钢和北满特钢的破产重组两个案例,最终都是以混改方式完成的。东北特钢是我国特钢领域的龙头企业,公司装备和技术水平在国内处于领先地位,但公司大连厂区启动异地搬迁以后,债务率急剧上升,加之2014年后很长时期内国内钢材价格持续低迷,企业盈利能力下滑严重,导致公司经营陷入严重困境。2016年,公司多次发生债务违约,最终进入破产重组阶段,国内最大民营钢铁企业沙钢集团旗下子公司出资44.62亿元获得其43%股权,本钢集团出资10.38亿元获得其10%股权,其他债权人获得其余47%股权,而原股东辽宁国资委的股权全部退出。东北特钢由此从一家国有企业转变为民营企业控股的混合所有制企业。北满特钢则是我国"一五"时期建设的最早的特钢企业之一,近年来因市场和管理问题陷入破产重组的困境。北满特钢在重组过程中,由国内第二大民营钢铁企业建龙集团以出资15亿元承接债务及全部国有股权的方式完成了混改,除少数金融机构的债权转为股权外,建龙集团成为北满特钢的绝对控股股东,而黑龙江国资委等国有股权全部退出。东北特钢和北满特钢的混改是2017年我国钢铁产业实施混改中最有代表性的两起案例。两家企业都是陷入破产重组的境地后,由地方政府主动寻求民营企业参与混改的,而即使在这样的背景下,在东北特钢的混改中我们看到,沙钢集团虽然成为东北特钢的第一大股东,但仍未获得东北特钢的绝对控股权,显示出地方政府对于出让大型国有钢铁企业绝对控股权的犹疑。而北满特钢案例中,建龙能获得其绝对控股权则是由于北满特钢是一家不足百万吨的地方国有企业。

我国钢铁产业的混改推动主要难题和障碍在于控股权之争。各类社会资本和民营资本对于参与国有钢铁企业的混改普遍要求获得控股权和话语权,而现有国有钢铁企业的主管部门和实际控制人对于出让股权表态模糊。前述的东北特钢、北满特钢是两个比较典型的案例,实施混改的主体虽然最终实现了控股权的出让,但必须看到这两家企业都是在破产重组、走投无路的情况下地方国资委才最终放弃控股权的,具有一定的特殊性。经营状况良好的国有钢铁企业则完全没有这样的动力和意愿。特别是2016年开始,国内钢铁企业的经营形势已开始转好,各大国有钢铁企业纷纷实现扭亏增效,推动这些特大型国有钢铁企业实施深度混改的可能性已较小。

下阶段,对于国有钢铁企业而言,推动实施混改较为可行的模式是济钢模式和宝钢模式。2017年,济钢将旗下非钢业务板块的子公司股权公开挂牌出售,而宝钢则将旗下的电商平台欧冶云商控股权出售给其核心骨干员工,实现了在子公司层面的股权混改。从济钢和宝钢模式我们看出，当前对大型国有钢铁企业而言，在子公司层面去实施股权出让还是有一定条件的。我们认为，下阶段对于特大型国有钢铁企业的混合所有制改革，将主要在旗下的二级子公司甚至三级公司层面展开，而主要资产类型则集中在对社会资本吸引力较大的非钢业务领域。

债转股模式亟待改进

除了实施混改外，大型国有钢铁企业面临的另一难题则是债务率偏高，面临如何有效降低杠杆率的问题。2008年金融危机爆发以后，我国政府迅速出台了4万亿元的强力刺激政策，虽然短期内推动钢材市场需求迅速好转，却刺激了新一轮的钢铁产能大规模投资。在相对较短的时期内，我国钢铁产业新增产能高达6亿多吨。而在这一轮投资中，由于钢铁企业的盈利状况已显著不及2008年之前，企业普遍采取了加大杠杆的做法，通过大规模的贷款来满足投资需要，这使得钢铁产业的资产负债率显著攀升。至2016年，中钢协会员企业的平均资产负债率高达69.6%，2017年甚至进一步上升至69.9%，而西方国家的大型钢铁企业资产负债率一般保持在45%~55%的较低水平。可以看出，我国钢铁企业，特别是国有大中型钢铁企业不仅负债率水平明显高于国内其他制造业部门，也明显高于国外钢铁企业，可以说降杠杆的任务十分紧迫。

由于钢铁业在国家经济中的战略地位非常突出，因此对于钢铁企业的高负债率问题，中央给予了高度重视。2016年，在国务院出台《支持钢铁煤炭行业化解过剩产能实现脱困发展的意见》的基础上，各部委也相继出台了具体的指导意见。其中银监会于2016年发布的

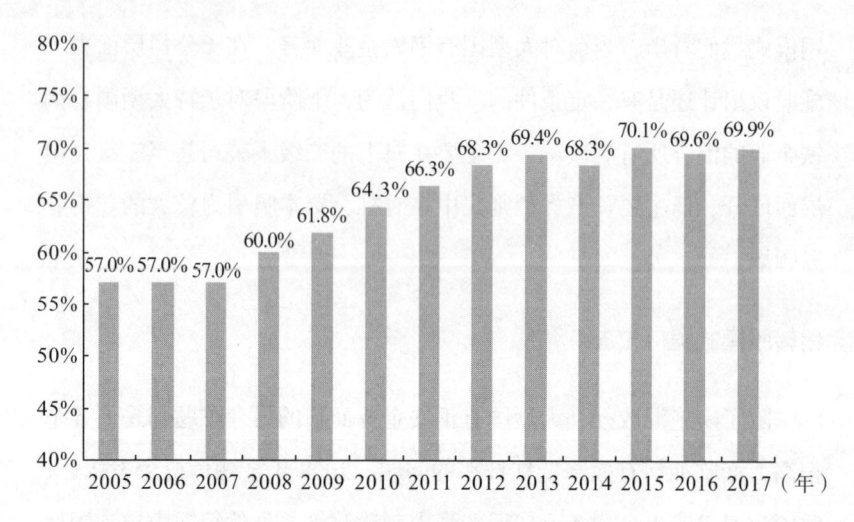

图 14-2　中钢协会员企业资产负债率变化

资料来源：Wind，工行投行研究中心。

《关于钢铁煤炭行业化解过剩产能金融债权债务问题的若干意见》以及《关于市场化银行债权转股权的指导意见》等，为推动以市场化方式实施钢铁煤炭等企业的债转股工作提供了政策支持。自系列政策发布后，2017年以来国内已先后有太钢、马钢、山钢、鞍钢、武钢、河钢等十多家大型国有钢铁企业与商业银行签署了债转股协议，签约总金额高达1500亿元。其中太钢、中钢等企业的债转股项目已经落地。值得注意的是，此轮债转股虽然声势浩大，各级政府也积极推进，但从现实进展来看并不十分理想，实际落地项目远低于签约情况。导致此轮债转股进展相对缓慢的主要原因有4个：

一是此轮债转股中，政府明确提出市场化的原则，即"区别对待，有扶有控"，要求商业银行按照风险可控的原则对有竞争力、有市场暂遇困难但仍能恢复市场竞争力的优质骨干企业继续给予信贷支持。但从现实情况来看，该原则实际给商业银行在业务运作中造成了较大的困惑和难度，即如何去识别那些"暂时困难但仍有竞争力的优质骨干企业"。特别是政府强调此轮债转股工作中政府不兜底原则，更加强化了商业银行的风险意识，客观上对债转股工作形成较大阻力。

二是此轮债转股政府提出支持产业基金和股权投资基金投资钢铁煤炭骨干企业，引导社会资本参与钢铁煤炭企业的脱困发展，支持产业基金和股权投资基金特别是地方政府成立的产业基金和股权投资基金，投资入股产品有市场、发展有前景，但资产负债率较高的钢铁煤炭骨干企业，依法行使股东权利。但在我国现实情况中，社会资本长期以来对参股钢铁企业特别是国有钢铁企业兴趣不大。实际上各类所谓针对钢铁业的产业基金、股权投资基金，虽然有少量实体企业参与，但多数资金来源最终仍是商业银行。商业银行仍然在钢铁、煤炭产业的债转股工作中居于主导地位，所谓多元化原则并未有效分担商业银行的风险。

三是政策虽然支持多类实施机构对钢铁煤炭企业开展市场化债转股工作，对资产负债率较高的钢铁煤炭骨干企业，支持银行、金融资产管理公司等机构按照市场化、法治化原则开展债转股工作，改进公司治理结构，但在实际操作中，商业银行并无兴趣和能力参与钢铁企业的公司治理和内部运营，因此该政策对商业银行也没有有效的激励效果。

四是钢铁企业本身参与债转股的意愿也不强。前面我们曾指出，此轮债转股政府的目的就是希望降低企业的负担。但为什么钢铁企业作为实施主体,反而参与意愿较低?这主要是由于我国现阶段商业银行为国有钢铁企业设计的绝大多数债转股方案,都是"明股实债",债转股后钢铁企业仍然要为商业银行持有的股本支付管理费,企业资金成本负担并未有效减轻,甚至有些钢铁企业表示债转股后由于"息转费",企业负担反而增加了。

基于以上分析,我们可以看到由于前述各方面的原因,导致商业银行对钢铁、煤炭等企业实际债转股工作犹疑不决,裹足不前。而对钢铁企业来说,债转股后仅仅是企业的名义债务负担降低了,总体财务费用和资金成本压力并未减轻,实施债转股的动力也不强。这样,当前阶段的债转股工作就形成了商业银行不敢做,而钢铁企业不想做的尴尬局面。

要有效降低钢铁企业的债务率,必须在降杠杆模式上有所创新和突破。我们认为,首钢集团发行可交换债券可能是较好的尝试和创新。2017年9月,首钢集团在深交所以其持有的首钢股份A股股票为标的发行非公开可交换债券,募集资金总额高达60亿元,成为我国钢铁企业史上发行的最大规模的可交换公司债券。首钢集团发行的可交换债,一期发行36亿元,债券期限3年,票面利率1%;第二期发行24亿元,期限3年,票面利率0.9%。可交换债作为近年来广受资本市场关注的创新型产品,可以使股东在不增加额外负债的情况下既满足融资需求,又可优化股权结构。首钢集团发行的可交换债,票面利率最高仅为1%,可以说默认了全体债券持有人未来都必然转股。而为此次发行,首钢集团质押了其持有的首钢股份15亿股,由于每股价格基本稳定在6元以上,相当于质押了90亿元的股票,远高于其发行的60亿元可交换债,确保债券持有人的利益得到保障。而转股后，首钢集团虽然持有首钢股份的比例从79.38%下降为51.02%，但仍为第一大股东，对首钢股份的控制力也不会受到任何削弱。

首钢集团的可交换债发行，对于我国钢铁企业在降低债务率方面是有益的探索和创新。首钢集团通过出让子公司的少量非控股股权获得了大量的低成本资金，既可有效降低企业的现有债务率，同时还可为企业当前的经营活动补充足够的现金，而公司本身没有其他方面的过多损失。值得注意的是，与定向增发相比，发行可交换债不仅手续相对简单、成功率高，而且周期短，对企业有很强的现实意义，只需在条款设计上充分考虑，即可保障发行人和投资者的双方利益，实现共赢。目前我国钢铁上市公司普遍存在大股东持股比例过高的问题，如鞍钢、本钢、太钢等企业，其大股东集团公司持有上市公司的股权比例都高达60%以上，有些甚至高达70%。而从国内钢铁企业的实际情况看，集团公司的持股比例即使下降到30%，如果其他股东足够分散，仍不会对集团公司的控制力产生实质影响。前面已经分析，在政府主导下以传统商业银行为主的债转股模式并不十分成功，未来推动债转股工作的进行，急需在模式上进行创新和发展，特别是不能单纯依赖商业银行，而应以社会资本作为主要的牵头人和负责主体。

产业重组政策有待创新

提升产业集中度水平长期以来都是我国钢铁业的焦点话题。与西方国家相比，我国钢铁产业高度分散，其中既有复杂的历史原因，也有我国幅员辽阔的现实国情，因此我们认为在产业集中度问题上，并不能完全照搬西方标准，应充分考虑我国的现实国情。

从近年来的实践看，在中央以及各级政府的强力推动下，我国钢铁产业整合取得一些积极进展，如2016年宝钢和武钢实现合并，新成立的宝武钢铁集团成为仅次于安赛乐-米塔尔的全球第二大钢铁联合企业。河北、山东也分别成立了河北钢铁集团和山东钢铁集团，完成了对省内重点国有钢铁企业的整合。但总体来看，我国钢铁产业整合进展依然缓慢，效果也不理想，特别是近年来还一度出现倒退的趋势。2016年，我国前十大钢铁企业粗钢占比仅为36%，距离中央提出的60%目标还有很大的距离。可以看出，未来几年国内钢铁企业的兼并重组任务依然很艰巨。

目前我国钢铁产业的兼并重组可分为三类：一是国有企业之间的兼并重组，二是民营企业之间的兼并重组，三是国有企业与民营企业之间的兼并重组。但这三种类型的兼并重组在实践中遇到的困难和问题都不小。

从国有钢铁企业之间的重组来看，由于国有钢铁企业分属不同地方政府，利益分割导致重组的阻力重重。同一政府权限下的重组相对较为容易推动，而跨层级的重组基本以失败告终。如唐钢与邯钢、承钢、宣钢因同属于河北省国资委管辖，因此重组阻力相对较小，效果也相对较好。宝钢与武钢同属国资委下的央企，重组的阻力也较小，从发布计划到两家企业完成重组仅用了不到一年的时间。而鞍钢与本钢虽同处辽宁省，但因各自分属于国资委和辽宁省，因此虽有政策推动但两家企业多年也无法实现重组整合。目前我国各省区基本都完成了区域内的国有企业整合工作，但未来如何推动跨区域跨层级的企业整合仍是难题。特别是现有的国有大型钢铁企业都是地方的龙头企业，在省内有较大的经济和政治影响力，如果重组涉及实质性的股权问题将面临很大的挑战。但如果不涉及实质性股权问题，重组就会流于形式，无法实现有效整合。我们认为，未来突破跨区域、跨层级企业整合的关键在于利益的分配机制必须理顺，同时地方政府也需要从战略高度考虑问题，做出必要的让步，否则国有大型钢铁企业之间的整合将无法有效推进。

国内民营企业本身市场化程度很高，从理论上说具有较好的实施兼并重组的条件。但从近年来的实践看，民营企业之间的兼并重组并不活跃。主要原因在于目前我国民营钢铁企业的公司治理结构相对还较为落后，与现代治理结构下的公司还有很大差距。民营钢铁企业基本为家族式企业，并不热衷于吸收外来股权，效益好的民营钢铁企业缺乏进行兼并重组的内在动力，而效益不佳的民营钢铁企业因其资产质量较低，无法吸引社会资本参与，特别是有些民营企业的资产还存在法律上的瑕疵以及违规问题，重组整合难以通过市场化方式推进。而国有和民营钢铁企业之间的重组，因涉及我们前述的混改问题而更加阻力重重。

除此以外，外资对华钢铁产业的并购也值得关注。但由于产业政策长期以来对外资持限制政策，因此在2014年以前仅有安赛乐-米塔尔收购我国华菱钢铁和河北津西钢铁少量股权的案例。2014年后，虽然我国政府明确表态放开外资对于国内钢铁冶炼资产投资的限制，包括控股权的收购也不再给予限制，但并未出现外资对华钢铁冶炼资产和股权进行收购的情况。

除了重组推动缓慢外，更加值得关注的是这些在产业政策强力推动下的并购重组是否有足够的商业价值和战略意义。从近年来国内已经完成的兼并重组来看，总体效果并不理想。特别是在政府主导下的非市场化的兼并重组并没有给企业带来积极的变化，甚至还有负面影响。不少兼并重组是在政府引导和行政干预下的"拉郎配"式重组，作为重组主体的钢铁企业并不热衷。因此我们认为，未来我国在推进钢铁产业重组、实现产业有效整合的同时，不仅需要关注集中度指标，同时还需要关注并购重组给企业是否带来了积极的正面效应。因此在推动钢铁企业进行重组整合方面，迫切需要整合模式的创新和突破。

多元化道路宜审慎

从发达国家的经验来看，当工业化后期时，钢材消费量逐步饱和，钢铁企业的增长空间受到限制，此时进行多元化发展成为国际钢铁巨头的普遍选择。如新日铁进军化工和工程领域，蒂森克虏伯进军装备制造领域。我国钢铁企业近年来也逐步感受到了产业发展的瓶颈，纷纷将多元化作为企业新的发展战略。如宝钢发展电子商务和金融，近期完成了对上海农商银行少量股权的收购，河北钢铁发展商业气体等业务，沙钢则进入大数据业务领域。

目前制约我国钢铁企业实施多元化发展的主要障碍在于两方面。一是钢铁企业现有的人力资源储备以传统的工程技术和工程应用人员为主，在多元化发展中，钢铁企业普遍感受到人力资源的匮乏。二是我国大型国有钢铁企业普遍规模较大，动辄产值百亿元甚至千亿元，但在实施多元化过程中，往往新的业务领域规模有限，短期内无法给公司带来显著的收入结构改变，同时新的业务领域本身也蕴含着一定的风险，有些时候风险甚至比钢铁产业还高。因此我们认为我国钢铁企业在多元化道路上应高度审慎，短期内不宜过度扩大非钢业务领域的规模和体量。从发达国家的实践看，钢铁企业进入非钢领域，应尽量选择与钢铁主业有一定关联的相关产业，既可有效降低风险，同时还可对现有产业形成一定的支持和补充。

第十四章

煤炭：周期性逆转，煤炭再成黑金

中国有句古话，"三十年河东，三十年河西"，用在资源市场的周期性分析上，三十年太久，三五年足矣。"三五年河东，三五年河西"，这是近年来煤炭行业的真实写照。2002—2012年，被称为煤炭行业的黄金十年，煤炭供不应求，煤炭价格一路攀升，煤炭当之无愧地成为黑色的金子。但谁也没想到，2012年会成为煤炭行业的转折点。煤炭的供需形势开始发生根本性的转变，煤炭价格一路直下。在2015年煤炭价格最低时，行业亏损面超过90%，煤老板也风光不再。5年间，上游煤炭和下游电力的地位刚好反转。煤炭行业的市场化进程不断推进，但政府对行业的干预又始终存在，时强时弱。

2017年已成为历史。如果盘点2017年最火的行业，非煤炭和钢铁莫属。很多人都不会预测到因为产能过剩和巨亏而被划入国家去产能重点的这两个行业会在最近两年迎来了转机并走向新的巅峰。钢铁行业在前文已有介绍，本章将首先回顾2017年煤炭行业到底有多红火，然后从供需和政策的角度深入剖析原因，接下来在解析2018年煤炭行业面临的形势和风险的基础上预测煤炭行业的发展趋势，最后给出煤炭行业的投资决策建议。

一、秋后算账：红红火火的2017

我国的煤炭主产区主要分布在西北的晋陕蒙地区，俗称"三西"地区。西北人爱用"红火"来形容热烈、热情，而煤炭燃烧时本身也是红火。因此，如果要用一个词来描述2017年的煤炭市场，我觉得非"红火"莫属，可能还不够，需要再加强一些，用"红红火火"才更贴切。

价格涨：煤炭价格超预期，同比增长50%~100%

从2017年前三季度同比来看，各煤种价格平均约有50%~100%的增长，其中焦煤价格涨幅最大，同比价格有1倍以上的涨幅，焦炭均价同比上涨93%，动力煤价格均价同比增长也达到了51%，当前最高价较低谷时已经翻番。

煤炭价格到底如何，只需要看环渤海地区的煤炭价格即可，这已经成为行业内公认的煤炭价格风向标。以5500大卡动力煤为例，环渤海港口价格从2016年开始上涨，在2016年第四季度增速加快，价格迅速攀升,一度甚至接近750元/吨的峰值。进入2017年以后,煤炭价格开始从峰值小幅回落。注意,按照近几年的规律,煤炭价格往往在冬季用煤高峰前期和中期快速上涨,在每年元旦过后便开始小幅回调,春节前后开始大幅下滑,直到夏季又一个用煤高峰的到来。但2017年的煤炭价格不仅让市场始料未及,连煤炭企业都没有做好充分的准备。以神华集团为例,其在制订2017年年计划时也仅是按照全年均价550元/吨的保守价格来测算,而且也做好了煤炭价格冲高下跌的相关准备。但是市场就是这么奇妙,2017年元旦过后,煤炭价格仅有小幅度的回调,却始终在600元/吨以上,即使在6月初价格最低点时,也保持在550元/吨以上。前9个月动力煤均价为626.5元/吨,比2016年的同期均价上涨了211.5元/吨,增幅为51%。9月份和10月份原本是用煤淡季,煤炭价格往往会有所下跌。

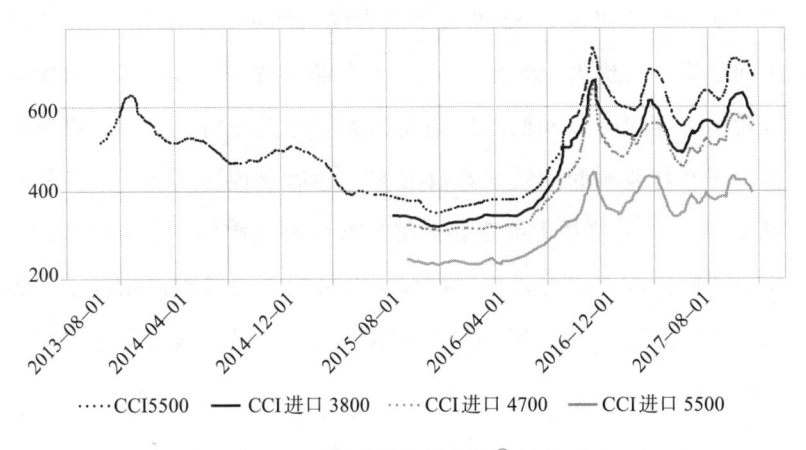

图 14-1 CCI动力煤价格指数[①]（元/吨）

资料来源：煤炭资源网,工行投行研究中心。

---

① CCI指数由汾渭能源价格中心进行价格采集并进行编制。——编者注

但2017年9月和10月，煤炭市场再一次一反常态，淡季不淡，一路上涨，一个月的时间涨幅超过了120元/吨。截至10月中旬，港口动力煤价格已上涨至730元/吨，比2016年年初价格低点时的350元/吨翻了一番还要多。如果不是发改委紧急干预，预计2017年第四季度煤炭价格将会再一次冲向新高。

利润涨：煤炭企业利润增长近9.6倍

作为能源产业链的最上游，煤炭的开采成本基本上是稳定的，因此煤炭价格的上涨将直接拉动煤炭企业利润的增长。根据国家统计局的数据，2017年1—8月，煤炭开采和洗选业主营业务收入为17913.6亿元，同比增长35.6%，而利润总额为2001.1亿元，同比增长955.4%，也就是利润同比增了近9.6倍。而2017年1—8月的煤炭均价（以港口5500大卡动力煤为例）为620元/吨，2016年同期煤炭均价为398元/吨，煤炭价格的涨幅为55.8%。从中可以看出，煤炭企业利润的增幅要远大于煤炭价格的增幅。煤炭价格对煤炭行业利润的敏感系数为17，也就是说，从前8个月的数据来看，1%的价格上涨能够带动17%的利润增加。这主要是由于煤炭的固定成本已经发生，而煤炭开采的变动成本占比较小，煤炭价格的上涨带来了边际贡献的大幅提升，也就拉动了利润的加倍上涨。

回报率涨：上市煤企投资回报率大幅提升

煤炭价格上涨直接拉动上市煤炭企业的盈利能力和股价。从各公司公布的年报来看，2017年上半年，35家煤炭上市企业总营收达到 4309.3 亿元，同比增长 75.83%；归属母公司股东的净利润达到 458.0 亿元，同比增长 346.34%。各公司毛利率、净利率、净资产收益率平均分别为 32.3%、11.8% 和 6.3%，同比分别提升 14.5、20.5 和 6.6 个百分点。

股价涨：煤价大涨拉动煤炭股跑赢大盘

煤价涨、利润涨、回报率涨，带来了煤炭股涨势一片。从 2012 年至今，煤炭股经历了两个大的周期，既与大盘周期保持一致，其波动幅度又强于大盘。2012—2014 年初，股市大盘一直在 2100 至 2200 点附近波动，但是煤炭股却出现一波大跌行情，这主要是由于煤炭价格从 2012 年开始持续下跌。2014 年 7 月—2015 年 6 月，大盘股大涨，从 2100 点涨到了 5400 点，在大盘股的强势拉动下，虽然煤炭价格仍在持续下跌，但煤炭股却逆现货市场而大幅上涨。随后，大盘的下跌也拉动煤炭股快速下跌。2015 年年底，无论是大盘股还是煤炭股都跌至周期性谷底。2016 年大盘股缓慢回升，而煤炭价格也是从 2016 年开始逐步回升，由 2015 年年底最低时的 351 元/吨涨至 2017 年的 726 元/吨，涨幅为 107%。在大盘和现货价格的拉动下，煤炭股从 2016 年年初开始回升，A 股指数在 2016 年年初的谷底为 2865 点，涨至近期高点 3526 点，涨幅为 23%。煤炭股在 2016 年年初谷底时为 2467 点，涨至目前的高点 3729 点，涨幅为 51%。可以看出，煤炭股的涨幅明显高于 A 股大盘，这主要还是得益于煤炭价格的大幅拉涨。

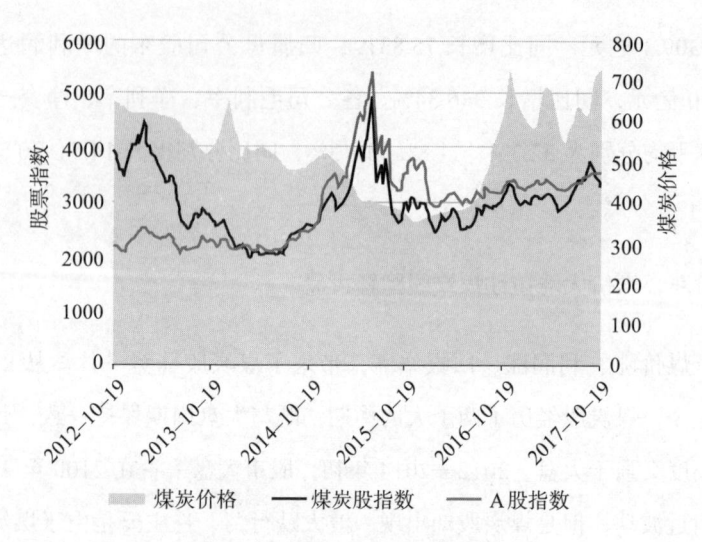

图 14-2 煤炭价格与股市走势

资料来源：Wind，工行投行研究中心。

二、事后小诸葛：三类动因助推煤价上涨

为什么 2017 年煤炭市场会如此火爆，甚至连煤老大——神华集团内部都没有预料到？本文梳理了煤炭市场的逻辑关系，剥茧抽丝，逐层探寻到底是哪些因素、哪些变化点燃了红红火火的煤炭市场。

供给推动和需求拉动双向驱动煤炭价格高涨

根据大家都已经烂熟于心的经济学十大原理之一，价格是由供需关系决定的。煤炭价格上涨的原因无非就是供需关系发生改变，供给小于需求。而供不应求又可以从两方面来看，一是有效供给不足，二是需求增长过快。回顾 2017 年的煤炭市场，煤炭供需关系确实呈现出有效供给不足和需求快速增长两个方面，也就是煤炭价格上涨是供给推动和需求拉动双向驱动的结果。而在2012年之前的煤炭价格上涨，更多的则是宏观经济高速增长带来的需求侧的单向驱动。

（1）火电、钢铁等行业的增长拉动煤炭净需求增加近1.7亿吨

从需求侧来看，煤炭的下游消费主要集中在火电、钢铁、建材、冶金等行业，其中火电在煤炭消费中的占比超过60%。根据国家统计局发布的数据，2017年前三季度，火力发电量为34525亿千瓦时，同比增长6.3%，生铁产量54614万吨，同比增长3.2%，粗钢产量63873万吨，同比增长6.3%，10种有色金属产量4073万吨，同比增长4.1%，其中电解铝产量2466万吨，同比增长5.0%。从这些数据可以看出，煤炭的下游主要产业均有一定幅度的增长，尤其是耗煤最大的火电产量同比增长了6.3%，火电量净增长2046亿千瓦时。按照1度电标准煤耗为310克测算，火电的耗煤需求净增加了6343万吨标准煤。再按照火电企业平均耗煤为4800大卡测算，则实际火电耗煤净增加了9249万吨。如果再考虑到实际损耗和存储需求，那么单火电行业增加的净需求就有近1亿吨。而粗钢、电解铝等其他重点耗煤行业同比煤炭消耗也增长了6.3%和5%，耗煤净增长幅度与火电基本一致。所以按照火电需求60%的占比估算，2017年全年煤炭需求净增加1.6亿~1.7亿吨。

（2）去产能进入攻坚阶段，多省市提前完成全年目标，推动供需趋紧

从供给侧来看，2017年煤炭去产能工作继续风风火火地进行着。去产能源于2015年年底，当时中央经济工作会议做出部署，将去产能摆在供给侧结构性改革的第一位，提出煤炭等矿业产业要严格控制增量，防止新的产能过剩。2016年，全国煤炭去产能目标为2.5亿吨，

实际去产能约3亿吨,超额完成去产能目标,规模以上煤炭企业原煤产量回落到33.64亿吨,同比下降9.4%。同时,煤炭行业结构调整的步伐加快,大型煤炭基地成为煤炭供应主体,其中14个大型煤炭生产基地产量占全国的92.7%。全国煤矿数量由2005年的2.48万个减少至目前的9000个左右,平均单井规模由不足10万吨/年提高到50万吨/年以上。

2017年5月12日,国家发改委发布了《关于做好2017年钢铁煤炭行业化解过剩产能实现脱困发展工作的意见》。该通知提出2017年煤炭去产能的目标任务,坚持落后产能应退尽退、能退早退,全年退出煤炭产能1.5亿吨以上,实现煤炭总量、区域、品种和需求基本平衡。而截至第三季度末,内蒙古、辽宁、江西等多地已经提前完成全年的去产能目标,央企也超额完成去产能目标;山西和江西更是主动提高了煤炭去产能目标。作为煤炭去产能的主要阵地,2016年,山西关闭25座煤矿,退出产能2325万吨,居全国第1位;原煤产量比2016年减少1.4亿吨,减少量占全国煤炭减量的40.6%。除了山西省,江西省也大幅度上调"十三五"后4年煤炭去产能任务,并将推动九江、景德镇、宜春等6个设区市地方煤矿全面退出。同时,山东省于2017年10月底前完成全年煤炭去产能目标任务。2017年全国超额完成煤炭去产能目标是大概率事件。

下游钢材价格上涨,沿产业链逐级传导至上游煤炭

在两三年前,钢铁和煤炭可以说是一对难兄难弟,同为产能严重过剩的两个行业,几乎是全行业亏损。尤其是2015年,价格均跌倒了谷底。也就是从2015年年底开始,钢铁和煤炭被国家列为去产能、去库存的两个重点行业。从去产能的实际执行效果来看，钢铁和煤炭行业都取得了实打实的成绩。炼焦煤—焦炭—钢铁是转炉钢产业链，炼焦煤为上游，焦炭为中游，钢铁为下游。根据著名的"牛鞭效应"，需求和价格的波动会沿着产业链由下游向上游逐级传递，逐级放大。从近年的实际数据来看，下游钢铁的价格上涨时点在2016年3月，此时的煤炭价格还未有明显上涨。此后，价格上涨传递至中游焦炭行业，焦炭从2016年5月开始上涨。而这一波价格上涨传导至炼焦煤则到了2016年的9月。整体来看，此轮的价格上涨始于2016年3月的钢材价格上涨，大概半年后传递至上游炼焦煤。

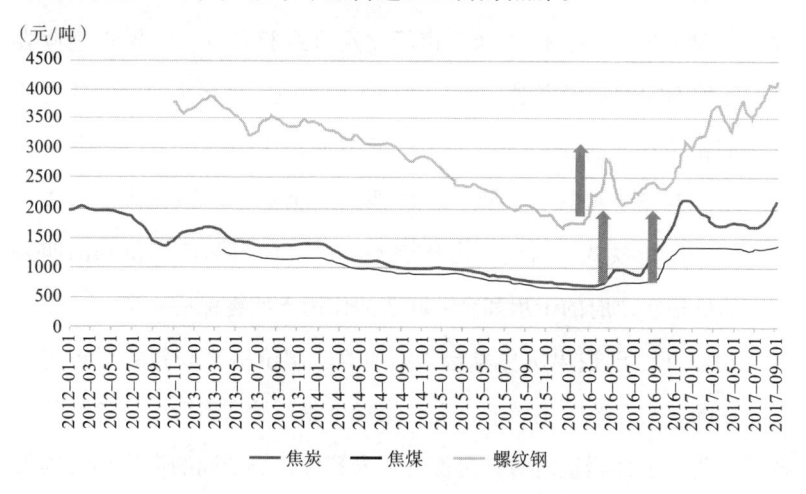

图 14-3　钢材、焦炭和炼焦煤价格走势

资料来源：Wind，工行投行研究中心。

长协价和市场价分离的新型价格双轨制助推煤炭市场价格高涨

煤炭价格双轨制是中国计划经济的产物。2012年12月25日，国务院发布了《国务院办公厅关于深化电煤市场化改革的指导意见》，明确提出自 2013 年起取消重点合同,取消电煤价格双轨制,煤炭企业和电力企业自主协商确定价格。自此,中国煤炭市场"似乎"实现了市场化改革,煤炭定价也步入了市场化时代。但随之而来的就是煤炭价格的持续下跌。为什么要说"似乎"市场化了呢? 这是因为虽然名义上煤炭定价已经实现了市场化,但实际上政府这只手始终没有完全放权,仍通过各种行政手段来干预市场,有直接的手段,也有间接的手段。间接的手段主要是通过资源税改革、进口关税调整、铁路运费调整、公路汽运管理、各种费用的调整、安全检查影响产量等手段,而直接的行政手段主要是对主要煤炭企业的价格约谈以及干预。2012—2015 年,由于缺乏市场化定价经验和方法,煤炭企业尝试过各种不同的定价方法,但是都是各自为政,煤炭企业之间的恶性竞争加剧了煤炭价格的下跌。2015 年开始,中国煤炭工业协会代表政府组织神华、中煤、同煤、伊泰四大煤企建立价格联盟,形成了"4+1"的定价模式。自此,占环渤海港口市场 70% 市场份额的四大煤企的价格在政府的干预和企业联盟的作用下始终保持一致。

2017 年,已退出历史舞台 4 年的双轨制价格又以新的形势复活了。在国家发改委的主导下,上游煤炭企业开始和下游电厂签订长协合同,明确了合同量内的长协价格。未签订长协合同的煤炭用量则采用市场价格。长协价格以 5500 大卡动力煤每吨 535 元为基准价,兼顾考虑上一月最后一期的环渤海动力煤价格指数和中国煤炭市场网的 CCTD 秦皇岛煤炭现货价格指数,三者的权重分别为 50%、25% 和 25%。根据网络报道,截至 2016 年 12 月 1 日,国内有 15 家大型煤企与下游企业签订了 2017 年中长期合同,签约量占总销量的 70% 以上。而实际上,神华等四大煤企全年的销量基本都锁定为长协价格,没有或者仅有少许余量参与市场价格竞争。2017年9月，神华更是宣布停止一切市场价格销售。也就是说，占环渤海市场70%份额的四大煤炭企业寡头基本不参与市场价格的竞争，这就是导致煤炭市场价格的供给量仅由占市场份额30%的中小煤炭企业散户提供，而需求量则可分为未签订长协合同的原有用煤和新增用煤需求。仅这一点，价格弹性就会变得非常高，价格对供需变得异常敏感，导致市场略有风吹草动，就会带来市场价格的大幅波动。

三、煤市八卦阵：物极必反，见好就收

2017年已成为历史，对于广大投资者和行业相关者而言，更关注的则是2018年甚至更长期的走势。接下来，本文就带领大家夜观天象，摆个八卦阵，来预测下2018年的煤炭市场。

煤炭市场的八卦阵

（1）产能过剩的大局未变

根据中国煤炭工业协会的统计数据，全国煤炭的产能高达57亿吨，而煤炭的需求量不足40亿吨，加之每年2亿吨左右的进口煤，供给过剩达到近19亿吨。考虑到2016年和2017年已分别去产能2.9亿吨和1.5亿吨，供给过剩仍接近15亿吨。随着国家宏观经济结构的调整，煤炭的消费总量和消费占比均有所下滑，因此，供给过剩的格局是不会改变的。

（2）去产能节奏有所放缓

市场普遍将近两年的煤炭价格高速上涨归因为去产能过猛，而国

家发改委也在主动放松去产能政策。《煤炭工业发展"十三五"规划》提出淘汰过剩落后产能8亿吨，通过减量置换和优化布局增加先进产能5亿吨/年，到2020年，煤炭产量减至39亿吨。2016年和2017年已累计去产能近4.5亿吨，按照5年去产能8亿吨总量计算完成了"十三五"去产能目标的56%，所以今后3年的去产能压力相对较小，去产能的节奏也会放缓。预计2018年去产能任务大概率小于2017年。

（3）优质产能逐步释放

从近期国家发改委的政策文件可以看出，国家发改委有意加快优质产能的释放。9月21日，国家发改委发布《关于做好煤电油气运保障工作的通知》，提出加快推进煤炭优质产能的释放。一是各产煤地区要组织指导煤炭生产企业在确保安全的前提下科学组织生产，不得以简单停产方式开展或应对执法检查，重点产煤地区要认真落实保供责任。二是严格落实增减挂钩、减量置换要求，加快办理相关手续，促进建设项目依法依规投入建设生产。相关政府部门要按照简政放权、放管结合、优化服务的要求，加快办理建设项目核准手续；对已核准项目，要积极协调加快办理采矿许可、土地使用、环境影响评价和安全生产许可等后续手续，已建成项目要及时开展联合试运转和竣工验收等工作。三是按照严格条件标准、严格减量置换的原则，对部分符合条件的优质煤矿重新核定生产能力。各地和有关中央企业要积极协调和组织具备条件的煤矿加紧落实产能置换方案，为加快办理相关手续、增加有效供给创造条件。

一方面，全国已审核确认产能置换方案的煤矿产能达到4.4亿吨，全部为大型现代化煤矿，2017年由于环保、安监等原因尚未释放，2018年有望显现。其中山西省明确加快优质产能释放，涉及煤矿 57 处，产能规模 1.06 亿吨。另一方面，四部委允许部分优质煤矿核增生产能力，主要是 2016 年按照 80%减量核准的矿井产能有望上调，这部分产能核增带来的增量 2017 年年底至 2018 年也有望显现。

（4）需求仍有增长

中国经济发展增速已经步入稳定的中高速增长阶段，2017 年前三季度 GDP 增速为 6.9%，其中与能源消费相关度最大的第二产业增速为 6.3%。分行业来看，与能源消费相关度较大的工业增速为 6.4%（其中制造业增速为 7.1%）、建筑业增速 4.8%、房地产业增速 5.9%。相关行业的稳定增长能够说明其对能源需求的稳定增长。因此，我们可以看出煤炭的需求仍有一定的增长空间。

（5）政策维稳导向明显

从近来发改委的政策动态可以看出，发改委的主要意图还是要将煤炭价格调整到一个比较合理的价格区间，并维持稳定。一方面，发改委划定了煤炭价格的绿色区间，另一方面，发改委推动煤炭企业和下游电力、钢铁等高耗煤企业签订长协合同，确定长协量和价格。

2016 年年底，神华、中煤的主要煤炭企业与五大电力等主要用户签订了长协合同，该合同执行期为 2016 年 12 月 1 日—2017 年 11 月 30 日。长协合同有别于前几年的年度合同，主要体现在 4 个方面：一是明确了定价机制，建立在煤炭供应基准价格（环渤海港口 5500 大卡动力煤基准价 535 元/吨）基础上随市场变化的价格联动机制，价格波动部分由双方合理分担；二是强化了履约保障，增加了履约监管和违约责任的相关内容，以月均长协合同数量的 90%~110%（即 ±10%）作为当月合同的考核量，并以保证金形式强化双方履约；三是国家给予相应支持，将在先进产能的释放中，优先支持签订中长期协议的企业；四是铁路总公司也会在运力上给予优先保障。

为掌握双方的履约情况，国家发改委委托第三方征信机构东方金诚公司和大公国际公司，对重点企业中长期合同签订履行情况的信用数据进行采集，充分发挥信用监管等手段，引导煤炭、电力企业严格履行中长期合同，促进稳定煤炭供应的长效机制不断完善。其结果还将在"信用中国"网站公开，并纳入信用记录，实施守信联合激励和失信联合惩戒。预计这种形式在新一轮合同执行过程中会被强化，以促使大型煤炭企业和电力企业足量兑现年度长协合同。

2017年10月，国家发改委召开座谈会，专题研究推进电煤直购直销、中长期合同签订以及煤炭迎峰度夏、迎峰度冬、保供稳价、社会责任、企业制度等工作。国家发改委将尽快启动2018年电煤中长期合同签订工作，建立完善的长效机制。一是重点推进电煤直购直销，减少中间环节，降低交易成本，促进上下游行业健康发展；二是进一步提质增量，扩大中长期合同签订数量，提升质量，建立科学的定价机制；三是强化运力保障，多签产运需三方合同；四是完善平台支撑，建立全国性电煤直接交易平台，营造公开、公平、公正、规范的市场交易环境；五是加强信用建设，委托第三方信用服务机构开展中长期合同履行信用数据采集，实施守信联合激励和失信联合惩戒。

（6）上下游合并潮起

2017年8月28日，国资委发布消息称，国电集团和神华集团合并重组为国家能源投资集团公司，开启了煤电上下游联营的大潮。国家能源投资集团公司总资产超过1.8万亿元，成为仅次于中石油、国家电网、中石化的第四大能源央企，其煤炭、火电、风电和煤化工业务均居全国首位。一方是全国最大的煤炭产运销企业，一方是五大电力之一的发电企业。神华和国电的此次合并，将神华内部的产运销一条龙延伸至企业外部，扩大了一条龙的广度。从长期来看，煤炭行业龙头神华集团的煤炭基本实现自产自销，占北方港口近45%份额的神华煤将不参与市场竞争。这有利于推动市场形成稳定的长协价格，减少价格波动和牛鞭效应；有利于形成煤矿与电厂定点、定量、定煤种的稳定供应模式，提升能源安全保障能力；有利于构建利益共享、风险共担的煤电合作机制，缓解煤电矛盾；有利于实现煤矿疏干水、煤泥、煤矸石和坑口电站乏汽的充分利用，促进绿色循环发展。同时，作为煤电联营的里程碑，也将带动其他电力企业和煤炭企业的合并重组。

2018年煤炭市场逐步回归平衡，煤炭价格回落至600元/吨

根据以上对煤炭市场摆的八卦阵可以看出：一方面，煤炭短期供给偏紧的局面将会随着去产能节奏的放缓、优质产能的陆续释放而得到有效缓解，煤炭市场将逐步回归供需平衡状态；另一方面，国家发改委通过长协合同来稳定和锁定大型煤炭企业和电力、钢铁之间的年度长协价格，进而带动整个煤炭市场的稳定。因此，预计2018年煤炭价格也将逐步回归到合理水平。

那么煤炭价格的合理水平到底是多少呢？

国家发改委和中国煤炭工业协会曾多次表示，5500大卡动力煤的港口价格550元/吨为较为合理的煤炭价格水平，在该水平下煤电双方盈利能力基本一致。2017年，国家发改委划定的煤炭价格绿色区间为470~600元/吨，煤炭价格高于或低于该价格区间，发改委便会出手干预价格。从经济增加值的角度来看（也就是净利润高于投资必要报酬的增值部分），以四大煤炭企业和七大火电企业（五大电力集

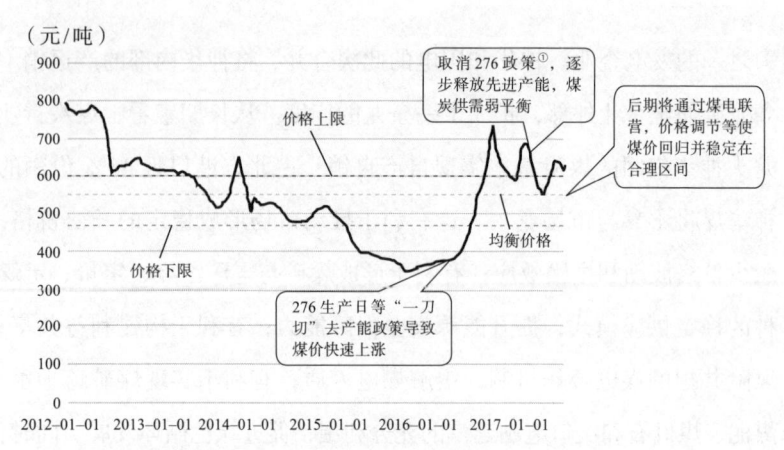

图 14-4 动力煤港口价格走势和绿色区间价格

资料来源：煤炭资源网，工行投行研究中心。

团和沿海六大电厂）的上市公司数据为基础进行了分析，得出的结论是当煤炭价格在 560 元/吨时，能够使上游煤炭企业和下游电力企业的单位经济增加值相同，而煤炭企业所能接受的最低价格为 460 元/吨，下游电力企业所能接受的最高价格为 660 元/吨。一旦煤炭价格超出该区间，势必会造成某一个行业的经济增加值为负，从国有资本运营的角度来看这肯定是不合理，也是不会长久的。

因此，综合国家发改委发布的绿色价格区间和本人的研究，500~600 元/吨是比较合理的煤炭价格区间。目前煤炭价格分为两部分，长协价格一直稳定在 560~570 元/吨的水平，这个水平是煤电双方都比较愿意接受的价格；而市场价格则高达 730 元/吨，这个价格之下，电厂的边际贡献为负，现金流为负，明显是不合理也不会长久

---

① 2016 年 2 月，国务院印发《关于煤炭行业化解过剩产能实现脱困发展的意见》，提出从 2016 年开始，按全年作业时间不超过 276 个工作日重新确定煤矿产能，原则上法定节假日和周日不安排生产。——编者注

的。本人预测，2018 年，煤炭价格将会随着供需关系回归平衡而逐步回落至 550~600 元/吨。按照近几年的形势来看，550~600 元/吨仍是相对较高的煤炭价格，煤炭企业仍能够保持较高的盈利能力。

四、火眼金睛：煤炭行业周期性投资机会

利用当前电力企业亏损的契机，开展前向一体化并购

一方面，国家政策鼓励煤电联营。2016 年 4 月，国家发改委印发了《关于发展煤电联营的指导意见》，明确指出，煤电联营是指煤炭和电力生产企业以资本为纽带，通过资本融合、兼并重组、相互参股、战略合作、长期稳定协议、资产联营和一体化项目等方式，将煤炭、电力上下游产业有机融合的能源企业发展模式。

另一方面，在当前的高煤价下，煤炭企业盈利能力强，现金流充足，而电力企业盈利交叉甚至亏损，是煤炭企业前向一体化并购下游电力企业的最好时机。2017 年 1—8 月，煤炭行业利润总额为 2001.1 亿元，同比增长 955.4%，而电力行业利润总额为 2228.8 亿元，同比降低 28.4%。

加快上市或资产注入，提高股权融资力度

当前煤炭价格高企，上市煤炭企业的市盈率较高，煤炭企业融资能力较强。对于准备上市的煤炭企业，应利用当前高煤价周期加快上市节奏。而对于已有上市公司的集团公司，可以将非上市资产注入上市公司，提高企业的股权融资能力。从工商银行投资银行部的客户案例来看，目前，内蒙古、山西的很多民营煤炭企业都在加快上市或资产注入的节奏。

开展煤炭债转股,主动去杠杆

在前几年的煤炭寒冬期,煤炭企业经营困难,行业亏损率一度高达90%,因此造成了很多煤炭企业不得不举债度日,很多煤炭企业的资产负债率超过80%。在当前的高煤价周期,煤炭企业可以积极主动地开展债转股,降低经营杠杆。2016年10月,国务院发布《关于积极稳妥降低企业杠杆率的意见》和《关于市场化银行债权转股权的指导意见》。根据发改委透露的数据,截至2017年8月,国内各类实施机构已与钢铁、煤炭、化工、装备制造等行业中具有发展前景的70余家高负债企业积极协商谈判达成市场化债转股协议,规模超万亿元。除了市场化债转股实施机构主体不断扩容,各类创新探索不断,相关配套政策细则也陆续跟上。例如,为了给债转股募集资金,2017年5月,首单债转股专项债券获国家发改委批准,陕西金融控股集团有限公司发行债转股专项债48亿元。而银监会也下发《商业银行新设债转股实施机构管理办法(试行)》(征求意见稿),推进更多债转股实施机构扩容。据国资委统计,目前有36家有意向而且条件较好的央企正在开展债转股工作,14家已经签订了转债规模达4400多亿元的框架协议,并且正在落实。

如今,多地债转股工作陆续进入实施阶段。处于强周期行业的钢铁、煤炭成为本轮债转股的绝对主力。据Wind资讯不完全统计,截至2017年8月,签订债转股的项目数量为65个,签约企业数量55家,签约规模8212.58亿元。其中煤炭、钢铁行业涉及项目数量33个,涉及规模5535亿元,均占比过半。以煤炭大省山西为例,7家银行与7家煤炭、钢铁企业达成市场化债转股意向1120亿元,已落地资金158亿元,全省债转股工作逐步进入实施阶段。

第十五章

轨道交通：城轨建设显著提速，需求有待观察

一、城市轨道交通的发展背景

发展轨道交通，建立完善的轨道交通系统网络，是现代化城市发展到一定阶段的必然选择。2016年年底，我国城镇化率为57.35%，已经发展到了较高的水平，并且持续上升趋势明显，同时区域内大城市对周边人口吸引力较强，这为我国的轨道交通发展创造了良好的条件。从实际情况来看，进入"十三五"以来，我国轨道交通建设明显提速，并且开始呈现出向三线城市扩张的趋势。本章将对我国轨道交通的发展历程和现状进行梳理和回顾，进而对未来轨道交通发展趋势进行展望。

"十二五"期间我国轨道交通发展回顾

2011—2015年，我国城市轨道交通发展迅速，无论是从轨道交通运营的城市数量还是新增运营里程方面，和"十五""十一五"相比都有了较大幅度的增加。

"十二五"期间，我国轨道交通运营里程从1698.7公里增长至3195.5公里，增幅高达88.11%。与此同时，除2011年外，其他年份轨道交通运营里程增速均高于350公里，考虑到每条线路约为30公里，这是一个十分可观的数字。

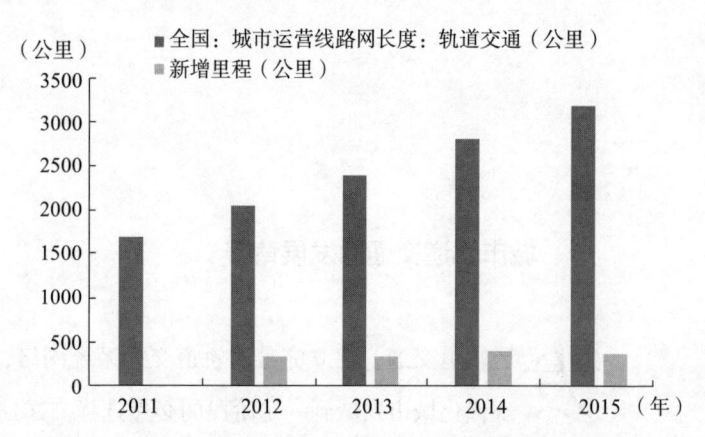

图15-1 2011—2015年我国轨道交通运营里程及新增里程

资料来源：中国城市轨道交通协会，工行投行研究中心。

除了线路里程，城市轨道交通的车辆数目在"十二五"期间也有了较大幅度的增长，从2011年年末的9945辆增加至2015年年末的19941辆，增长了100.51%。同样，运营车辆数目也处在高速增长中，"十二五"最后两年的增速均超过2500辆。

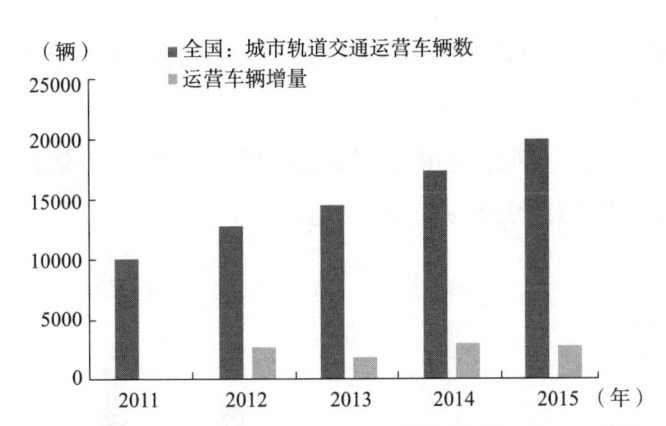

图 15-2　2011—2015 年我国轨道交通运营车辆数目及增量

资料来源：iFind，工行投行研究中心。

城市轨道交通运营车辆数的持续增长从需求层面大大拉动了上游产业的发展水平。以我国主要的轨道交通车辆生产厂商中国中车为例，其 2015 年城轨销售收入 225.91 亿元，占总收入的比重为 10.17%。考虑到城市轨道交通近年持续保持较高的增速，以及日益庞大的车队规模带来的车辆检修与维护市场，未来城市轨道交通在上游企业收入结构所占的比重可能会继续上升。

截至"十二五"末，我国大陆地区共有 26 个城市开通城市轨道交通，共计 116 条线路。与之相比，在"十一五"末我国仅有 10 个城市开通城市轨道交通。与此同时，我国目前有 43 个城市已经批复可以建设轨道交通。随着这些城市城轨项目的落地和建造完成，未来我国开通公共轨道交通的城市数目将会进一步上升。

客运量方面，2010 年年末全国轨道交通客运总量为 55.7 亿人次，而到了 2015 年年末则迅速增长至 140 亿人次，增幅高达 151.3%。客运量增速远高于线路里程和运营车辆数目的增速，其原因一方面在于轨道交通线路成网后带来的规模效应，另一方面在于调度运营和管理水平的提升。

"十二五"期间，全国城市轨道交通完成投资 1.3 万亿元，投资额逐年上升并且增速有明显提高的趋势。

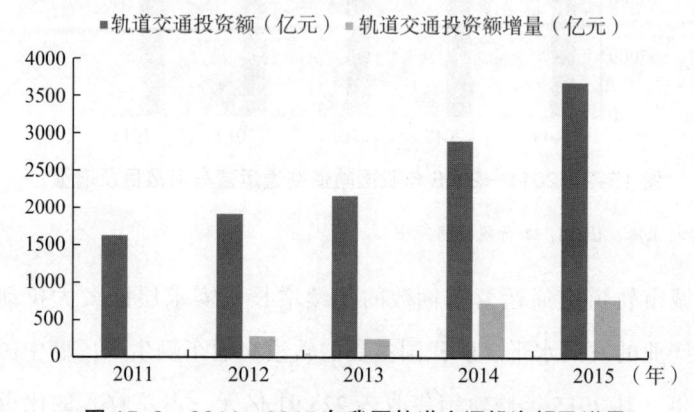

图 15-3　2011—2015 年我国轨道交通投资额及增量

资料来源：iFind`，工行投行研究中心。

从制式来看，"十二五"期间，城市轨道交通建设仍以地铁为主，但轻轨、单轨、有轨电车、市域快轨、磁浮交通和旅客自动捷运系统（APM）等制式也有了一定程度的发展。2015 年年末，运营线路地铁占比为 73.4%，其他制式占比 26.6%，在建线路中地铁之外的制式占比超过 30%。城市轨道交通制式组成逐渐丰富，反映了城镇化水平发展到一定程度后居民出行需求也日趋多样化。

"十二五"期间城市轨道交通发展的特点

建设速度加快。我国第一条城市轨道交通线路于 1967 年通车，2010 年年底总里程达到 1611 公里，"十二五"末增加至 3195 公里，较"十一五"增长近一倍。开通轨道交通的城市从"十一五"末的10个增长至26个。无论是从线路里程、车辆数量还是开通城市数来看,城市轨道交通建设都明显提速。

制式多样化。在很长一段时间内,我国城市轨道交通发展制式较为单一,地铁占绝大多数份额,辅以少量轻轨。"十二五"以来,各种城市轨道交通形式发展迅速、品种丰富、制式齐全,当今世界存在并且成功运行的形式和技术我国均有不同程度的采用,同时有所创新,如重庆的轻轨线路、大连的跨座式单轨、北京的直线电机线路和上海的磁悬浮线路等。技术的进步和创新丰富了轨道交通建设的选择余地,各个城市在选择制式时可以因地制宜,最大限度地发挥轨道交通在城市公共交通中的作用。

线路网络化。一般来讲,只有形成网络,城市轨道交通才能真正发挥作用,达到疏解城市交通拥堵的目的。截至2015年年末,全国轨道交通车站数量2236个,换乘站数量384个。在开通轨道交通的26座城市中,已有20座城市拥有至少2条线路。以北京城市轨道交通为例,截至2015年年末共有15条线路在运行,总长度631公里,轨道交通网络化程度居于全国前列,2015年每公里线路客运量541万人,远高于全国383万人的平均水平。截至"十二五"末,我国开通轨道交通的城市大多已初步实现网络化运营,同时已经提出轨道交通建设规划的城市也无一例外地选择了这种方式。

城市轨道交通发展现状

进入"十三五"以来,我国轨道交通建设有明显的进一步提速的趋势。整体来讲,一般30公里左右轨道交通线路从建设到运营,周期在 5 年左右。那么研究"十二五"期间，特别是"十二五"末开始建设的轨道交通线路，将对评估"十三五"期间轨道交通发展状况有很大的参考价值。

从中国城市轨道交通协会的统计数据可知，"十二五"最后两年中国城市轨道交通在建线路总里程分别为 4073 公里和 4515 公里，两年新增运营里程 427 公里和 445 公里，仅 2015 年新开工里程就高达 887 公里。以单条线路 5 年左右的建设时长来计算，"十三五"末至少会新增 3628 公里。保守估计，至 2020 年年底，中国轨道交通通车运营里程将会超过 7000 公里。整体来讲，"十三五"期间我国城市轨道交通新增通车里程大致在 4000 公里，增幅将超过 100%。

国家发改委、交通运输部于 2016 年印发的《交通基础设施重大工程建设三年行动计划》指出，2016—2018 年我国将重点推进铁路、公路、水路、机场和城市轨道交通项目 303 项，总投资 4.7 万亿元，其中城市轨道交通重点推进项目三年共计 103 个，总投资 1.6 万亿元，占比超过 1/3。这 103 个项目中，东部地区省市占据较大比重。

二、城市轨道交通的制式分析

根据中国轨道交通网披露的数据，目前我国城市轨道交通采用的制式共有 7 种，分别是地铁、轻轨、单轨、市域快轨、现代有轨电车、磁浮交通和旅客自动捷运系统。7 种轨道交通制式各有特点，接下来将从概念、特征、优缺点、适用性等方面对它们进行介绍和对比。

几种轨道交通的制式

（1）地铁

地铁是我国采用最广泛的城市轨道交通形式。根据中国轨道交通协会统计的数据，截至 2015 年年底，中国 26 个开通城市轨道交通的城市中，有 23 个城市包含有地铁线路，占比高达 88%。几乎所有在建或提出轨道交通发展规划的城市都包含地铁线路，地铁在我国城市轨道交通中占绝对的主流地位。

地铁是地下铁道的简称，采用钢轮钢轨体系，是地下、高架、地面线路三者结合的大容量快速轨道交通。地铁的运能，单向在每小时 3 万人次，最高可达每小时 6 万~8 万人次；最高速度可达每小时 120 公里，旅行速度可达每小时 40 公里以上，可 4~10 辆编组，车辆运行最小间隔可低于 1.5 分钟。

地铁的优点是运量大，能耗相对较低且应用广泛，技术较为成熟，缺点是噪声较大，造价相对其他制式较高。地铁一般在人口密集、交通拥堵严重的大城市中心区域较为适用。

截至 2015 年年底，我国地铁线路运营总里程为 2658 公里，在 7 种轨道交通制式中占比约为 73.5%。虽然在"十二五"期间地铁在轨道交通中的运营里程占比有所下降，且从在建线路的情况来看未来该比重还将继续下降，但是整体来看，地铁在未来相当一段时间内在我国城市轨道交通中的绝对优势地位不会改变。

（2）轻轨

轻轨是一种介于标准有轨电车和快运交通系统、用于城市旅客运输的轨道交通系统，它同样采用钢轮钢轨体系，运量或车辆轴重稍小于地铁。轻轨一般采用地面和高架相结合的方法建设，路线可以从市区通往近郊。列车编组采用3~6辆，铰接式车体，最高速度可达每小时60公里。轻轨采用高架线路时占地面积大、拆迁量大、噪声振动大，需要占用部分道路的同时对城市景观也有一定影响，一般适用于城市的市郊，或者道路条件较好且对景观与噪声要求较低的城区。

截至2015年年底，我国共有4个城市拥有轻轨线路，分别是天津、武汉、长春和大连，总里程233公里，在城市轨道交通总里程中占比约6.4%。

（3）单轨

单轨也称作独轨，指通过单一轨道梁支撑车厢并提供导引作用而运行的轨道交通系统。单轨是一种车辆与特制轨道梁组合成一体运行的中运量轨道系统，轨道梁既是车辆的承重结构，也是车辆的导向轨道。以支撑方式的不同，单轨分为跨座式和悬挂式两种。单轨的车辆采用橡胶轮，最高速度可达每小时80公里，旅行速度为每小时30~35公里，列车为4~6辆编组，单向运送能力为每小时1万~2.5万人次。

单轨的优点是噪声低、爬坡能力强、转弯半径小，同时，因采用橡胶轮，单轨电车的地形适应能力强；缺点在于橡胶轮较易老化，这一部分的维修成本相对较高。

截至2015年年底，我国仅有重庆拥有单轨线路，里程87公里。多山的地形地貌是重庆采用单轨线路的主要原因。

（4）有轨电车

有轨电车系统是一种由电气牵引、轮轨导向、2~3节编组、单向运输能力为每小时0.8万~1万人次的低运量城市轨道交通系统，分为铰接式有轨电车和导轨式胶轮有轨电车两类，运量低，适用于地面

（独立路权）、街面混行或高架。按运行模式分为混合车道、半封闭专用车道（优先信号）、全封闭专用车道（平道口立交）。

有轨电车的突出缺陷是线路多以地面为主，需要占用车道，对既有道路交通影响大，且有一定噪声。但是其工程投资较低，车辆美观舒适，和其他制式的轨道交通相比较为灵活，且建设不需要经过国务院审批，适用于中小城市和专用线路。

截至2015年年底，我国共有9个城市拥有有轨电车线路，总里程175公里。

（5）磁悬浮

磁悬浮利用电导磁力悬浮技术使列车悬浮运行，采用直线电机驱动，主要在高架桥上运行，特殊地段也可在地面或地下隧道中运行。按照运行速度可分为高速磁浮和中低速磁浮两类。上海2003年开通的磁悬浮线路属于高速磁悬浮。高速磁悬浮由于价格高昂，在城市轨道交通中应用较少。中低速磁悬浮是我国具有自主知识产权的新技术，在目前城市轨道交通中技术最先进，性价比较高。当前国内仅有长沙一条中低速磁悬浮线路已经开通运行，北京市郊S1线正处于建设之中。

中低速磁悬浮优点在于噪声低、成本低、适应性强，缺点是安全性方面有待检验（尤其是断电后的紧急制动方式）。

（6）市域快轨

市域快轨是指利用干线铁路或修建专用线路，开行于市中心区到卫星城镇、卫星城镇到卫星城镇间，主要满足市域范围内的出行需求。市域快轨通常使用电力牵引和内燃牵引，列车编组多为4~10辆，最高速度可达每小时100~120公里，由于站距较地铁长，运行速度超过地铁。自2013年起，市域快轨被中国轨道交通协会纳入城市轨道交通统计范围。

从名称可以看出，市域快轨的应用范围是城市间的长距离运输。其特点和地铁、轻轨等制式类似，优点是能耗低、技术成熟，缺点是振动噪声大。

截至2015年年底，我国共有6座城市开通市域快轨，几乎都是区域内辐射能力极强的城市，总运营里程412公里，在我国轨道交通制式中位居第二，仅次于地铁。

（7）旅客自动捷运系统

旅客自动捷运系统是一种无人驾驶、立体交叉的大众运输系统，属于轨道交通的一种，集合了多种传统城市轨道交通工具的特点，其主要特征是列车的微型化。

旅客自动捷运系统作为一种新的城市轨道交通制式，在我国应用较少，仅在广州有一条线路，长度4公里。

城市轨道交通的制式选择

从以上轨道交通制式的介绍可知，城市轨道交通制式较为多样，因此在选择制式时也应当结合实际情况，因地制宜。

城市轨道交通制式的选择应当考虑运输需求、工程经济性、技术合理性、城市交通特征和环境因素等几个方面，综合考量，合理规划。同时，随着技术的进步，我们可以发现多制式轨道交通共同发展已经成为趋势。这是城市发展需求和技术进步两方面共同作用的结果。而从在建线路的统计状况来看，到"十三五"末这种多元化的程度将会进一步增加。

三、产业链分析

城市轨道交通是一项综合性较强的产业,拥有完整的产业链,主要包括设计咨询、建设施工、装备制造、运营管理和增值服务 5 个环节,每个环节又包含若干细分领域。接下来我们将从这 5 个方面对城市轨道交通产业链的情况进行全面的梳理和分析。

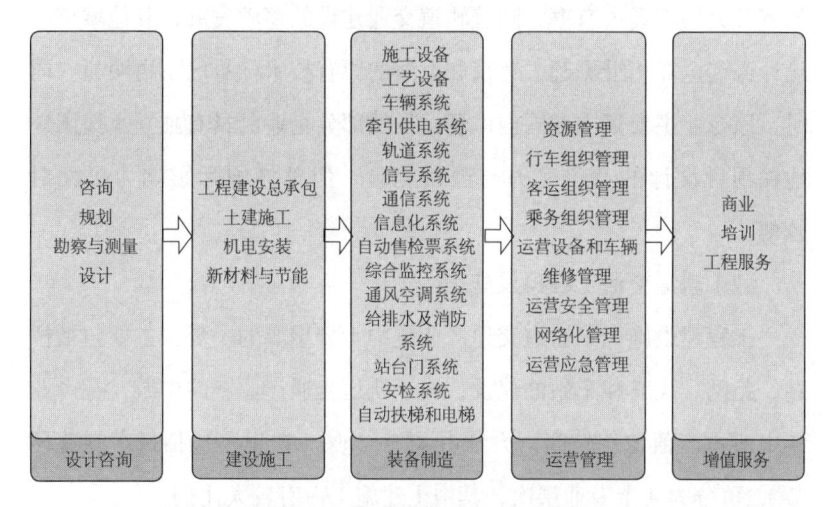

设计咨询	建设施工	装备制造	运营管理	增值服务
咨询 规划 勘察与测量 设计	工程建设总承包 土建施工 机电安装 新材料与节能	施工设备 工艺设备 车辆系统 牵引供电系统 轨道系统 信号系统 通信系统 信息化系统 自动售检票系统 综合监控系统 通风空调系统 给排水及消防系统 站台门系统 安检系统 自动扶梯和电梯	资源管理 行车组织管理 客运组织管理 乘务组织管理 运营设备和车辆维修管理 运营安全管理 网络化管理 运营应急管理	商业 培训 工程服务

图 15-4　城市轨道交通的产业链构成

资料来源:都市快轨交通网,工行投行研究中心。

产业链组成情况

(1)轨道交通规划设计咨询

规划设计咨询是以提供知识为主要服务形态的服务业,属于典型的以知识经济为载体的服务形态,具有高附加值、资源节约、环境友好以及智力密集的特点,是轨道交通产业链的上游。规划设计咨询环节虽然在轨道交通全产业链所占产值比重不高,但其利润率很高,并且在整个轨道交通行业产业链中具有非常重要的作用，对轨道交通产业的发展具有重要的引导和技术支撑作用。事实上，规划设计咨询服务覆盖轨道交通的全过程，主要包括咨询、规划、勘察与测量、设计4个方面的内容，占轨道交通总产值的5%~10%，其中设计占有最大的比重，约为50%。

从地域分布来看，北京和上海的企业在该产业领域起步早，起初有较大的市场占有率，随着轨道交通建设的蓬勃发展，其他城市的设计咨询企业相继崛起，北京和上海的原有技术优势已不再明显。同时，该行业主要集中在国内市场，虽然部分企业已具有独立承揽国外地铁项目设计的竞争实力与项目经验，但整体国际影响力仍相对较弱。

（2）轨道交通工程建设施工

工程建设施工是轨道交通产业链中十分重要的一环，主要包括桥隧、路网、线路和车站的建设，属于轨道交通产业链的中游，在产业链中所占产值比例较高，大约占45%~50%（这里不包括机车制造环节），可分为4个专业层次，其中土建施工占有较大比例。

经过中华人民共和国成立以来几十年的发展，我国工程建设施工技术已经发展得相当成熟，并已在国际市场上具有较大的影响力。在产业链中该部分属于比较成熟的环节，市场竞争充分，市场化程度较高，附加值偏低。各地轨道交通建设多为建设和运营的一体化业主，已具备工程总承包的能力。该环节的发展趋势是，随着大型复杂化项目的日益增多，客户更倾向于选择有能力提供综合"一站式"解决方案的总承包企业。在技术层面，过去的重点和难点在于大型工程机械的自主化建造以节约成本，目前这一难点已经基本被攻克，工程机械已经基本实现自主设计和制造。

（3）轨道交通装备制造

轨道交通装备制造环节主要分为施工装备和运营装备两类。施工装备主要包括隧道施工机具和桥梁大型构件的架桥机及铺轨机等；运营装备包括车辆、通信信号、供电等。

从我国工业发展脉络来看，装备制造业是国家重点支持的产业领域。一方面，该环节链条长，涵盖的专业和技术产品多，占轨道交通总产值的30%~35%，其中车辆系统和牵引供电系统占有较大比重；另一方面，该行业关键技术产品众多，企业有上千家。在国产化政策指引下，城市轨道交通装备的国产化比重逐步提高，特别是在车辆制造等方面已经具有国际领先水平，但对于牵引、制动、信号等核心技术和产品，国外公司目前仍占有较大的技术和市场优势。随着国内产业结构升级转型带来的政策方面的支持以及相关企业的发展，同时考虑到轨道交通下游产业链巨大的需求，未来我国在该环节预期将会有很大的发展潜力。

（4）轨道交通运营管理

轨道交通运营管理环节属于自然垄断性产业，处于轨道交通产业链的下游。单纯从运营管理来讲，其产业附加值较低。随着新线的开通，就业人口增多，财政补贴增大，其经济效益虽较差，但社会效益优势明显，属于偏重公益性的环节。随着轨道交通网络化运营的发展，除传统的运营管理外，逐步衍生出针对运营服务的专业化产业，如运营安全的检测、培训、信息服务、节能环保以及运营维护等相关产业都属于高附加值的产业。随着城市轨道交通进入运营稳定期，这些衍生产业具有良好的发展前景。

目前，我国城市轨道交通运营管理主要有两种模式。

一种是一体化模式，主要代表是北京和广州。在一体化模式下，地铁建设由政府层面出资，并委托国有资本平台公司全权负责设计、建设、运营、投资和开发等职能。

另一种是专业化模式，主要代表是上海。2000年，上海轨道交通启动了"投资、建设、运营、监管"四分开体制，将城市轨道交通按生命周期分开，每部分独立推进。在纵向四分开的同时，每一环节内实行横向适度竞争原则。

两种模式各有特点。专业化模式优点为：专业化运作，加快了建设步伐；有利于解决融资难的问题以及形成建设、运营的专业化市场；引入竞争机制，实现了内部分工和相互监督，有利于提高服务质量和管理效率。缺点为：出资人无法对建设资金实行有效管理；建设与运营衔接比较困难；投资方偏重于控制投资和压缩成本，可能难以为建设提供良好的资金条件。而一体化模式的优缺点基本与之相反。两种模式没有优劣之分，具体采用哪种模式应当结合当地的情况综合考虑，谨慎选择。

（5）轨道交通增值服务

随着产业链的延伸和分工细化，原来在企业内部的研发、测试等环节开始独立为市场化行为，形成了新的服务业态，具有高端化、高辐射、集聚性强以及服务化四大特征，不仅资源消耗少，而且对于促进区域产业结构的优化具有举足轻重的作用，轨道交通增值服务产业前景广阔。

目前，我国轨道交通安全验证、研发和培训环节在产业链条中的地位比较薄弱，需要加强和扶持，同时，轨道交通的物业、广告、媒体、商业、资源开发等行业也具有很大的增值空间。

随着社会经济水平的发展和城镇化水平的不断提升，作为和乘客接触频率最为频繁和深入的环节，轨道交通增值服务具有极强的全产业链带动作用和发展潜力，甚至可以作为一项吸引资本的优势，具体将在下文介绍。

轨道交通产业链发展趋势及投资机会

从整体产业链状况来看，5个环节目前的行业发展程度、集中度不尽相同，未来可能会有不同的发展趋势与投资机会。

上游的规划设计咨询目前主要由规划设计公司和城市规划设计院所来完成，结合我国实际情况以及该环节在产业链中所占的比重，在未来很长一段时间内这种状况不会有太大的变化。

产业链中游的轨道交通工程建设施工环节目前发展较为成熟，土建施工、桥隧挖掘、机电安装等细分领域内也有实力较强的主导企业。这一环节在未来一段时间也会保持相对稳定的状态。

装备制造作为轨道交通目前技术含量最高、细分领域最多的环节，未来可能会有所变化。目前，车辆系统、牵引供电系统和信号、通信系统等领域行业集中度较高，同时由于其门槛较高、产品研发周期较长，已形成一定的行业壁垒，新兴企业较难进入。在一些周边领域，诸如售票系统、通风空调系统以及监控、安检系统等，目前正处于发展阶段，行业集中度较低，未来可能会有逐步整合的趋势。

下游的轨道交通运营管理环节主要是指轨道交通的运行、调度、维护和管理等内容，是体现轨道交通公益属性的环节，附加值较低，目前主要由各地成立的地铁运营公司来承担此项内容。我们认为，从行业自身属性来看，未来该环节也不会有太大变化。

增值服务，特别是其中的商业环节将会是城市轨道交通发展最具活力的部分。随着互联网技术的发展和城镇化水平的提升，轨道交通广告宣传以及周边商业带来的收入已经有了十分显著的增长。我们认为，这一环节在未来的需求端将会是轨道交通发展的一项核心驱动因素，全面带动城市轨道交通全产业链的可持续发展。增值服务在未来将不仅是一项轨道交通的收入来源，还将成为吸引社会资本参与轨道交通建设的一大优势，进而一定程度上决定未来我国轨道交通的发展模式。具体将在下文介绍。

结合我国城市轨道交通行业产业链各环节的发展现状和趋势，我们认为，在装备制造和增值服务这两个环节将存在一定的变数，也会带来一定的投资机会。在这两个环节的发展和整合过程中，可能会出现一些新企业、新模式，而这些企业的高速发展也会为股东和投资者带来丰厚的收益。但是在行业整合的过程中，也会有大量的企业被并购或倒闭，因此应关注企业的研发水平与发展潜力，综合分析。

四、PPP模式与城市轨道交通建设

在以往很长一段时间内，我国的城市轨道交通建设的主要资金来源是地方政府，剩余资金由地方政府作为主体进行融资，具体方式包括银行贷款和发行债券等。但是近年来我国轨道交通建设发展迅速，仅靠地方政府财政支出已难以满足日益庞大的建设资金需求，因此需要拓宽资金来源渠道。PPP模式作为近年兴起并迅速发展的一种政府和社会资本合作模式，能在很大程度上弥补目前轨道交通建设的资金缺口。

PPP模式介绍

所谓PPP（Public-Private-Partemership），就是公共部门与私人企业合作模式，是指政府、营利性企业和非营利性企业或组织基于某个项目而形成的相互合作关系的形式，是公共基础设施的一种项目融资模式。此种模式下，政府、营利性企业和非营利性企业或组织形成一种多赢的合作模式，使总收益最大化，实现帕累托最优，即社会效益最大化，这更符合公共基础设施建设的宗旨。广义的PPP模式以政府授予私人部门特许经营权为特征，包括BOT（建设—经营—转让）等多种形式；狭义的PPP模式则是指政府引入社会资本，共同设计开发，共同承担风险，合作期满后再移交给政府的公共服务开发运营模式。

具体来讲，常见的PPP运作模式主要有以下几种。

TOT（Transfer-Operate-Transfer）模式：转让—经营—转让。在TOT模式下，政府将拥有的设施转交给专业化的运营公司并收取相应的转让款，期满后项目公司再将设施转交回政府。这种模式下，企业不参与项目建设环节，因此免去了企业建设阶段的风险，接手后项目即可为企业带来收益，也便于企业进行融资。同时，由于在专业运营环节政府在专业化程度和经营效率方面不及企业，因此该模式有利于减少政府对项目的过度干预，有利于科学规划和监管。但是目前我国轨道交通建设的一个现实问题在于，地方政府在初期建设时资金相对匮乏，而TOT模式下社会资本却不参与建设环节，无法弥补此项资金缺口。因此，单独采用TOT模式对大多数城市的轨道交通建设并不适用，还需要配合其他模式共同运作。

BOT（Build-Operate-Transfer）模式：建设—经营—转让。在BOT模式下，政府和私人机构之间达成协议，由政府向私人机构颁发特许权，允许其在一定时期内筹集资金建设某一基础设施并管理和经营该设施及其相应的产品和服务。政府对建设机构提供的服务和产品的数量和价格可以有一定的限制以体现项目的公益属性，但同时也会保证私人资本有获取合理利润的机会。整个过程的风险包括市场风险、技术风险、融资风险和不可抗力风险等，由政府和私人机构共同分担。当特许经营期限结束后，私人机构将按约定将设施转交回政府部门，后续项目由政府指定部门经营和管理。

BOT模式最大的特点就是政府将基础设施的经营权通过有期限的抵押以获得项目融资，或者说是基础设施国有项目民营化。在这种模式下，首先由项目发起人通过投标从委托人手中获取对某个项目的特许权，随后组成项目公司并负责进行项目的融资，组织项目的建设，管理项目的运营，在特许期内通过对项目的开发运营以及当地政府给予的其他优惠来回收资金以还贷，并取得合理的利润。特许期结束后，应将项目无偿移交给政府。目前我国已有一些基础设施建设项目采用BOT模式，比如广深珠高速公路、重庆地铁和武汉地铁等。

BOOT (Build-Own-Operate-Transfer) 模式：建设—拥有—经营—转交。在BOOT模式下，私人机构融资建设基础设施产业项目，项目建成后在规定的期限内拥有所有权，并在政府的监管下进行经营，期满后将项目移交回政府，由政府指定相应的部门进行经营。与BOT模式相比，BOOT模式多了"拥有"这一环节，即所有权上的区别，可以认为是BOT模式的一种变形。BOT模式项目建成后，私人只拥有所建成项目的经营权；而BOOT模式项目建成后，在规定的期限内，私人既有经营权，也有所有权，经营的自主性有所放宽。另外，采取BOT模式时，从项目建成到移交给政府这一段时间一般比BOOT模式短一些。

BT（Build-Transfer）模式：建设—转交。在BT模式下，政府和私人部门签订协议，由私人部门负责项目的融资、建设，并在规定时限内将竣工后的项目移交政府，政府部门根据事先签订的回购协议分期向投资者支付项目总投资及确定的回报。通俗地说，BT投资也是一种"交钥匙工程"，社会投资人进行项目的投资和建设，建设完成以后"交钥匙"，政府再回购，回购时考虑投资人的合理收益。

显然，BT模式也是BOT模式的一个变形。同时由于BT模式省去了一般项目周期中最长的运营环节，和BOT模式相比其周期大大缩短。实际上，BT模式相当于将政府在基础设施项目上的投资延后了几年，考虑到基础设施的建设周期，这个期限一般在5年左右。从这一角度来看，BT模式对缓解地方政府基础设施建设的财政支出压力，效果有限。另一方面，由于私人机构只参与建设环节，而运营环节与其无关，因而项目工程质量可能难以保证。由于以上两个因素的存在，BT模式目前在我国应用较少。

PPP模式在轨道交通行业的应用

从行业特点来看，城市轨道交通建设审批流程较长，所需资金量大，建设周期长，运行维护费用高，专业化要求高。同时，考虑到城市轨道交通的公益属性，其票价又难以完全市场化。因此，在过去很长一段时间内，城市轨道交通建设都是以地方政府为主体并出资本金，剩余资金需求借助银行贷款这种方式完成的。但是正如前面章节提到的,"十三五"期间我国轨道交通运营里程预计将会增加一倍,同时在建线路资金需求达到万亿元级别。与之对应的,我国经济增速正处于近几年低位,地方财政收入显然无法保持与之对应的增速。因此,通过PPP模式引入社会资本来保证城市轨道交通项目建设,减轻地方政府财政支出压力就成了必然选择。

事实上,在城市轨道交通建设中采用PPP模式,在我国已经有了一些尝试,比如北京地铁4号线。

北京地铁4号线是我国首个以PPP模式建设的城市轨道交通项目,采用的是"资产分割+BOT"模式。工程的建设分成A、B两个部分。A部分主要是土建工程部分,总投资额107亿元,由政府方负责建设,并通过资产租赁的方式交给特许公司运营。B部分主要包括线路的车辆、信号和售票系统等配套设施,总投资额46亿元,由特许公司负责筹集资金和建设。项目特许经营期30年,其间由特许公司负责项目的线路运行和商业管理,特许经营期结束后将B部分完好、无偿地转交给政府指定部门。

通过采用PPP模式,北京市政府节省初始投资46亿元,追加投资6亿元,更新改造投资40亿元。作为新成立的特许经营公司的股东,社会资本方在运营、开发地铁线路方面更有经验,这也有利于提升地铁4号线的运行效率。

2015年5月至2016年9月,发改委分别向社会公开推介了3批共计3752个PPP项目,其中城市轨道交通项目分别为17个、18个和22个,虽然项目数量占比仅为1.5%,但投资规模高达10111亿元,在总投资规模中的占比高达15.7%,并且单体项目投资规模巨大。

我们认为,未来我国社会资本通过PPP模式进入城市轨道交通领

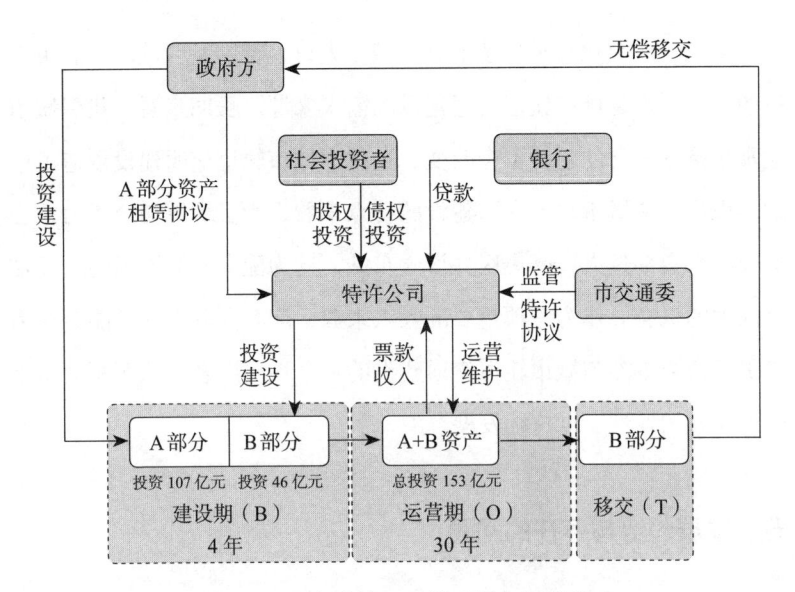

图 15-5　北京地铁 4 号线建设与运营模式

资料来源：国家发改委，工行投行研究中心。

域将会更为积极，主要原因如下。

第一，社会资本活跃程度日趋增强。从资本供给层面来看，根据财政部统计的数据，2016年，全国PPP项目落地投资额共计6952亿元，并且逐年逐月呈现出明显的上升趋势。这从侧面表明目前我国可能存在大量的闲置社会资本没有被充分利用。与此同时，虽然包括城市轨道交通在内的基础设施项目一般周期较长，收益率不是特别高，但是其风险低、现金流来源十分稳定，而且配套的商业开发潜力较大，因此对社会资本仍有较强的吸引力。

第二，城市轨道交通建设资金需求量大。如前文所述，未来我国轨道交通建设的规模在万亿元以上，并且仅靠地方政府难以满足资金需求，因此社会资本通过PPP方式进入这一领域有较多的机会。

第三，城镇化水平持续上升。城镇人口，特别是区域内大城市人口的不断增加是城市轨道交通建设的需求来源。长期来看，我国城镇化水平持续上升的趋势不会改变，这就为城市轨道交通建设创造了广阔的市场。从城市轨道交通建设的特点来看，为了缓解交通压力，一般线路都会穿过人口密集区并设立车站，这为配套商业设施的发展带来巨大的机会。作为一项重要的收入来源，配套商业设施可能会成为吸引社会资本参与城市轨道交通建设的一个重要因素，从而驱动城市轨道交通的良性、可持续发展。

五、发展趋势与存在的问题

我国城市轨道交通建设的发展趋势

随着经济水平、产业结构和人口分布等因素的不断变化，自"十二五"初期开始，我国城市轨道交通建设开始提速，目前已经到了高速发展的阶段。我们认为，未来我国城市轨道交通建设的发展趋势将会有以下几个特点。

城市轨道交通开通城市数量、运营里程将迅速增长。"十二五"初期我国仅有10个城市开通了城市轨道交通线路，到"十二五"末增长至26个，增加了1.6倍。2016年，我国有48个城市在建城市轨道交通线路，考虑其建设周期，未来几年我国开通城市轨道交通的城市数目仍将迅速增长。与此同时，城市轨道交通运营里程在"十三五"期间预计将会从3198公里增长至7000公里以上。整体来看，我国城市轨道交通规模在未来几年将保持高速增长的趋势。

多种城市轨道交通制式共同发展。 目前，我国城市轨道交通制式仍是地铁占据绝对主导地位，2015年年末，地铁在城轨运营总里程中的占比高达73.4%。但是新建线路的规划显示，其他制式的轨道交通制式开始占有越来越大的比重。与此同时，新型轨道交通技术也在不断发展。如2016年开通运营的长沙磁浮快线，标志着中低速磁浮列车技术的初步成熟并进入工业化生产阶段。随着技术的进步，各地在规划城市轨道交通线路时将会有更多的选择，以提升其社会和经济效益，多元化城市轨道交通制式也将会成为趋势。

城市轨道交通建设开始向三线城市延伸。 目前，我国一二线城市大部分已经拥有城市轨道交通线路或已经进行了相关规划。与此同时，一些三线城市，如包头和洛阳也提出了城市轨道交通建设规划，这说明城轨建设开始逐步向三线城市延伸。但是这些城市在财政收入、人口规模和交通状况方面是否有城市轨道交通的建设需求还应当进一步分析，谨慎选择。同时，城市轨道交通制式的多元化发展也给相关城市提供了更多的选择，这也将在一定程度上促进城市轨道交通建设向三线城市延伸。

产业链装备制造环节或将开始整合。 目前，通风系统、安检系统和售票系统等城市轨道交通周边配套装备供应环节行业集中度较低，难以实现规模效应。未来随着需求的不断增加，这些细分领域可能会开始整合，进而形成一个或几个在行业内具有明显优势的企业。与此同时，产业整合的过程中，可能会存在大量的并购机会，值得重点关注。

融资渠道逐步多元化。 目前城市轨道交通建设中存在的一个矛盾是相对有限的地方政府财政收入无法满足迅速增长的项目建设资金需求。因此，通过PPP方式引入社会资本参与城市轨道交通建设将会成为趋势。作为社会资本构成中最具活力的部分，在城市轨道交通建设中引入民营资本不仅可以弥补资金缺口，也可能会催生出一些新的建设模式和经营模式，从而促进其良性、健康和可持续发展。

我国城市轨道交通建设存在的问题

整体上来看，我国的轨道交通建设处在一个明显的上升通道中，其特点主要集中在以下几个方面。

第一，城镇化进程是城市轨道交通的需求来源，未来我国城镇化率整体继续上升的趋势不会改变，人口向城镇流入带来的出行需求和地面交通压力会推进一二线城市乃至部分三线城市的城市轨道交通发展进程。从图15-6可以看出，自2011年以来，中国的城镇化水平处在明显的上升通道中，并且预期趋势还将在较长一段时间内保持下去。2016年，中国城镇常住人口8.23亿人，城镇化率高达57.35%。与此同时，考虑到区域内城市发展不平衡的现状，大多数省份的中心城市（一般是省会城市）对人口和资源的吸引力较强，人口过度集中

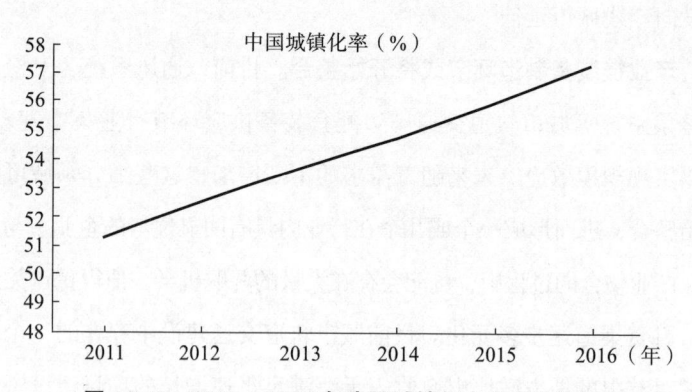

图15-6　2011—2016年我国城镇化水平变动情况

资料来源：iFind，工行投行研究中心。

带来的交通压力更为严重。人口因素将在需求层面推动轨道交通建设，这是轨道交通建设和发展的根本动力。从这一点来看，未来我国城市轨道交通的发展仍有一定的潜力。

第二，城市轨道交通建设要考虑区域内城市间的辐射状况。大城市对周边地区的辐射会带动当地的城市轨道交通发展，比如河北省提出在"十三五"期间将推进环首都县（市）与北京市城市轨道交通衔接项目。而对于一些三线城市，其对周边区域的辐射能力相对有限，以河南为例，除郑州外，其余城市在"十二五"期间均为人口净流出区域，这些城市在规划城市轨道交通建设时应更为谨慎。

第三，土地费用、拆迁成本的上升也提升了轨道交通建设的成本和门槛。从已经建成和在建的城市轨道交通投资情况来看，地铁每公里造价约为7亿元，单轨约为3.6亿元，市域快轨约为3.7亿元，有轨电车约为1.8亿元。不同制式的轨道交通单位运力大致与建造成本成反比，因此就需要地方政府在轨道交通建设时根据实际需求和财政状况在运力和成本方面做出权衡，选择合适的轨道交通制式。特别是对于财政收入较为薄弱的地区，是否上马轨道交通、选择何种形式的轨道交通（地下、地面、地上）仍需要结合当地具体情况，因地制宜，谨慎选择。

第十六章

农业：供给侧改革推动农业领域深刻变革

2015年12月，中央农村工作会议首次提出农业供给侧结构性改革，2017年中央一号文件以农业供给侧改革为主题进行阐述，突出了农业供给侧改革在现阶段我国农业农村工作中的重要性，为"十三五"时期的农业农村工作指明了方向。

一、农业供给侧改革的主要措施

农业供给侧改革是在我国农产品供给结构性失衡、农业面源污染问题加重、农民收入增长速度放缓等背景下提出的，是今后一段时期内我国农业农村工作的主线。自2015年12月提出农业供给侧改革以来，其内涵逐渐扩大，各项政策措施陆续出台，促进了我国农业的健康发展。具体来看，农业供给侧改革的措施可分为4个方面：促进农业结构调整措施、培育农业新动能措施、推动农业可持续发展措施和促进农民收入增长措施。

促进农业结构调整措施

（1）种植业结构调整措施

种植业结构调整是农业供给侧改革的主要内容之一，也是现阶段农业发展中最为迫切的任务，其中以玉米市场供需矛盾最为突出，结构调整需求最为迫切。整体来看，我国种植结构调整的原则可以概括为：稳口粮、减玉米、增大豆、增杂粮杂豆、增饲草料、增马铃薯，稳定棉花、油菜籽、食糖供给。具体措施方面，2016年，国家取消了玉米临时收储政策，改为玉米生产者补贴加市场化收购的政策，即玉米价格由市场供需决定，对玉米种植者的生产环节进行补贴，不再对价格进行补贴，开始了对玉米种植结构调整的工作。此外，以"保产能、适当调、产业化"为原则，出台了镰刀湾地区玉米种植面积调减政策，指导非优势产区的玉米调减工作。同时国家先后出台了粮改豆、粮改饲等一系列政策措施，指导玉米调减地区种植大豆、杂粮杂豆、饲草料、薯类等市场需求的品种，实现玉米种植面积的调减和种植结构的优化。

作为种植结构调整的组成部分，国家同时对棉花、油菜籽、大豆等作物的补贴政策也进行了改革。其中，棉花由临时收储政策改为目标价格政策；油菜籽方面，取消国家临时收储改为各省分别执行收储的政策；大豆取消临时收储后，先执行了两年目标价格政策，随后又改为生产者补贴政策。此外，2017年，国家首次下调了稻谷的最低收购价格，2018年将首次下调小麦的最低收购价格。通过价格调整，给市场传递出不同于以往的信号，指导国内农作物种植结构的调整工作。

从实施效果来看，在进行价格和补贴政策调整后，国内相关农产品的价格均出现下跌，除大豆作物外，各品种种植面积也出现下降。其中东北地区玉米种植面积大幅降低，国内棉花种植向新疆集中，油菜籽种植和压榨集中在两湖、川渝等地区。棉花和油菜籽的国内外农产品价差有所减小，并有效抑制了进口的增长。玉米价格的大幅下跌对玉米、高粱、大麦、DDGS（含有可溶固形物的干酒糟）等品种的进口都起到了很好的抑制作用，促进了国内供需结构的优化和农产品贸易逆差的缩小。

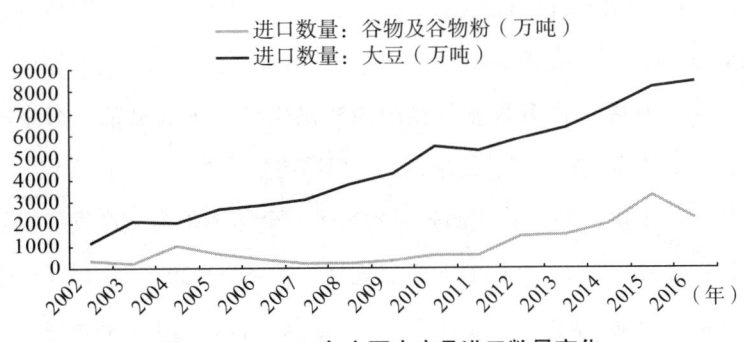

图 16-1 2016年主要农产品进口数量变化

资料来源：Wind，工行投行研究中心。

（2）养殖业结构调整措施

养殖业结构调整的措施包括畜牧业和渔业结构调整两个方面，其中畜牧业结构调整包括稳定生猪养殖和大力发展草食畜牧业。

稳定生猪养殖的内涵包括三个方面：促进生猪养殖区域布局优化、加大环保要求、提高生猪养殖规模化水平。2015年11月，农业部印发了《关于促进南方水网地区生猪养殖布局优化调整的指导意见》，对南方水网地区的生猪养殖布局进行指导。2016年4月，农业部发布了《全国生猪生产发展规划（2016—2020年）》，对生猪养殖区域布局进行划分，将全国划分为重点发展区、约束发展区、潜力增长区和适度发展区，其中重点发展区分布在华北、华南等传统生猪养殖集中地区，潜力增长区分布在东北、西南等粮食主产区，鼓励生猪养殖向粮食主产区和环境承载能力强的地区转移。与此同时，随着环保政策的加强，2016年以来，南方水网地区、生态环境脆弱地区进行了大规模的生猪禁养、猪场拆迁等工作，加速了生猪养殖向潜力增长区转移，促进了生猪养殖区域布局的优化。稳定生猪养殖的措施还包括鼓励养殖场提高自动化装备水平等，进而提高生猪养殖的规模化水平。

大力发展草食畜牧业是在国内居民生活水平提高后，对牛羊肉、奶制品等产品的消费需求提高，但国内牛羊肉等产品供给相对不足的背景下提出的。农业部先后发布了《全国牛羊肉生产发展规划（2013—2020年）》《全国奶业发展规划（2016—2020年）》以及《全国苜蓿产业发展规划（2016—2020年）》等文件，提出提高肉牛和肉羊养殖的规模化水平，并对区域布局进行指导。作为配套措施，国家鼓励大力发展苜蓿、青贮玉米等饲草料种植，并出台了相应的发展规划，提出了2020年的发展目标、重点任务、保障措施等。

渔业结构调整的重点是减量增收和保护资源，其中保护资源以保护海洋渔业资源为主,为此提出压减捕捞产能的目标,加大禁渔、休渔力度。与此相对应,提出大力发展水产养殖业,通过转变水产养殖方式、促进渔民收入增长和渔业健康发展。

(3)推动农村三产融合措施

推动农村三产融合的措施包括大力发展农产品加工业、休闲农业、观光农业等农业第三产业,进而推进农村三产融合。大力发展农村第二、第三产业,有助于延长农业产业链,提升农业附加值,提高农业生产综合效益和促进农民收入增长。在推动农村三产融合的同时,国家大力支持新型农业生产经营主体的发展,希望以新的业态和新的主体来带动农业的发展。

培育农业新动能措施

培育农业发展新动能的措施,主要包括各项农业农村改革措施:农村经营体制改革是促进农业农村长远发展的重要政策措施,通过实行农村土地三权分置、推动土地经营权流转等措施,有助于盘活农村土地资产、激活农业农村活力、促进农业生产规模化水平的提高;农垦改革、收储制度、农产品价格改革将国有农场、农产品价格等推向市场,用市场化的方式手段激发农业生产活力,促进农业农村发展;农村集体产权制度改革有助于激发农村集体资产活力,增加农民的财产性收入,促进农业农村快速发展。

推动农业可持续发展措施

推动农业绿色可持续发展也是农业供给侧改革的重要内容。随着农业生态环境紧约束日益增强,农业绿色发展的紧迫性也日益增强,为此，国家出台了以下措施促进农业可持续发展。

（1）农业绿色发展五大行动

农业绿色发展五大行动包括畜禽粪污资源化利用行动、果菜茶有机肥替代化肥行动、东北地区秸秆处理行动、农膜回收行动和以长江为重点的水生生物保护行动。这五大行动都是聚焦在目前农业行业发展的短板问题和关系百姓切身利益的问题上。五大行动的开展既有助于促进农业绿色发展，又有助于保护农村生态环境。在具体目标上，国家提出至2020年我国畜禽粪污综合利用率达到75%以上、果菜茶优势产区化肥用量减少20%以上、东北地区秸秆综合利用率达到80%以上、农膜回收利用率达到80%以上。

（2）化肥、农药零增量行动

化肥和农药的使用对提高我国农产品产量水平、有效防止病虫害的发生起到了很大的作用，但同时我国也存在化肥和农药使用过量、使用不当等问题，不仅造成生产成本增加，而且带来了农产品质量安全和生态环境安全等问题。为此，2015年农业部印发了《到2020年化肥使用量零增长行动方案》和《到2020年农药使用量零增长行动方案》，提出至2020年国内主要农作物化肥和农药使用量实现零增长。从行动方案的内容来看，化肥、农药零增量行动的前提是不影响农业生产，在此基础上逐步控制化肥和农药的使用量，提高化肥、农药利用率，实现农业的节本增效、节能减排，进而保障国家粮食安全、农产品质量安全和农业生态安全。

（3）休耕轮作试点及扩大

耕地是进行粮食生产的根本，前面已经提到我国耕地质量近年来逐渐恶化，保护耕地数量稳定和质量水平成为维护我国粮食安全的重要内容。为此,在大的层面,国家发布了《耕地草原河湖休养生息规划(2016—2030年)》;在小的层面,农业部发布了《关于印发探索实施耕地轮作休耕制度试点方案的通知》。实施耕地轮作休耕制度既有利于耕地休养生息和农业可持续发展,又有利于平衡粮食供求矛盾、稳定农民收入、减轻财政压力,是现阶段根据我国耕地发展现状提出的重要决策。方案提出用未来3~5年的时间,在东北冷凉区、北方农牧交错区等地推广轮作500万亩耕地,在河北省黑龙港地下水漏斗区季节性休耕100万亩,在湖南省长株潭重金属污染区连年休耕10万亩,在西南石漠化区连年休耕4万亩,在西北生态严重退化地区连年休耕2万亩,并探索实行耕地休耕轮作补助制度,以不影响农民收入水平为前提,对轮作和休耕地区农民进行适当的补贴。

促进农民增收措施

近年来,随着经济增速的放缓,农民收入的增长速度也逐渐下降,无论是外出打工收入还是农业生产经营收入,增长都遇到瓶颈。尤其是,随着农业结构的调整,部分农产品价格出现下调,农民种植收益出现下滑,促进农民持续增收的目标面临艰巨的挑战。为此,农业供给侧改革在调整农业结构的同时,采取了一系列措施促进农民增收。首先,通过节本增效来提高农业生产效益,进而提高农民收入水平。现阶段大宗农产品价格普遍下调,对农民增收带来不利影响,但如果能够降低生产成本、提高生产效益,依旧可以起到增加收入的作用。为此,提高生产规模、节地、节水、节肥等措施的展开很有必要。其次,通过延伸农业产业链、提高农产品附加值来反哺农民收入。为此，国家大力提倡农产品产地初加工、发展休闲农业、农村电子商务等，通过这些措施来增加农民综合收益。最后，加大对农民的补贴力度。实施农业结构调整以来，国家先后出台耕地地力保护补贴、玉米大豆生产者补贴、粮改豆补贴、粮改饲补贴、休耕轮作补贴、良种补贴等措施，保障农户种植收益不下降、农民增收有保障。

二、农业供给侧改革推动农业提质增效

农产品供给结构优化、竞争力提升

2017年是农业供给侧改革全面开展的第二年，随着供给侧改革的深入，农产品供给领域已经出现了一些积极的变化，国内农业生产结构、农产品供给结构逐步优化。

首先，粮食种植结构优化、生产布局更加合理。2017年，国内夏粮产量为1.4亿吨，比2016年增产131万吨，夏粮再获丰收，其中小麦种植面积和产量均有所增长。从2017年小麦的种植结构来看，优质小麦种植面积和产量大幅增长，国内优质小麦供给大幅增加，且在小麦购销期间，优质小麦收购价格上涨明显，农产品优质优价的效应逐渐体现。2017年，早稻产量为3174万吨，比2016年减产103.7万吨，早稻种植面积和产量均小幅下降。从秋粮的种植和收获情况来看，2017年，玉米种植面积继续下降，产量下降至2.15亿吨。中晚稻政策性收购工作也在主产区启动，收购工作稳步推进，预计产量将小幅增长。

表 16-1　中国农业部预测主要农产品 2017 年产量数据

品种	2017 年产量（万吨）	2016 年产量（万吨）	同比（%）
玉米	21000	21957	-4.36
大豆	1494	1294	15.46
棉花	535	482	11.00
食用植物油	2753	2728	0.92
食糖	1047	929	12.70

资料来源：农业部，工行投行研究中心。

从农业部预测的 2017 年主要农产品的产量数据来看，国内供应过剩的玉米产量较 2016 年继续下降，需求较大的大豆、棉花、食用油、食糖等品种的产量均不同程度增长，农产品的生产结构继续优化。

畜禽产品供给继续优化。从 2017 年畜禽产品的供给来看，整体供给充裕，尤其是鸡蛋供给较为充裕。从猪肉供给来看，一方面，2017 年生猪存栏和能繁母猪存栏持续下降，但生产性能的提高和出栏生猪体重的增加使得猪肉供给相对充裕。另一方面，2017 年，山东、河南等地的环保政策加强，猪场拆迁关停的力度加大，使得国内生猪产能加速向东北、西南地区转移，生猪养殖布局得到优化。同时在环保政策影响下，散养户加速退出市场，大型一体化养殖集团则不断扩大生产规模，带动生猪养殖规模化水平不断提升。从畜禽产品价格来看，2017 年，国内主要畜禽产品价格先跌后涨，上半年鸡肉、猪肉、鸡蛋价格均呈下跌趋势，自 8 月开始，畜禽产品价格出现季节性上涨，尤其是鸡蛋价格涨幅较大，但进入 10 月后，消费旺季的结束带领畜禽产品价格再次下跌。

农产品进出口结构得到优化。2017年,虽然国内农产品进口除饲料粮外普遍增长,但国内农产品出口增长也很快,如2017年1—9月国内稻谷出口350万吨,同比增长120%;玉米出口同比增长近40倍,国产玉米价格的下跌大幅促进了玉米的出口,同时抑制了进口的增长。国内农产品出口增长一方面反映出国内农产品在国际市场上的竞争力有所提高,另一方面,"一带一路"等倡议的出台对我国农产品的出口增长也起到了促进作用,我国农产品进出口结构得到优化、农产品贸易逆差减小。

最后,农村三产结构有所优化。2016年以来,国内农产品加工业、休闲农业、农村电商竞相发展,农村一、二、三产业深度融合。2016年,农产品加工业与农业的产值之比达到了2.2∶1,农产品电子商务交易额达到了2200亿元,休闲农业和乡村旅游营业收入5700亿元,绿色、生态、优质、安全的农产品生产和供给明显增加,农村三产结构得到优化。

农业绿色、可持续发展收效明显

农业绿色可持续发展是农业供给侧改革的目标和方向之一,前面已经提到,国家制定了多项政策措施推动农业绿色可持续发展。随着我国经济发展水平和农业生产总值的不断提高,落实各项政策措施具备了充分的条件,并且已经取得了一定的成果。

2015年年初,农业部发布了化肥、农药零增量行动方案,从2015年的实施效果来看,当年全国化肥使用量6022.6万吨,同比增长0.44%,增速控制在了1%的目标范围内,2016年部分省份化肥使用量已经实现零增长。2015年,全国农药使用量178.3万吨,同比下降1.32%,实现了负增长。从使用效率来看,2015年三大粮食作物化肥使用率提高至35.2%,比2013年提高了2.2个百分点,初步实现了减量增效的目标。2017年,化肥、农药零增量行动继续进行,在实现减量增效的同时,也促进了农业绿色发展。

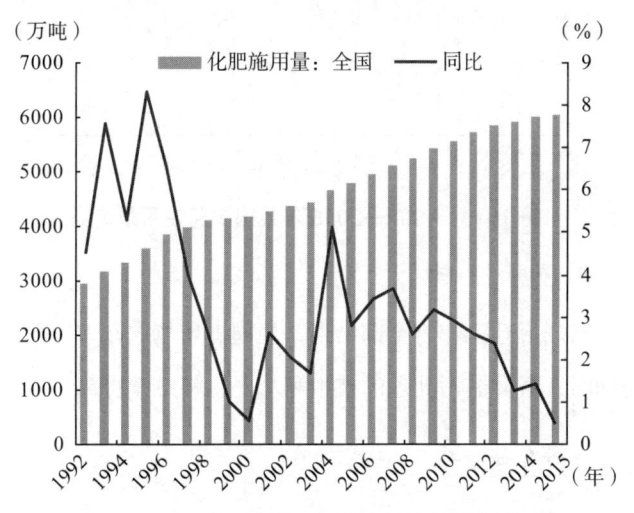

图16-2　1992—2015年我国化肥使用量走势

资料来源：Wind,工行投行研究中心。

在其他农业绿色行动方面,农膜白色污染也是国内农业面源污染的重要组成部分。2017年,农业部发布了《农膜回收行动方案》,提出到2020年农膜回收利用率达到80%,并率先在西北地区100个县进行试点,推进农膜回收和资源化利用,改善农膜白色污染情况。畜禽粪污处理行动、东北地区秸秆处理行动也取得一定效果。截至2016年年底,我国畜禽粪污资源化利用率达到60%以上,秸秆的综合利用率达到80%以上,农业绿色发展获得较大发展。2017年年底,

图 16-3　1992—2015 年我国农药使用量走势

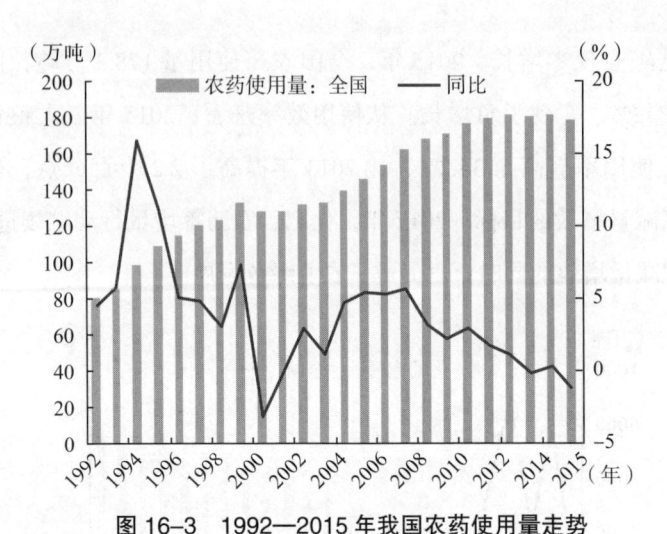

资料来源：Wind，工行投行研究中心

禁养区的猪场拆迁工作将全部结束，规模养殖场向东北、西南等地区转移的同时，畜禽粪污处理的技术和水平也将继续提高。

激发农业全产业链活力

完整的农业生产链条包括上游的种植、养殖环节，中游的运输仓储加工环节和下游的消费环节。农业供给侧改革以农产品结构调整为抓手，同时对农业全产业链的发展都带来了积极的影响。

首先，农副食品加工业直接受益于农业供给侧改革。2017 年上半年，国内主要农产品以下跌为主，下半年部分农产品价格出现回升，但整体仍在低位运行。受到主要原料成本价格下降的影响，国内农副食品加工业生产成本显著下降，进而带动了经营利润的增长。

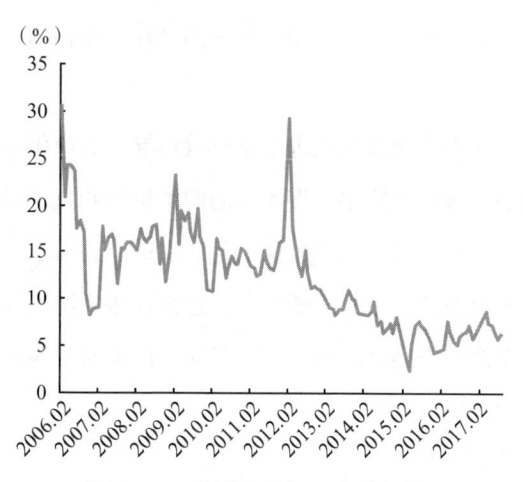

图 16-4　农副食品加工业增加值

资料来源：Wind，工行投行研究中心。

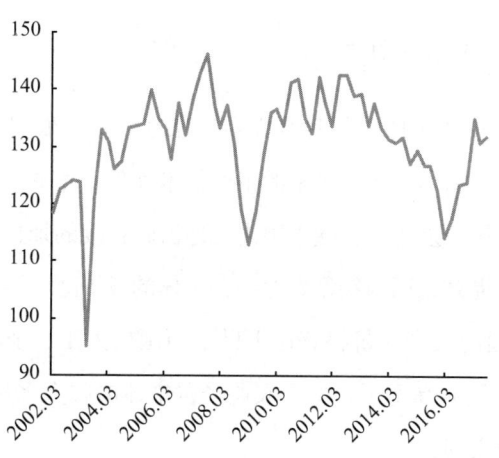

图 16-5　农副食品加工业企业景气指数

资料来源：Wind，工行投行研究中心。

其次，农业供给侧改革带动了粮食社会性收购、仓储、物流、运输等行业的发展。随着玉米临时收储政策的取消，国储收购粮食的数量大幅下降，市场化收购主体逐步入市收购，粮食市场化收购占比逐渐提高,市场化收购被激活,同时也带动了社会性仓储、物流等相关行业的发展。

再次,农业供给侧改革促进信息有效传导。农业供给侧改革以农产品价格市场化改革为抓手,市场化的购销机制和方式可以促进农业产业链的信息快速传递,使得居民对优质农产品的需求可以通过价格等信息反馈至上游的种植和养殖环节,进而促进上游增加绿色优质农产品供给,实现农产品品质升级,满足居民的消费升级需求,实现农业全产业链信息的有效传导。

三、农业供给侧改革推动农村繁荣

新型农业经营主体发展壮大

新型农业经营主体包括种养大户、家庭农场、农民合作社、农业产业化经营组织等,代表了新的生产技术和生产方式,是我国发展现代农业的主体。近年来,随着国内土地流转速度的加快和农业生产规模化水平的提升,国内新型农业经营主体的发展速度逐渐加快。但2016年以来国内农产品价格普遍下跌,而国内人工、地租及其他生产资料的成本则居高不下,新型农业经营主体的收入水平受到影响,持续发展能力受损。

2017年6月,国务院办公厅发布了《关于加快构建政策体系培育新型农业经营主体的意见》(以下简称《意见》),对我国新型农业经营主体的发展进行指导,提出从财政税收、基础设施建设、金融信贷、保险、营销市场、人才培养引进等方面进行政策支持,促进新型农业经营主体的健康发展。《意见》鼓励新型农业经营主体发展加工流通、直供直销、休闲农业等农业二、三产业,实现农村一、二、三产业融合发展;鼓励新型农业经营主体合建或与农村集体经济组织共建仓储烘干、晾晒场、保鲜库、农机库棚等农业设施;支持新型农业经营主体发展绿色农业、生态农业、循环农业。可以说,新型农业经营主体是现代农业建设和发展的最重要主体,是连接农村一、二、三产业的重要力量,是应用农业科技的主体之一。农业供给侧改革通过采取多项措施促进新型农业经营主体发展,有助于推动我国农业生产规模化和现代化的发展。

截至目前,全国农户家庭农场已超过 87 万家,依法登记的农民合作社 188.8 万家,农业产业化经营组织 38.6 万个(其中龙头企业 12.9 万家),农业社会化服务组织超过 115 万个,各类新型农业经营主体蓬勃发展,对现代农业发展起到了很好的促进作用,在参与农业供给侧改革的同时,也促进了供给侧改革各项政策措施的落实。

农民收入增长速度回升

前面已经提到,自 2010 年以来,我国农村居民收入增长速度开始放缓,农民收入增长遇到瓶颈。2015 年,国家开始进行农业供给侧改革,经过两年的实践,各项促进农民增收的措施开始发挥作用,农村居民收入增长速度开始回升。2016 年年底,全国农村居民人均可支配收入累计同比增长速度下降至 6.2% 的低位,进入 2017 年后,农村居民收入增速开始回升,至 2017 年 9 月回升至 7.5%,回升势头良好。

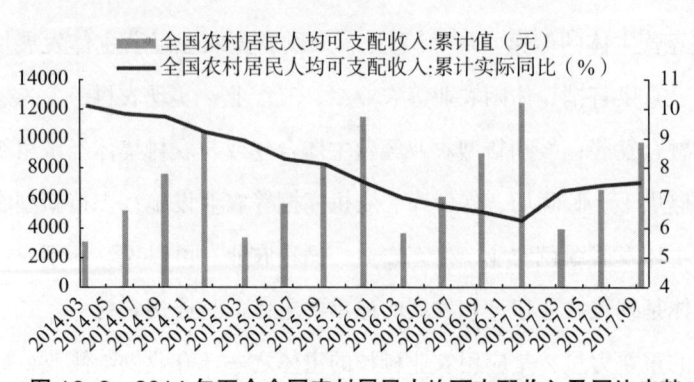

图 16-6　2014 年至今全国农村居民人均可支配收入及同比走势

资料来源：Wind，工行投行研究中心。

从农村居民收入结构来看，2017 年也发生了一些变化，工资性收入和转移性收入占比有所提升，经营净收入占比有所下降，其中工资性收入占比上升至 45%，转移净收入占比上升至 20%，经营收入占比下降至 33%。可以看出，虽然国内农产品价格普遍下降，但受到工资性收入、转移收入等提高的影响，2017 年全国农村居民人均可支配收入较 2016 年仍有较大幅度提高，农村居民收入结构得到优化，收入的可持续增长能力有所加强。

从未来发展来看，农村产权制度改革有望增加农民的财产性收入来源，成为促进农民收入增长的又一动力。2016 年 12 月 26 日，中共中央、国务院印发《关于稳步推进农村集体产权制度改革的意见》，针对农村集体经济的运行和改革进行指导，提出在清产核资的基础上，将集体经营性资产确权到户，然后发展多种形式的股份合作制，盘活农村集体资产，增强农村集体经济发展的活力，促进农民财产性收入的增加和收入总水平的提高。

土地制度改革激发农业农村活力

2014年11月,《关于引导农村土地经营权有序流转发展农业适度规模经营的意见》正式提出,将农村集体土地所有权、承包权、经营权"三权分置"。2015年年初,中共中央办公厅、国务院办公厅联合发布了《关于农村土地征收、集体经营性建设用地入市和宅基地制度改革试点工作的意见》,农村土地制度改革进入试点阶段。2016年10月30日,《关于完善农村土地所有权承包权经营权分置办法的意见》提出,加快释放土地经营权,逐步完善"三权"关系,为实施"三权分置"提供有力支撑。农村土地制度改革在对农村集体土地进行确权登记颁证的基础上,实行"三权分置"、完善农村土地征收制度和农村宅基地制度,并探索集体经营性土地入市,有助于推动农村土地交易市场化,提升农村土地价值,增加农民的收入,是激活农村土地市场的重要举措。

从实施效果来看,2016年,我国农村承包土地流转比例达到35%,2017年土地流转速度进一步加快,土地改革三项试点工作2018年将继续进行。目前,三项试点经过近三年的实践已经总结出了一定的经验,后期有望在试点的基础上稳步审慎推进。

四、农业供给侧改革促进现代农业发展

规模化、机械化、信息化是现代农业的特点,农业供给侧改革在优化农产品供给结构、促进农民收入增长的同时,也能促进农业生产规模化水平的提升、各类先进技术成果的应用和大型现代化机械设备

的运用。因此,农业供给侧改革的实施对于促进我国农业现代化的实现有重要作用。

促进农业规模化水平提升

农业供给侧改革的一大效果是促进农业生产规模化水平的提升,首先是种植业规模化水平大幅提高。随着土地流转速度的加快和新型农业生产经营主体的兴起,单个农户种植规模显著扩大,农村土地越来越多地集中在种植大户和新型经营主体手中,促进了种植业规模化水平的提升,也促进了大型机械化设备、先进种植技术、良种等先进技术的运用。

其次是养殖业规模化水平提升显著。主要表现在随着畜禽养殖区域布局的优化和环保要求的提高,散养户大量退出市场,大型一体化养殖集团大幅扩大畜禽养殖规模,促进了养殖规模化水平的提升。同时,政策支持养殖自动化设备的应用推广也有助于养殖户扩大生产规模,节约人力成本,实现提质增效。

带动农业科技水平提高

农业供给侧改革在促进农业规模化水平提升的同时,也会带动农业科技水平的提高和先进技术的应用推广,如提高农产品品质和效益的育种技术、促进农业绿色发展的各类新型技术以及实现农业现代化的信息技术等。

首先,促进育种技术快速发展。2017年一号文件提出,要加大实施种业自主创新重大工程和主要农作物良种联合攻关力度,加快适宜机械化生产、优质高产多抗广适新品种选育,现代种业发展迎来重大机遇。良种是实现优质农产品供给的基础，我国农业生产的良种繁育工作近年来虽然有所发展，但是与国际先进水平相比仍有很大差距。后期在政策支持下，我国种业发展将提速，国内具有育繁推一体化能力的大型种业公司将迎来发展良机。

其次，促进农业绿色发展各项技术的应用推广，包括但不限于节水技术、绿色施肥技术、秸秆处理和资源化利用技术等。2017年的一号文件提出要加快开发种类齐全、系列配套、性能可靠的节水灌溉技术和产品，大力普及喷灌、滴灌等节水灌溉技术，加大水肥一体化等农艺节水推广力度，将节水农业发展提高到了一个新的高度。而节水也是实现农业节本增效、促进农业绿色发展的重要措施，预计后期节水农业将获得较快发展。此外在政策推动下，后期绿色施肥技术如有机肥、秸秆处理和资源化利用技术也将获得较大发展。

再次，促进现代信息技术在农业领域的应用。现代信息技术在农业生产中的使用有助于提高农业生产效率、提高农业生产自动化和现代化水平。2017年一号文件提出要实施智慧农业工程，推进农业物联网试验示范和农业装备智能化。近年来，国内外信息化技术发展迅速，信息化技术在农业领域的应用也越来越广泛，后期在政策的支持下，农业信息化技术将获得快速发展。

促进乡村振兴战略的实现

2017年10月，在中国共产党第十九次全国代表大会上，习近平总书记首次提出乡村振兴战略，提出要坚持农业农村优先发展，按照产业兴旺、生态宜居、乡风文明、治理有效、生活富裕的总要求，建立健全城乡融合发展体制机制和政策体系，加快推进农业农村现代化，并提出保持土地承包关系稳定并长久不变，第二轮土地承包到期后再延长30年。乡村振兴战略与农业供给侧改革在政策远景上是一致的，都是要实现农业农村现代化发展，但是在侧重点上略有不同，乡村振兴战略注重农村整体发展，农业供给侧改革注重农业供给端的效率、品质和效益问题。

具体来看，乡村振兴战略提出"产业兴旺、生态宜居、乡风文明、治理有效、生活富裕"5个要求，分别对农业农村发展的产业、环境、文化、生活等各方面提出了全新的要求。其中产业兴旺不仅包含了农业的兴旺，还包括农村第二产业、第三产业的兴旺，与农业供给侧改革中农村一、二、三产业融合发展的思路相一致。而要做到乡村生态宜居，进行村容整治、改善农村生活环境是一个方面，实现养殖污染物处理和资源化利用是另一个方面，农业供给侧改革在这方面也有相应的政策和措施。最后，实现农民生活富裕与促进农民收入增长的目标和思路是一致的，农业供给侧改革在这方面也进行了部署。总体来看，农业供给侧改革有助于促进乡村振兴战略的实现，是乡村振兴战略的一个组成部分，两者相辅相成，相互促进，协同发展，最终将促进农业农村现代化的实现。